岳麓文库
法律系列

农业保险利益协调的
法律路径

LEGAL PATH OF AGRICULTURAL
INSURANCE INTEREST COORDINATION

陈运来 著

社会科学文献出版社
SOCIAL SCIENCES ACADEMIC PRESS (CHINA)

Contents

目　录

第一编　农业保险的利益结构与利益失衡

❖ 第一编 ❖

农业保险的利益结构与利益失衡

第一章 农业保险利益结构解读

选择农业保险利益结构作为本书的逻辑起点，乃基于确保理论研究的科学性和创新性两个层面的考量。从第一个层面看，利益既是一个深刻的哲学问题，也是一个复杂的现实问题，人类全部生活都是围绕利益问题展开的，人的所有行为均可从利益视角加以解释。[①] 谋求利益是人类活动的内驱力，是社会发展的原动力，贯穿人类整个发展史。社会关系在本质上均为利益关系。诚如革命导师马克思所言："人们奋斗所争取的一切，都同他们的利益有关。"[②] 而利益是指人们在社会活动和社会关系中的好处以及人们通过社会关系表现出来的不同需要。[③] 在此意义上，一定的社会结构必然包含着相应的利益结构，可称之为社会利益结构。对于一个特定社会来说，一种被社会内部成员高度认同的社会利益结构的存在，是利益关系均衡的社会基础。因此，对社会现象的考察和反映不能绕开由一定利益关系所构成的社会利益结构。农业保险是产生于 18 世纪末 19 世纪初欧洲的一种经济现象，在我国直到 20 世纪 30 年代才开始出现。只有从农业保险利益结构入手对农业保险问题展开研究，才能深刻揭示农业保险产生和发展的客观规律，才能正确看待农业保险利益失衡，才能最终找到实现农业保险利益均衡的可行之策。可见，农业保险利益结构分析法将使本书颇具根本性和宏观性。从第二个层面看，虽然 Ammar、Vades、Skees、冯文丽、庹国柱、李军、朱俊生、刘传法、孙蓉、王俊凤、张跃华、张长利、李轶男、

[①] 梁梁：《论利益结构变迁下的中国立法》，博士学位论文，中共中央党校，第 13 页。

[②] 《马克思恩格斯全集》（第 1 卷），人民出版社，1956，第 82 页。

[③] 夏征农、陈至立：《辞海》，上海辞书出版社，2010，第 1131 页；曹晓飞、戎生灵：《政治利益研究引论》，《复旦学报》（社会科学版）2009 年第 2 期，第 104 页。

黄亚林等,[1] 已经开始从农业保险市场失灵、农业保险利益博弈、农业保险利益冲突的主要表现及其成因、农业保险利益均衡等多重视角出发,对农业保险问题进行理论探讨和实证分析,但直接以农业保险利益结构为切入点所作的分析,在国内外学界尚属理论空白。有关研究认为,在人文社科领域,利益衡量方法存在利益的分层困境、利益的排序困境以及受价值标准的影响这三大问题。[2] 这表明,本章的农业保险利益结构分析法将使本书具有高度的理论创新价值。

第一节　农业保险利益结构的一般界定

一　农业保险利益结构的定义

农业保险利益结构是本书所提出的一个新概念。顾名思义,农业保险利益结构是社会利益结构在农业保险领域的特殊化。因此,要正确界定农业保险利益结构,首先得弄清楚农业保险和社会利益结构的确切含义。

关于农业保险的定义,学界及有关国家和国际组织的说法莫衷一是。概括起来,可分为三大类。第一种是狭义说。该学说认为农业保险就是指

---

① Siamwalla, Ammar & Vades, Albert. Should Crop Insurance Be Subsidized? Crop Insurance for Agricultural Development（1986）：117-125；Skees, J. Risk Management Challenges in Rural Financial Markets：Blending Risk Management Innovations With Rural Finance. Presented at The Lnternational Conference：Paving the Way Forward for Rural Finance, 2003 June 2-4, Washington DC, USA；冯文丽：《中国农业保险制度变迁研究》,中国金融出版社,2004,第 108 页；庹国柱、李军：《我国农业保险试验的成就、矛盾及出路》,《金融研究》2003 年第 9 期,第 88 页；庹国柱、朱俊生：《完善我国农业保险制度需要解决的几个重要问题》,《保险研究》2014 年第 2 期,第 52 页；刘传法、古波：《试论广东农业保险》,《安徽农学通报》2008 年第 8 期,第 12 页；孙蓉、费友海：《风险认知、利益互动与农业保险制度变迁》,《财贸经济》2009 年第 6 期,第 35 页；王俊凤、郭翔宇：《政策性农业保险立法的核心：利益选择与协调》,《学习与探索》2009 年第 1 期,第 147~148 页；张跃华、庹国柱、符厚胜：《市场失灵、政府干预与政策性农业保险理论——分歧与讨论》,《保险研究》2016 年第 7 期,第 3 页；张长利：《政策性农业保险法律问题研究》,中国政法大学出版社,2009,第 34~39 页；李轶男：《对农业保险利益属性的再探讨》,《财经科学》2012 年第 1 期,第 31 页；黄亚林：《农业保险市场利益相关者的博弈分析》,《金融发展研究》2009 年第 2 期,第 78~81 页。

② 王晓、程暖茜：《论利益衡量在法律适用中的缺陷及完善》,《重庆交通大学学报》（社会科学版）2022 年第 3 期,第 17 页。

传统的种养两业保险。主要代表人物有郭晓航、冯文丽、朱启臻、陈盛伟、孟春和张瑞德。如，冯文丽与朱启臻均认为，农业保险是为农业生产过程中因自然灾害或意外事故造成的经济损失提供经济补偿的一种保险，包括种植业保险和养殖业保险。[①] 我国《农业保险条例》第 2 条也持该主张。[②] 第二种是广义说。联合国贸发委认为，农业保险总的来说涉及农业的全部领域和整个过程。法国等国农业保险立法基于推进农业产业化和以险养险的目的，将农业保险这一概念界定得较为宽泛，其所指农业保险除囊括为各类农业生产对象所开展的保险以外，常常还涵盖同农业生产资料以及农产品的初级加工、储藏、运输、销售等有关的保险，甚至包括农业生产中的人身意外伤害与雇主责任等方面的保险。[③] 此观点实质上将农业保险等同于农村保险，是迄今为止有关农业保险定义的最广义理解。第三种是折中说。该学说认为农业保险有广义和狭义之分。主要代表人物有庹国柱和李军等。[④] 其中，狭义上是指将尚处于种植或养殖过程中的动植物与微生物作为保险标的的保险；广义上则不仅涵盖种养两业保险，而且涵盖农产品的加工、包装、储运等整个过程的保险，以及对此过程中投入农业生产资料的有关保险，甚或包含对农业生产经营中的劳动力所作的保险。[⑤]

　　鉴于上述三种观点均存在合理性和不合理性的因素，笔者主张从我国农业保险发展的实际需要出发，并结合域外经验，对农业保险一般宜作狭义理解，但也不绝对化。故对农业保险的定义如下：所谓农业保险，通常是指农业生产经营者以支付保险费为代价，把在农业生产过程中因种植物、养殖物、农业生产资料等遭受自然灾害、意外事故或市场风险以及人身遭受意外伤害所致经济损失，转嫁给保险人的一种保险。相对于上述三类观点，此定义吸收了它们的优点同时又克服了它们的不足，因而具有较高的

[①] 冯文丽：《中国农业保险制度变迁研究》，中国金融出版社，2004，第 47 页；朱启臻：《农业社会学》，社会科学文献出版社，2009，第 322 页。

[②] 《农业保险条例》第 2 条第 1 款规定："本条例所称农业保险，是指保险机构根据农业保险合同，对被保险人在种植业、林业、畜牧业和渔业生产中因保险标的遭受约定的自然灾害、意外事故、疫病、疾病等保险事故所造成的财产损失，承担赔偿保险金责任的保险活动。"

[③] 陈运来：《域外农业保险立法及其启示》，《法商研究》2010 年第 3 期，第 135 页。

[④] 庹国柱、李军：《农业保险》，中国人民大学出版社，2005，第 33 页。

[⑤] 陈璐、宗国富、任碧云：《中国农业保险风险管理与控制研究》，中国财政经济出版社，2008，第 51 页。

理论创新价值。其主要创新点在于：一方面，明确主张将农业生产过程中的种植物、养殖物、农业生产资料和人身作为农业保险的保险标的，而以往的绝大多数农业保险定义对农业保险的保险标的语焉不详；另一方面，明确主张将市场风险纳入农业保险的保险责任范围，因而顺应了农业保险福利化的时代趋势。

社会利益结构的定义，是随着学界近年来对社会利益结构研究的兴起而出现的。综合起来，不外乎以下五种说法。第一种说法认为，社会利益结构乃社会成员之间以物质利益为基础的各类利益关系的模式；[1] 第二种说法认为，社会利益结构乃社会成员之间以及社会成员同社会之间的利益关系的模式；[2] 第三种说法认为，社会利益结构是人与人在利益交往中呈现的一种相对稳定并最终结构化的关系排列和行为模式；[3] 第四种说法认为，社会利益结构乃在一定生产关系基础之上形成的社会成员之间，社会成员同国家、社会之间的利益关系的模式；[4] 第五种说法认为，社会利益结构乃是利益分配过程中发生于利益主体之间的各类社会关系。[5] 上述前四种说法大同小异，均认为社会利益结构是利益关系的一定模式，是存在于社会系统内的不断推动社会运行和政治运行的深层次结构。其中，第四种说法较前三种说法具有更高的理论创新性。一是认为社会利益结构建立在一定生产关系基础之上，这就突破了社会利益结构以物质利益为基础的主张；二是认为构成社会利益结构的利益关系不仅存在于社会成员之间以及社会成员和社会之间，而且存在于社会成员和国家之间，这又突破了前两种说法在利益关系范围上的局限性。但也存在不够严谨之处，表现为，只认为社会利益结构建立在一定生产关系基础之上，而忽视了社会利益结构也以一定生产力为基础。与前四种说法相比，第五种说法实质上将构成社会利益结

① 曾令超：《论利益结构与社会稳定》，《西南民族大学学报》（人文社会科学版）2006 年第 7 期，第 219 页。
② 李景鹏：《当代中国社会利益结构的变化与政治发展》，《天津社会科学》1994 年第 3 期，第 31 页。
③ 梁梁：《论利益结构变迁下的中国立法》，博士学位论文，中共中央党校，第 15 页。
④ 刘桂华：《改革开放以来利益结构的变化对人们道德价值观的影响》，《河南工程学院学报》（社会科学版）2009 年第 3 期，第 81 页。
⑤ 刘霞、向良云：《中央与地方政府利益结构的经济分析》，《学术探索》2004 年第 6 期，第 21 页。

构的利益关系同社会利益结构相混同，故显为不妥。笔者基本同意第四种说法，认为社会利益结构乃形成于一定生产关系基础之上的社会成员之间、社会成员和国家之间、社会成员和社会之间的利益关系的一定模式。它虽形成于一定生产关系基础之上，但仍属于经济基础的范畴。

基于上述对农业保险和社会利益结构两个概念的含义的解读，可将农业保险利益结构定义如下：所谓农业保险利益结构，是指形成于一定生产方式基础之上的农业保险市场主体之间、政府之间、农业保险市场主体和政府之间、农业保险市场主体和社会之间的利益关系的一定模式。简言之，即农业保险行为主体之间的利益关系的一定模式。政府被公认是参与农业保险关系的最重要的主体类型之一，而一般社会公众也可能以农业大灾保险基金捐助者、农业大灾保险彩票购买者等身份参与农业保险关系。

二 农业保险利益结构的特征

作为社会利益结构在农业保险领域的特殊化的农业保险利益结构，既具有一般社会利益结构的共性特征——客观性、整体性和相对稳定性，也具有区别于其他多数社会利益结构的个性特征——异常复杂性、内生非均衡性和发展性（开放性）。

1. 客观性

虽然农业保险利益结构的个别构成要素——农业保险利益诉求——中带有明显的主观性因素，但不能以此否定此类利益结构的客观性。这一特征可以从三个方面进行理解。第一，从认识论的视角看，此类利益结构是一种事物。所谓事物，在日常生产生活中指事情、物体，在哲学意义上指客观存在的一切物体与现象。[①] 无论什么国家、什么地区和什么时代，只要有农业保险，就必然有此类利益结构。此类利益结构作为农业保险的伴生物，是现实存在着的能深刻影响农业保险发展的一种特殊事物。第二，从本体论的视角看，此类利益结构属物质范畴，是一种不依赖于人的意识并能被人的意识所反映的客观实在，是一种本原性的东西。它的产生与变革具有内在的规律性。第三，从唯物史观的视角看，此类利益结构是一种社会存在。社会存在是人类社会赖以存在和发展的物质基础，其中最重要的

---

① 夏征农、陈至立：《辞海》，上海辞书出版社，2010，第 1724 页。

是物质资料的生产方式，包括一定社会的生产力与生产关系。农业保险利益关系是一种产生于较高生产力水平基础上的生产关系，属社会存在的范畴。可见，作为农业保险利益关系的一定模式的此类利益结构当然也属社会存在的范畴。此类利益结构的这一特征表明，农业保险利益均衡的实现需要以尊重农业保险发展的客观规律为前提。

2. 整体性

按现代系统论的观点，系统实为一类整体性存在，整体乃其构成要素和组成部分的有机结合而非简单相加。在一个完整的系统中，并非单个要素而是结构决定着整体的功能。同理，农业保险利益结构是农业保险利益关系的一定模式，是其构成要素以及组成部分之间互为影响和共同作用，依一定游戏规则运作而形成的整体性框架。这种结构的状况决定着农业保险的整体功能。

由这一特征可知，此类利益结构同其诸构成要素和诸节点之间均为整体和局部的关系。关于构成要素，有学者对一般利益结构的构成要素进行了研究，认为利益结构的构成要素包括利益主体、利益观念、利益追求的性质、追求利益的方式、社会利益分化及其相互关系、利益客体及其分布或流动的状态。① 笔者认为，上述观点虽较为全面，但仍不够准确。表现为，利益观念、利益追求的性质和追求利益的方式可归结为利益诉求，而社会利益分化部分可归于利益诉求，部分可归于利益分配规则。据此，笔者将此类利益结构的构成要素概括为利益主体、利益客体、利益诉求和利益分配规则。关于节点，任何此类利益结构均由若干既相对独立又密切联系的农业保险利益关系组成。此类利益结构有商业性和政策性之分。其中，商业性利益结构比较简单，只由私-私利益关系组成；而政策性利益结构则要复杂得多，在内部构成上除包括私-私利益关系外，还包括公-私利益关系和公-公利益关系。可见，此类利益结构作为整体性存在，决定其各个构成要素和节点的作用边界，并较大程度地制约着它们的发展方向。如，在市场主导型农业保险的利益结构中，农业生产的成本损失补偿或产量损失补偿是农业保险的基本政策目标，农业保险四大要素的

① 李韬：《当代中国社会利益结构的变化及其对政治的影响》，《理论导刊》2007 年第 6 期，第 67 页。

运作及其相互关系应以此类利益结构中的该政策目标为主要依据。其各个构成要素和节点作为局部性存在，是构成此类利益结构的必不可少的因素或内容，在农业保险系统中既相对独立，又彼此联系，相互依存。但它们均无法取代或不能超越此类利益结构而存在。综上所述，单个的构成要素和节点是细胞，是源泉，若缺少它们，此类利益结构就会成为无源之水，无本之木，不可能存在；此类利益结构是系统，是集成，若缺少它，单个的构成要素和节点就会成为一盘散沙，无法发挥整体效应和各自应有的作用。

不言而喻，合理的此类利益结构能有力促进农业保险整体利益的发展，极大增进农业保险整体效益。但如果此类利益结构已严重失衡，那么就别指望依靠它们来推动农业保险的发展了。于此情形，最好的建议是，赶快考虑通过立法或政策调整的方式，对不合理的利益结构进行必要的甚至是大刀阔斧的变革。此类利益结构的这一特征表明，农业保险利益均衡的实现需要着力妥善处理可能影响农业保险发展全局的重大问题。

3. 相对稳定性

事物的结构是构成或组成事物的诸要素和诸节点，按一定的比例与联结方式，所形成的事物赖以自主存在的内在"骨架"。事物的结构一旦形成，便具有相对稳定性，直接影响事物的质和量。作为农业保险利益关系这类特定事物的结构，农业保险利益结构当然也具有相对稳定性。究其原因，此类利益结构的形成深受四大要素特别是农业保险利益分配规则的影响，在此意义上，任何此类利益结构的形成都是特定时空下农业保险制度变迁的产物。而一定时空下的农业保险制度变迁一旦完成，随之形成的特定利益结构就会因路径依赖的存在而必然显示出一定的稳定性。这应追溯到诺斯的制度经济学理论。诺斯用路径依赖理论成功地阐释了经济制度的演进规律，认为路径依赖类似于物理学中的"惯性"，亦可视为历史经验施加于目前选择集的约束。[①] 一旦进入某路径，就可能对该路径产生依赖，该路径的既定方向会在后续发展中得到自我强化。其中，积极的路径会对经济制度产生正反馈效应，即经由惯性与冲力产生飞轮效应，使经济制度进

①　道格拉斯·诺斯：《理解经济变迁过程》，钟正生、邢华译，中国人民大学出版社，2008，第49页。

入良性循环轨道；消极的路径则会对经济制度起到负面影响，可能使经济制度因被锁定在某种无效率状态而出现停滞。[①] 至于农业保险制度变迁中的路径依赖，也可能会对此类利益结构的稳定性产生积极的和消极的两种不同影响。积极影响即让此类合理的利益结构在时空上不断得到强化；消极影响表现为使此类不合理的利益结构日趋僵化。

4. 异常复杂性

一种社会利益结构是否复杂，主要同参与该社会利益结构的利益主体类型的多少有关，因为不同类型的利益主体可能有显著不同的利益诉求。经济学界普遍认为，农业自然灾害管理是一个世界性难题。[②] 相对于其他社会利益结构而言，农业保险利益结构往往更为复杂。这当然也同参与此类利益结构的利益主体类型繁多密切相关。在通常情况下，农业保险利益主体主要包括政府（至少涵盖各级政府中的财政、农业、监管三大部门）、投保人（被保险人）和农业保险人三大类，[③] 也包括除政府以外的农业保险补贴供给者、农业保险中介人、农业保险优惠贷款的贷款人和参与农业保险基金关系的社会公众等。

那么，为何参与此类利益结构的主体类型特别多呢？原因主要有以下两点。一是农业保险具有明显的政策性。将农业保险定位于政策性保险的主要依据是农业保险具有准公共产品属性。此属性使农业保险服务所产生的外溢收益难以甚至不可能经由价格杠杆予以内部化，从而使依靠市场调节所实现的农业保险服务供给量必定远远低于社会最佳配置量。[④] 这表明，农业保险单靠纯商业化经营难获成功。[⑤] 可见，政府提供政策性农业保险主要是出于矫正农业保险市场失灵的需要。此外，农业保险的政策性所包含

[①] 道格拉斯·诺斯：《制度、制度变迁与经济绩效》，刘守英译，上海三联书店，1994，第124~130页。

[②] 诺贝尔经济学奖获得者库普曼斯认为自然灾害风险及其损失是国民经济运行和社会稳定过程中最为不确定的事件。这在2004年9月海南"摩羯"超级台风事件所致巨大社会破坏和经济损失中得到了充分映证。谢家智等：《中国农业保险发展研究》，科学出版社，2009，前言部分第Ⅰ页。

[③] 谭莉、丁少群：《多主体如何协同推进农业保险高质量发展？——基于市场运作视角的案例研究》，《保险研究》2023年第9期，第49页。

[④] 陈盛伟：《保险学》，中国农业大学出版社，2004，第270页。

[⑤] Wright, B. D., & J. D. Hewitt. *All Risk Crop Insurance: Lessons From Theory and Experience*. Giannini Foundation, California Agricultural Experiment Station, Berkeley, 1990, April.

的政策紧密关联性要素和经营宗旨的非营利性要素，分别对农业保险优惠贷款的贷款人和借款人、合作性农业保险人等提出了特别需求。比如，日本的全部农业原保险业务和部分农业再保险业务就是由合作性农业保险人经营的。二是每类农业保险利益主体往往可以进一步细分为若干更小类型。其中，政府可自上而下分为多级；参保的农业生产经营者可分为农户和农业企业两类，而农户和农业企业又可依不同标准作不同划分；农业保险人依其性质和组织形式分为政策性农业保险人、商业性农业保险人和合作性农业保险人，而它们又可以从多角度进行划分。比如，海南为促进热带特色农业和热带海洋渔业的发展，在 2007 年一口气成立种养业险、渔船全损险、渔民海上人身意外伤害险等三家农业保险共保体，并规定共保人为省内所有财险公司，甚至还包括太平洋人寿，这就极大增加了此模式利益结构的复杂性。农业保险利益结构的这一特征表明，农业保险利益均衡的实现需要针对不同农业保险利益主体的利益诉求而多策并举。

不同类型农业保险利益主体的利益诉求各异。先从大的类型层面看，政府、投保人（被保险人）和农业保险人三大类主体的农业保险利益诉求不一。首先，对政府来说，它作为农业保险政策扶持关系的扶持方，是农业保险的供给者，其参与农业保险关系的目的是追求多重利益——公共利益（包括国家利益和社会利益）、群体利益和政府利益。农业保险对国家的农业生产具有正外部性，实行农业保险是推动社会主义新农村建设及在WTO 规则的基本框架内维护国家农业稳定和粮食安全的主要政策措施之一，同时，农业保险对农产品及其附加产品的社会消费具有正外部性，政府通过对它的政策扶持来推动实现广泛的社会利益；从保险的基本属性角度看，政府参与农业保险关系的直接目的是为经营该险的保险组织群体和投保该险的农户群体分担经营风险，以保障它们的经营收益；同时，根据公共选择理论，政府是一个由一些具体的以效用最大化为追求目标的政治家所组成的利益组织，也会追求自身利益即政府利益的最大化，其参与农业保险关系的目的的私利性表现为，对各级政府特别是地方政府而言，主要从其自身财力和官员政绩的角度来考虑该险的供给。其次，关于投保人（被保险人），作为农业保险合同关系主体的一方，其逐利目的也是显而易见的。西方经济学家早就指出："全世界的农民都在与成本、利润和风险打交道，他们都是时刻计算个人收益的经济人。在自己那个小小的个人分配的领域里，这些农民都是企业家。"① 在我国，根据《中华人民共和国民法典》（以下简称《民法典》）第 55 条和《中华人民共和国农村土地承包法》（以下简称《农村土地承包法》）第 16~17 条的规定，农村承包经营户（以下简称"农户"）的法定身份是市场化的农产品生产经营者。基于此种特殊身份，个体农户的终极目标一般应是利润最大化，并依该目的对投入、产出的种类和数量等进行选择。因此，农户是否愿意参加农业保险或在参加农业保险时或以后选择什么样的行为，关键看是否符合这一目的。换言之，当它们发现参加农业保险十分有利可图时，就会主动选择投保，当它们投保时或投保后发现作出某种或某些行为能给其带来更多好处时，就会倾向于选择这类行为；反之，则不然。② 最后，就农业保险人而言，作为农业保险合同关系主体的另一方，它们是农业保险产品的直接供给者，至今多是兼营或主营该险的商业性保险公司。而商业性保险（以下简称"商险"）公司作为企业，必然会以追求利润最大化为最终目标。这样，当它们一旦发现经营该保险无利可图甚至会出现亏损时，自然而然就会收缩或放弃该险的经营。关于以上三大类主体的目的性差异，将在本书第三章第六节中作进一步分析。

从小的类型层面看，政府之间包括联邦或中央政府与地方政府之间在政治和财政方面以及地方政府之间在财政方面的利益诉求，可能差别很大；非营利性的政策性农业保险人和合作性农业保险人同营利性的商业性农业保险人之间在财务、补贴等方面的利益诉求，差异明显；大农户和小农户之间以及生产型农业企业、加工型农业企业、销售型农业企业和产供加销联合型农业企业相互之间，在农业保险的需求愿望、保障程度、合同条款设计的参与、优惠贷款、补贴等方面的利益诉求，也不尽相同。

5. 内生非均衡性

农业保险是一种市场化的农业风险管理机制。其市场化特征主要表现为，农业保险供需双方是农业保险最基本的两类利益主体，而连接农业保险供需双方的媒介是农业保险合同。从这个意义来说，农业保险利益结构

---

① 西奥多·舒尔茨：《改造传统农业》，商务印书馆，1987，第 6 页。
② 陈运来：《我国农业保险三大主体间利益冲突的成因分析》，《集团经济研究》2006 年总第 214 期，第 123~124 页。

中的基础利益关系无疑是农业保险合同主体利益关系，也可简称为农业保险合同关系。农业保险合同关系是农业保险市场所内生的一种关系。之所以说它是内生的，是因为只要有农业保险市场存在，就必然有农业保险合同关系；反过来也可以说，如果没有农业保险合同关系，也就无所谓农业保险市场。农业保险合同关系与农业保险市场是一种如影随形的关系。

但农业保险市场是一类极易高度失灵的市场。一般情况下，导致农业保险市场失灵的因素主要有以下三个。（1）农业风险尤其是农业系统性风险的可保性极差。[①]"理想的可保风险"不仅要求大量同质风险的存在，以满足大数法则，还要求风险发生的不确定性、损失的可测定性、风险事故或风险单位的独立性以及经济上的可行性等。然而农业风险具有发生的高概率性、高损失性、损失的难测定性等特点，显然不是"理想的可保风险"。（2）农业保险的正外部性效应显著。正外部性乃产品的某些效益估值未被生产者看作产品需求的一部分，从而导致边际社会收益大于边际私人收益。通俗地说，它是指一种经济行为，给外部造成积极影响，使他人减少成本、增加收益。[②]农业是国民经济的基础，农业稳定，受益者不仅是农业生产经营者，而且是整个社会；农业歉收，受损的也不只是农业生产经营者，而会殃及整个社会。对于农业生产经营者而言，购买和消费农业保险所得的个人利益小于其为整个社会提供的利益总量；对于保险人而言，提供农业保险所得的个人利益小于其供给成本。农业保险出现了消费（或需求）和生产（或供给）的双重正外部性。由于正外部性的存在，社会其他成员未支付任何费用，却能享受农业稳定、农产品价格低廉等诸多益处。农业保险的购买者和供给者成本收益失衡，从而会缩小农业保险的供给和需求规模，使其小于社会最佳规模，造成市场失灵。（3）农业保险市场的信息不对称性问题突出。信息不对称是指交易双方所掌握的信息在数量和质量上存在差异，即一方掌握的信息数量较多、质量较高，而另一方则恰好相反。众所周知，初级农产品生产是农业产业功能的核心所在，却要直

---

① 刘亚洲、钟甫宁、吕开宇：《气象指数保险是合适的农业风险管理工具吗？》，《中国农村经济》2019 年第 5 期，第 5 页。

② 方宇菲：《新公共利益理论的逻辑——市场失灵、公共利益与政府监管的关系阐述》，《经济论坛》2023 年第 11 期，第 46 页。

面人力难以控制的复杂自然现象。① 加之农村地域广阔，交通不便，农业保险业务通常较为分散。农业原保险人受限于边际成本，难以充分进行农业生产的信息采集。② 所以，农业保险市场存在着比其他保险市场更为严重的信息不对称。信息不对称容易造成道德风险和逆向选择，从而导致农业保险产品供需双冷，出现市场非均衡。

农业保险市场失灵现象的普遍存在或会扭曲农业保险合同关系，或会使农业保险合同关系难以自发形成，亦会使农业保险利益结构中基础利益关系失衡。由于此类利益结构中的基础利益关系是农业保险市场内生的，可将其作为基础利益关系的农业保险合同关系的失衡，视为此类利益结构的内生非均衡。此类利益结构的这一特征表明，农业保险利益均衡的实现需要外部力量的积极干预。比如，我国现阶段的政策性农业保险产品均采用"私营部门生产+公共部门提供"的 PPP 公私合作的供给方式，其生产供给行为既是包含经济关系的经济资源配置活动，亦为充满着政治博弈关系的公共事务，具有鲜明的政府干预色彩。③

6. 发展性

从域内外综合情况来看，农业保险利益结构不断得到调整，并日趋合理化。此类利益结构的稳定性是相对于一定的时空而言的，并不是绝对的。实际上，自农业保险制度诞生以来，为克服消极路径依赖对农业保险发展的束缚，政府和农业保险市场主体一直在进行着农业保险组织制度和经营技术等的创新。

在诱致性制度变迁阶段，消极的路径依赖主要体现在农业保险关系几乎完全依赖市场机制调节上。诱致性制度变迁以农业生产经营者和农业保险人为初级行动团体，他们虽然可以发现、摸准制度需求和创新的方向，但其所处的地位决定了他们对涉及政治决策层面的制度安排力不从心，这使得农业保险多数核心制度不可能得到及时、合理的安排，从而很难从根本上解决因系统性风险、信息不对称和正外部性所导致的农业保险市场失

---

① 陈运来、王伟：《农业保险优惠贷款主体资格辨析》，《法学评论》2012 年第 2 期，第 99 页。

② 齐泽康、张团图：《信息不对称下农业保险监管问题探析》，《山西农经》2021 年第 8 期，第 178 页。

③ 王敏：《政策性农业保险可持续发展评估与机制优化研究》，博士学位论文，湖南大学，第 59~61 页。

灵问题。鉴于此，西方早期市场经济国家开始寻求制度创新途径来化解农业保险发展危机，政府开始参与甚至主导农业保险制度供给，并尝试干预农业保险经营，使此类利益结构从"投保人（被保险人）-农业保险人"的二元型逐渐转向"投保人（被保险人）-农业保险人-政府"的三元型。比如，法国1900年出台的《农业互助保险法》明确规定了农业互助保险社的法律地位，还规定农业部负有向农业互助保险社提供两类补贴的义务：设立补贴作为起始准备金；基金亏空补贴于营业年度终止时发放，以弥补上年度溢额损失。

在强制性制度变迁阶段，消极的路径依赖主要体现为一些发达国家农业保险对政府干预机制的过度依赖。对此，越来越多的学者认为，政策性农业保险的发展陷入了一个难以自拔的陷阱，其中一大困境就是政府陷入沉重的财政负担。为此，包括我国在内的许多国家采取的制度创新举措涵盖市场调节机制和政府干预机制两个方面。在市场调节机制的创新方面，多元化农业保险经营主体和农业保险中介人的培育，大灾风险保障制度的建立，远期合同、期货合同、期权合同在农业保险领域的运用，气象指数保险和区域产量指数保险之类的新型转移农业灾害风险的金融衍生工具的诞生等，都为农业保险提供了新的源源不断的发展动力。宏观调控的创新则主要表现为政府干预农业保险方式的转变：丰富了宏观调控手段，包括农业保险范围的调整、农业保险实施方式的优化、农业保险补贴制度的完善等；加强了市场管理，包括农业保险监管机制的改革、对农业保险市场竞争与合作行为的激励制约等。这些举措使此类利益结构从"投保人（被保险人）-农业保险人-政府"的三元型逐渐过渡到"投保人（被保险人）-农业保险人-政府-其他"的超复合型。

下面以日本为例来对农业保险利益结构的发展性（又可称开放性）详加说明。日本四面临海，国土地形以山脉丘陵为主，地震与雨雪灾害频发，农业以分散的小农经营为基础，极易受自然灾害的影响，风险分散的压力极大。为此，日本建立了相比其他国家更稳定、更系统、覆盖面更广、基于全方位政策支持的共济制农业保险制度。[①]

---

① 江生忠、费清：《日本共济制农业保险制度探析》，《现代日本经济》2018年第4期，第23~24页。

1868 年明治维新时期，日本开始效仿欧美国家建立公共救济制度，这是农业共济保险的雏形。[①] 该国农业最初实行地主和佃农并存的封建经济形式。第一次世界大战后，连年战乱导致日本国内地租高企，加之自然灾害频发，地主和佃农在减租问题上的矛盾十分尖锐。为了缓和此矛盾，在 1922 年，议会提出了一个当佃农遭遇灾害时为其提供保险的法案——《佃农农场保险计划法案》——作为解决佃农减租问题的措施，但没有成为正式法律。[②] 1929 年政府曾设想通过单纯的商业保险来解决家畜的灾害补偿问题，遂先行制定了《家畜保险法》。由于该法并未对政府在农业保险中的角色定位作出规定，因而其实施效果大打折扣，养殖业保险难以广泛开展起来。

进入 20 世纪 30 年代，随着日本对外侵略战争的不断扩大，近代日本开始进入战时体制，为此需要利用农业保险政策来缓和地主与佃农之间的矛盾以及维持农村社会秩序，尤其是稳定粮食生产体制。于是，在军部控制下的政府于 1938 年制定所谓《国家总动员法》的同时，议会通过了作为该国政治经济战略组成部分的《农业保险法》。该法自 1939 年实施后，起初主要是在全国范围内对水稻、小麦和桑树实行保险政策，政府对这些农作物给予约占保费 15% 的补贴。不过，由于财政支持力度不大，该法也未对农业保险经营模式作出合理选择，再加上不断扩大的战争对农业的巨大破坏，故该法实施效果仍十分有限。可见，在第二次世界大战结束之前，日本农业保险制度变迁存在严重的消极路径依赖现象，即农业保险的发展过度依赖市场机制，结果导致"投保人（被保险人）-农业保险人"的二元化农业保险利益结构出现较长时期的明显失衡。

第二次世界大战战败后的日本是严重缺粮国之一，1945 年大米产量只有 580 万吨，农业基础薄弱，农民生产生活情绪不稳定。[③] 从 1946 年开始，政府不得不在全国农村实行土地改革、土壤改良和组建农民组织，彻底废除地主制度，使绝大部分地主和佃农转变为自耕农，以便调动农民的生产

[①] 魏腾达、穆月英、张峭：《日本农业保险法：制度背景、法律框架与镜鉴启示》，《农业现代化研究》2023 年第 4 期，第 598 页。

[②] Yamauchi Toyoji. *Development of Agricultural Insurance in Japan. Crop Insurance in Asia.* Asia Productivity Organization, Tokyo, 1987.

[③] 庞新、沈庆昌：《赴日本参加农业保险研修考察报告》，《河北供销与科技》1996 年第 1 期，第 13 页。

积极性，迅速恢复在战争中遭受重创的农业经济，保证粮食自给，稳定粮价。但佃农成为自耕农后，就要独立承担经营风险。而频繁的自然灾害很可能使刚获得土地的小农重新失去土地。这直接导致在农村特别是气候条件恶劣的东北和北海道地区，农民为了规避风险不愿种植市场上十分短缺的稻子。于是，为有效分散农业风险，政府在 1947 年将 1929 年制定的《家畜保险法》和 1938 年制定的《农业保险法》合并，并加以修正，产生了适用于种养两业保险的《农业灾害补偿法》。该法全面涵盖了家禽、家畜保险和农作物保险，进一步扩大了农业保险覆盖面，并大幅提高了农业保险的财政补贴力度，有关农业保险的共济组合亦于 1947 年成立。至此，日本的利益均衡促进型现代农业保险制度的雏形已出现。[①]

此后，为适应农业保险发展的需要，日本政府在 1957 年至 2005 年对农业保险法律制度进行了八次修改。比如，基于赋权活能的考量，于 2003 年进一步修订了农作物保险中关于农户参保选择的规定，赋予农户更大程度参保自由选择权；基于防灾减灾的考虑，于 2005 年将农业建筑及农机具纳入农业保险被保对象的范围。2017 年，在《农业损失补偿法》中新增了农业收入保险与加强农业管理安全网两个项目，并将其更名为《农业保险法》，从 2019 年起开始施行。[②] 与第二次世界大战之前截然不同的是，日本这一新时期的农业保险制度变迁显然吸取了以往的教训，化消极路径依赖为积极路径依赖，即将过度依赖市场转变为实行政府和市场的有机结合。其对农业保险利益结构的积极作用表现为，促进了"农户-农业共济组合-农业共济组合联合会-政府"的多元化，以及均衡型农业保险利益结构的最终形成和长期巩固。[③]

三　农业保险利益结构的种类

依据不同标准，可对农业保险利益结构作不同分类。以影响因素为标

---

① 刘松涛、罗炜琳、琳萍、林丽琼：《日本农村金融改革发展的经验及启示》，《亚太经济》2018 年第 4 期，第 60 页。

② 汪妍、杨娟、许叶颖、钱婷婷、郑秀国：《日本农业保险对我国农业保险高质量发展的启示》，《上海农业科技》2020 年第 5 期，第 7 页。

③ 魏腾达、穆月英、张峭：《日本农业保险法：制度背景、法律框架与镜鉴启示》，《农业现代化研究》2023 年第 4 期，第 598～603 页。

准，可将其分为市场主导型和政府主导或引导型；以主体之间的关系为标准，可将其分为横向型、纵向型和纵横交错型；以利益是否均衡为标准，可将其分为非均衡型与均衡型；以农业保险的类型为标准，可将其分为种植业保险型和养殖业保险型。但需指出的是，农业保险的准公共产品属性决定了农业保险利益结构的发展和完善过程是一个由市场调节机制向政府干预机制及政府与市场相结合机制转变的过程，而这种转变过程，也恰在总体上，与由横向型向纵向型和纵横交错型、由非均衡型向均衡型、由种植业保险型向种养两业保险型的转变过程相吻合。鉴于此，下面拟对第一种分类法中的市场主导型利益结构和政府主导或引导型利益结构，作出具体分析。

1. 市场主导型农业保险利益结构

所谓市场主导型农业保险利益结构，是指市场因素在其形成和发展中起决定性作用的农业保险利益结构。它与诱致性农业保险制度变迁的方式相适应，出现于西方早期市场经济国家和德国、澳大利亚、智利和毛里求斯等当代一些发达国家和发展中国家。

市场主导型农业保险利益结构具有以下几个基本特征。（1）市场主体是农业保险的主要利益主体。市场主体是指具有民事权利能力和民事行为能力，在市场上从事交易活动，从而享有民事权利和承担民事义务的个人或组织主体。作为农业保险最主要利益主体的市场主体包括投保人（被保险人）和农业保险人。它们之间是消费者与经营者的关系。在实行诱致性农业保险制度变迁的西方市场经济国家中，农业保险的产生源于市场主体自发性的制度创新冲动，如德国的农村互保协会、法国早期的农业互助保险社、美国早期的商业保险公司、智利的国民保险集团和毛里求斯的糖业保险基金等，都是在潜在利润驱动下从事农业保险经营的。市场主体既是农业保险制度的创新者、策划者，又是制度变迁的实施者，因而承担了初级行动团体和次级行动团体的双重职能。可见，在诱致性农业保险制度变迁状态下，农业保险几乎只能实行纯商业化经营，由供需双方自发成交。（2）农业保险利益结构的维系主要依赖自由市场规则特别是商业性农业保险合同规则。政府只是帮助初级行动团体参与农业保险的次级行动团体而已，主要作用在于通过颁布法律法规、行政命令等，承认由初级行动团体响应获利机会而创设的新制度，确认市民社会的相关法律要求和社会规范。

这实际上仅是政府对市场上已形成的尚未成熟的农业保险制度的一种确认，而不是由政府主动作出的制度安排。所以，实行诱致性农业保险制度变迁的国家的农业保险法通常是商业保险法的组成部分，在未言及或强调农业保险补贴内容的同时，也规定农业生产经营者自愿参保，与农业保险人商定农业保险合同条款。（3）农业保险利益结构的内部构成简单。从域内外农业保险发展的历史和现状来看，当包括受农业保险开办初期经济发展水平的限制、对农业保险准公共物品属性的认识缺失或不足、政府不愿直接或适度承担农业保险扶持义务在内的任何一种情况出现时，均可能导致政府不介入农业保险市场。如，对农业保险准公共物品属性的认识有一个较长的历史过程，特别是在农业保险诞生的初期，受亚当·斯密自由市场理论的影响，农业保险仅被视为一种新型损失补偿性经济制度，政府只要应市场的要求对此类自发形成的制度予以认可即可。对市场主体的所有权、知识产权等私有权利予以法律保护，使人们追求自身利益的行为合法化，可极大激发人的创造力和进取心。于是市场主体力图自行创造一种新的保险制度来转移农业风险或攫取经营利益。正是因为政府并未作为利益主体或主要利益主体参与其中，故此类农业保险利益结构一般只包括投保人（被保险人）与农业保险人之间的利益关系（主要指参保的农业生产经营者与农业原保险人之间的利益关系）。投保人（被保险人）一般只要求获得保险赔付，农业原保险人一般只要求获得保费收益，政府的利益诉求并不明显。

2. 政府主导或引导型农业保险利益结构

所谓政府主导或引导型农业保险利益结构，是指政府因素在其形成和发展中起决定性或主要作用的农业保险利益结构。它与强制性农业保险制度变迁的方式相适应，一般认为最早出现于 20 世纪 30 年代末的美国，现已被包括我国在内的世界绝大多数农业保险举办国家和地区广泛采用并实行。

政府主导或引导型农业保险利益结构具有以下几个基本特征：（1）政府直接成为主要农业保险利益主体之一。如前所述，因为市场自身无法解决农业保险风险过度集中、信息严重不对称等问题，所以农业保险的发展在客观上离不开政府的干预。正是基于这一认识，各个举办农业保险的国家或地区的政府纷纷放弃以往对农业保险不予过问的态度，开始主动干预农业保险的经营，对农业保险予以经济、行政、技术和法律的支持，特别是通过提供农业保险人初始资金及农业保险补贴的方式予以经济支持，从而使政府直接成为三类主要农业保险利益主体之一。以西班牙为例，该国于 1978 年颁布《农业保险法》，并依据该法建立了健全的农业保险经营、补贴和监管机构——经济与财政部保险司、农业部农业保险局、农业再保险公司和农业保险总公司，其中前三个机构分别从财政支持和财务监管、一般业务监管和再保险产品供给等角度体现了政府在农业保险发展中的政治作用和财政作用。[①] 农业大灾受灾程度大，损失严重，一般的商业保险公司无力承担灾害损失赔付金，因此，西班牙农业大灾风险分散管理机制的运行主要由政府负责。当大灾发生时，西班牙政府将会根据欧盟的相关条款采取国家援助措施，由中央政府拨款赈灾，同时启动农业大灾风险分散基金，分散大灾风险，减少政府财政赈灾成本。[②]（2）其维系主要依赖政府强力推动下的制度设计与制度实施。部分制度需由诸如政府那样的、高踞于社会之上的权威机构的大力推动而设计产生，被明确而具体地规定在法律法规和政策中，并由其严格执行。自 20 世纪 30 年代末特别是第二次世界大战结束以来，多数国家和地区的农业保险制度大体如此。在形式上，日本、美国、加拿大、西班牙、墨西哥、塞浦路斯、菲律宾等纷纷采用专门立法的形式，我国采用综合立法和政策的形式，将农业保险制度化，力图使农业保险利益结构获得国家强制力的保障。在实质内容上，基于理论研究和经验借鉴，对农业保险政策目标进行定位，并对各方主体及其行为进行规范，从而直接体现了政府对农业保险发展规律的认识水平、把握能力和公共选择意愿。如，在农业保险政策目标的定位上，早在 20 世纪 90 年代初，为应对入世的挑战，加拿大政府在开展多轮农作物保险学术研讨与多年政策性农作物保险实践经验的基础上，设计和出台了农户收入保险计划；美国随后也开发出多种农作物收入保险险种；[③] 在 WTO《农业协定》附件 2 第 1 款 "国内支持免除削减承诺的基础" 和第 7 款 "收入保险和收入安全

---

① 丁学东：《西班牙农业保险政策及对我们的启示》，《农业经济问题》2005 年第 8 期，第 77 页。

② 周玲：《农业巨灾风险分散管理机制对中国农业保险的新路径构建的借鉴研究》，《世界农业》2016 年第 6 期，第 155 页。

③ 庹国柱、王国军：《中国农业保险与农村社会保障制度研究》，首都经济贸易大学出版社，2002，第 97~98 页。

网计划中政府的资金参与"的制度框架下，我国借鉴发达国家经验，由上海安信农业保险股份有限公司（以下简称"上海安信"）于 2006 年对 8 个蔬菜品种试行了产值保险，苏州市紧接着推出水稻、生猪、苗木、淡水养殖、家禽等方面的产值保险品种。农业产值保险类似于欧美发达国家的农民收入保险，能有效化解"菜贱伤农"等农业生产的市场风险，确保农户的种养两业收益。在实施效果上，除在一些发展中国家效果不甚理想外，大多较为明显。这些举措均有利于巩固和发展此类农业保险利益结构。（3）其内部构成较为复杂。如前所述，随着政府与社会因素的介入，农业保险利益主体在范围上已广泛涵盖了政府、投保人（被保险人）、农业保险人、农业产业化龙头企业等政府以外的农业保险保费补贴资金供给者、农业保险中介人、农业保险优惠贷款的贷款人以及参与农业保险基金关系的不特定社会公众等。同时，政府因素的广泛介入也使农业保险利益主体的利益诉求趋于多样化。如，投保人（被保险人）不但追求保险赔偿，而且追求保费补贴和农业保险保单质押贴息贷款等，[①] 农业原保险人不但追求保费收入，而且追求经营管理费用补贴、税收优惠和再保险补贴等。

第二节　农业保险利益结构的内部关系

一　农业保险利益结构的内部构成

农业保险利益结构的内部构成因此类结构主导因素的不同而有别。市场主导型利益结构的内部构成相对简单，政府主导型利益结构的内部构成则较为复杂。具体而言，市场主导型利益结构有纯商业性和弱政策性之分，前者只包括私-私农业保险利益关系，后者除包括私-私农业保险利益关系外，还包括公-私农业保险利益关系；政府主导型利益结构通常包括私-私农业保险利益关系、公-私农业保险利益关系和公-公农业保险利益关系。可见，无论哪类农业保险利益结构均会包括以上三种农业保险利益关系中的一种或数种。现将此三种农业保险利益关系分述如下。

[①]　杨桂云：《"农业保险+涉农信贷"贷款定价研究》，《财经理论与实践》2011 年第 5 期，第 31 页。

1. 私-私农业保险利益关系

私-私农业保险利益关系是指发生于法律地位平等的非官方主体之间的农业保险利益关系。这类利益关系主要包括投保的农业生产经营者和非官方农业原保险人之间的农业原保险合同关系、非官方农业原保险人之间的农业保险共保关系、非官方农业原保险人和非官方农业再保险人之间的农业再保险合同关系、非官方农业保险人和非官方农业保险中介人之间的农业保险中介关系、农业保险优惠贷款的非官方借款人和非官方贷款人之间的农业保险优惠借款合同关系以及一般社会公众和非官方农业保险交易对象之间的正外部性农业保险关系等。在这类利益关系中，利益主体无一不是政府机构与准政府机构以外的民间组织或个人，它们之间一般以《民法典》和保险单行法为主要法律依据，以民商事合同为联系媒介，在法律地位上完全平等。

其中，在投保的农业生产经营者和非官方农业原保险人之间的农业原保险合同关系中，农业原保险合同充当利益主体双方之间的联系媒介，投保的农业生产经营者主要享有在农业保险事故发生后向非官方农业原保险人请求保险赔付的权利，并主要负有如实告知保险标的的状况和依约向后者支付保费的义务，而非官方农业原保险人则主要享有向投保的农业生产经营者询问保险标的的真实情况并请求其支付保费的权利，并主要负有在农业保险事故发生后向前者履行保险赔付的义务。在非官方农业原保险人之间的农业保险共保关系中，将投资协议作为利益主体双方之间的联系媒介，将合伙制或公司制农业原保险共保体作为组织形式，共保体成员依约享有分红的权利，并主要负有出资和在农业保险事故发生后向被保险人分担保险赔付责任的义务。在非官方农业原保险人和非官方农业再保险人之间的农业再保险合同关系中，农业再保险合同是利益主体双方之间的联系媒介，非官方农业原保险人主要享有依约向非官方农业再保险人请求再保险赔付的权利，并主要负有依约向后者支付再保险费的义务，而非官方农业再保险人则主要享有向非官方农业原保险人请求支付再保险费的权利，并主要负有依约向前者履行再保险赔付的义务。在非官方农业保险人和非官方农业保险中介人之间的农业保险中介关系中，以农业保险中介合同为利益主体双方之间联系媒介，作为委托方的非官方农业保险人享有请求非官方农业保险中介人依约提供代理订约或履约、代收保费、代为索赔、查勘定损等农业保险中介服务的权利，并主要负有向后者支付佣金的义务，作为受托方的非官方农业保险中介人则主要享有向前者请求支付佣金的权利，并主要负有向前者提供约定农业保险中介服务的义务。在农业保险优惠贷款的非官方借款人和非官方贷款人之间的农业保险优惠借款合同关系中，以农业保险优惠借款合同为利益主体双方之间的联系媒介，非官方借款人主要享有从非官方贷款人处获得农业保险优惠贷款的权利，并主要负有向后者提供担保和按期还本付息的义务，而非官方贷款人则主要享有请求前者提供担保和按期还本付息的权利，并主要负有依约向前者提供优惠贷款的义务。[①] 在一般社会公众和非官方农业保险交易对象之间的正外部性农业保险关系中，一般无须依靠合同作为利益主体之间的联系媒介，社会公众能够享受到"搭便车"的好处，如农产品供应充足且价格稳定等，但不用对农业保险的发展直接付费。

2. 公-私农业保险利益关系

公-私农业保险利益关系是指发生于官方主体与非官方主体之间的农业保险利益关系。这类利益关系主要包括投保的农业生产经营者和官方农业原保险人之间的农业原保险合同关系、非官方农业原保险人和官方农业再保险人之间的农业再保险合同关系、非官方农业再保险人（又称非官方农业转分保分出人）和官方农业再再保险人（又称官方农业转分保接受人）之间的农业再再保险合同关系、非官方农业原保险交易对象和官方农业大灾保险基金管理人之间的农业大灾保险基金关系、农业保险补贴的非官方请求权人和官方给付义务人之间的农业保险补贴供需关系、农业保险补贴的非官方给付义务人和官方给付义务人之间的农业保险补贴供给关系以及农业保险行政监管机构和其非官方监管对象之间的农业保险监管关系等。在这类利益关系中，利益主体的一方是政府机构或准政府机构，另一方是政府机构和准政府机构以外的民间组织或个人。它们之间以经济法（如财税法）、行政法、《民法典》和保险单行法等为法律依据，既可以以民商事合同为联系媒介，也可以以强制性法律或政策规范为联系媒介，在法律地位上不一定平等。

其中，在投保的农业生产经营者和官方农业原保险人之间的农业原保险合同关系中，农业原保险合同充当利益主体双方之间的联系媒介，投保

---

① 陈运来、王伟：《农业保险优惠贷款主体资格辨析》，《法学评论》2012 年第 2 期，第 97 页。

的农业生产经营者主要享有在保险事故发生后向官方农业原保险人请求保险赔付的权利，并主要负有如实告知保险标的的状况和依约向后者支付保费的义务，而官方农业原保险人则主要享有向投保人询问保险标的的真实情况并请求其支付保费的权利，并主要负有在保险事故发生后向前者履行保险赔付的义务。在非官方农业原保险人和官方农业再保险人之间的农业再保险合同关系中，农业再保险合同是利益主体双方之间的联系媒介，非官方农业原保险人主要享有依约向官方农业再保险人请求再保险赔付的权利，并主要负有依约向后者支付再保险费的义务，而官方农业再保险人则主要享有向非官方农业原保险人请求支付再保险费的权利，并主要负有依约向前者履行再保险赔付的义务。在非官方农业再保险人和官方农业再再保险人之间的农业再再保险合同关系中，农业再再保险合同（又称农业转分保合同）是利益主体双方之间的联系媒介，非官方农业再保险人主要享有依约向官方农业再再保险人请求再保险赔付的权利，并主要负有依约向后者支付再保险费的义务，而官方农业再再保险人则主要享有向非官方农业再保险人请求支付再保险费的权利，并主要负有依约向前者履行再保险赔付的义务。在非官方农业原保险交易对象和官方农业大灾保险基金管理人之间的农业大灾保险基金关系中，利益主体之间不是以合同而是以强制性农业保险法律规范为联系媒介，非官方农业原保险交易对象中的农业原保险人主要享有于农业大灾事故发生后向农业大灾保险基金管理人请求支付法律或政策规定的保险赔款，并主要负有代理农业大灾保险基金管理人向参保的农业生产经营者支付后者应付保险赔款的义务，官方农业大灾保险基金管理人则主要享有向非官方农业原保险交易对象募集资金的权利，并主要负有依法向非官方农业原保险交易对象中的农业原保险人支付其应付保险赔款的义务。在农业保险补贴的非官方请求权人和官方给付义务人之间的农业保险补贴供需关系中，利益主体双方并无直接的合同关系，农业保险补贴强制性法律规范充当利益主体双方之间的联系媒介，农业保险补贴的非官方请求权人主要享有向农业保险补贴的官方给付义务人请求支付法律或政策规定的农业保险补贴的权利，并主要负有依法依规从事农业生产经营或农业保险业务经营活动以及诚实履约和不得非法骗取农业保险补贴的义务，农业保险补贴的官方给付义务人主要享有依法监管农业保险补贴的申请和使用行为的权利，并主要负有向前者支付法律或政策规定的农业保险补贴的义务。在农业保险补贴的非官方给付义务人和官方给付义务人之间的农业保险补贴供给关系中，有关农业保险补贴的强制性法律或政策规范充当利益主体双方之间的联系媒介，利益主体双方不存在直接的民商事合同关系，不为相互给付，此种农业保险利益关系体现为对农业保险补贴给付义务的按份共同分担。在农业保险行政监管机构和其非官方监管对象之间的农业保险监管关系中，有关农业保险监管的强制性法律或政策规范充当利益主体双方之间的联系媒介，利益主体双方存在行政法律关系，农业保险行政监管机构享有向其监管对象依法实施监管的权利，并主要负有确保监管公平、公正、科学、有效的义务，[①] 农业保险非官方监管对象享有获得法律救济的权利，并负有依法接受和配合前者监管以及确保己方农业保险活动合法合规的义务。

3. 公-公农业保险利益关系

公-公农业保险利益关系是指发生于官方主体之间的农业保险利益关系。这类利益关系主要包括官方农业原保险人和官方农业再保险人之间的农业再保险合同关系、农业保险补贴的官方请求权人和官方给付义务人之间的农业保险补贴供需关系、农业保险补贴的官方给付义务人之间的农业保险补贴供给关系以及农业保险行政监管机构和其官方监管对象之间的农业保险监管关系等。在这类利益关系中，利益主体的双方是政府机构或准政府机构，他们之间既可以以民事合同为联系媒介，也可以以强制性法律规范为联系媒介，在法律地位上不一定平等。

其中，在官方农业原保险人和官方农业再保险人之间的农业再保险合同关系中，农业再保险合同是利益主体双方之间的联系媒介，官方农业原保险人主要享有依约向官方农业再保险人请求再保险赔付的权利，并主要负有依约向后者支付再保险费的义务，而官方农业再保险人则主要享有向官方农业原保险人请求支付再保险费的权利，并主要负有依约向前者履行再保险赔付的义务。在农业保险补贴的官方请求权人和官方给付义务人之间的农业保险补贴供需关系中，利益主体双方并无直接的合同关系，农业保险补贴强制性法律规范充当利益主体双方之间的联系媒介，农业保险补贴的官方请求权人主要享有向农业保险补贴的官方给付义务人请求支付法

---

① 何文强：《论我国政策性农业保险的法律监管》，《法学评论》2008 年第 3 期，第 39~40 页。

律或政策规定的农业保险补贴的权利，并主要负有依法依规从事农业保险业务经营活动以及诚实履约和不得非法骗取农业保险补贴的义务，农业保险补贴的官方给付义务人主要享有依法监管农业保险补贴的申请和使用行为，并主要负有向前者支付法律或政策规定的农业保险补贴的义务。在农业保险补贴的官方给付义务人之间的农业保险补贴供给关系中，有关农业保险补贴的强制性法律或政策规范充当利益主体双方之间的联系媒介，利益主体双方不存在直接的民商事合同关系，不为相互给付，此种关系体现为对农业保险补贴给付义务的按份共同分担。在农业保险行政监管机构和其官方监管对象之间的农业保险监管关系中，有关农业保险监管的强制性法律或政策规范充当利益主体双方之间的联系媒介，利益主体双方存在行政法律关系，主体之间的权义与农业保险行政监管机构和其非官方监管对象之间农业保险监管关系的情形相同。

二　农业保险利益结构的内部秩序

农业保险利益结构是由若干农业保险利益关系所构成的利益链。任何一种农业保险利益关系均以一定的"身份"存在于农业保险利益结构中。但不同类型农业保险利益结构其内部构成各不相同。总的来看，随着农业保险的迅速发展，农业保险利益结构变得越来越复杂，甚至可以说，多数已经变得异常复杂了。于此情形，有必要从内在依存关系和主次关系两个层面对其内部秩序进行深入分析，即从微观上剖析诸农业保险利益关系在农业保险利益结构中所处的层次和所充当的"角色"，以深刻揭示农业保险发展的客观规律。

（一）　内在依存关系

根据诸节点之间的内在依存关系，农业保险利益结构由原生性农业保险利益关系和派生性农业保险利益关系组成。其中，原生性农业保险利益关系是指在农业保险利益结构中起本源性作用，不以其他农业保险利益关系的存在为前提而产生的农业保险利益关系；派生性农业保险利益关系是指在农业保险利益结构中不起本源性作用，以原生性农业保险利益关系和其他农业保险利益关系的存在为前提而产生的农业保险利益关系。"皮之不存，毛将焉附？"这是两者关系的生动写照。

1. 原生性农业保险利益关系

投保人和农业原保险人之间的农业原保险合同关系是原生性农业保险利益关系。原因有如下三点。（1）产生于农业保险利益结构的第一环节。在同一农业保险利益结构中，各种农业保险利益关系并非同时产生，而是有先有后。在合同法上，农业保险合同不仅是记载投保人和被保险人与农业原保险人之间权义关系的法律文件，而且是农业再保险法律关系、农业保险优惠贷款法律关系、农业保险补贴法律关系、农业保险监管法律关系等独立行为主体之间其他农业保险法律关系得以形成的重要媒介与依据之一。[①] 从这个角度来看，此种农业保险利益关系在产生的时间次序上最早，不以其他农业保险利益关系的存在为前提条件。这就使其无可争议地占据了农业保险利益结构的首要环节，成为农业保险利益结构的"发源地"。（2）体现农业保险最基本的原始职能。农业保险最基本的原始职能应是，在微观上直接分散农业生产经营者在农业生产中所面临的自然风险或市场风险，从而使农业生产经营者增收。农业保险的这一职能刚好可以在此种农业保险利益关系中得到恰当体现。在此种农业保险利益关系中，利益主体双方相互享有农业原保险合同利益。其中，投保的农业生产经营者主要享有在农业保险事故发生后向农业原保险人请求保险赔付的权利，而农业原保险人则主要负有在农业保险事故发生后向前者履行保险赔付的义务。（3）为所有类型农业保险利益结构不可或缺。在农业保险制度诞生之前，农业利益是第一产业的利益，保险业利益是第三产业的利益，两者毫不相关。农业保险产品的出现逐渐使上述两种产业利益的关系由彼此分离转向互为促进。而此种农业保险利益关系处于农业保险利益结构的第一环节，刚好能起到将以上两大产业利益衔接起来的作用。正因如此，无论是市场主导型农业保险利益结构还是政府主导型农业保险利益结构，均无一例外地包含此种农业保险利益结构。如果缺少这一农业保险利益关系，任何农业保险利益结构都将无法形成和发展。

2. 派生性农业保险利益关系

其他种类农业保险利益关系则属派生性农业保险利益关系范畴。原因有如下三点。（1）产生于农业保险利益结构的后续环节。其他种类农业保险利益关系由投保人和农业原保险人之间农业保险利益关系衍生而来。农

---

① 陈运来：《农业保险法原论》，中国检察出版社，2015，第248页。

业作为最典型的弱质产业，极易发生大灾风险并蒙受损失，而严重的损失可能导致农业原保险体系崩溃。[①] 于是，各国纷纷求助于农业再保险机制以化解农业大灾风险，使农业原保险体系趋于稳定。由此可见，农业原保险人和农业再保险人之间基于农业再保险合同而产生的农业保险利益关系，实际上是以投保人和农业原保险人之间农业保险利益关系的存在为前提的。这样，在同一农业保险利益结构中，其他种类农业保险利益关系在产生时间上必然滞后于投保人和农业原保险人之间的农业保险利益关系。（2）体现农业保险最基本的原始职能以外的其他职能。其他种类农业保险利益关系与农业生产经营者的保险赔付利益并未直接挂钩，因而不能体现上述农业保险最基本的原始职能。如，农业保险优惠贷款的借贷双方之间农业保险利益关系只是涉及农业保险优惠贷款利益问题。即便是农业原保险人和农业再保险人之间农业保险利益关系以及农业原保险人和农业大灾保险基金或其管理人之间农业保险利益关系包含了保险赔付的内容，但也未直接涉及对农业生产经营者的保险赔付问题。（3）并非所有类型农业保险利益结构的必要组成部分。其他种类农业保险利益关系虽然在农业保险利益结构中作用独特，不能或难以被替代，但不像投保人和农业原保险人之间农业保险利益关系那样是农业保险与生俱来的。在实行纯商业化经营的农业保险中，通常只能产生投保人和农业原保险人之间农业保险利益关系、农业原保险人与农业再保险人之间农业保险利益关系以及委托人和农业保险中介人之间农业保险利益关系。

（二）主次关系

根据诸节点所起作用的不同，农业保险利益结构由基础性农业保险利益关系、主导性农业保险利益关系和补充性农业保险利益关系组成。其中，基础性农业保险利益关系是指构成农业保险利益结构的形成和发展基础的利益关系；主导性农业保险利益关系是指在农业保险利益结构的形成和发展中起主要作用的利益关系；补充性农业保险利益关系是指在农业保险利益结构的形成和发展中起辅助或补充作用的利益关系。农业保险利益关系主次排序因利益结构主导因素的不同而不同。

---

① John Duncan, & Robet J. Myers. Crop Insurance Under Catastrophic Risk. *American Journal of Agricultural Economics*, 2000, (82): 4.

1. 基础性农业保险利益关系

基础性农业保险利益关系只有全面而准确地体现农业保险中的主要市场因素，才能在农业保险利益结构的形成和发展中起到基础性作用。这是因为，无论农业保险利益结构中包含多少政府因素，均不影响农业保险作为一种市场化的农业风险管理机制而存在。[①] 即使在政府垄断型模式中，作为一种特殊保险产品的农业保险仍然属于有关农业风险管理的市场机制范畴。[②] 农业保险的这一特征表现为，农业保险业务的开办始终有赖于民商事合同这一基本形式。[③] 这就使农业保险与农村灾害救济明显区别开来了，更使其作用贯穿于农业风险管理的始终。如，农业保险是以缴纳少量的保费为条件应对特定的农业风险，由投保人单独付费或与政府等部门共同付费，能带动更多资金，起到"四两拨千斤"之功效。农村灾害救济则完全依靠财政转移支付，政府和救济对象之间并无合同关系。鉴于此，笔者认为，在所有农业保险利益结构中，投保人和农业保险人之间的农业保险利益关系是基础性农业保险利益关系。不过，有些基础性农业保险利益关系仅指投保人和农业原保险人之间的农业保险利益关系，有些还包括农业原保险人和农业再保险人之间的农业保险利益关系（农业再保险合同关系）。

2. 主导性农业保险利益关系

主导性农业保险利益关系在农业保险利益结构的形成和发展中起主要作用，决定着农业保险利益结构的性质、均衡性和稳定性。而农业保险利益结构的性质、均衡性和稳定性三者之间密切相关。其中，农业保险利益结构的均衡性主要取决于农业保险利益结构的性质，农业保险利益结构的稳定性又主要取决于农业保险利益结构的均衡性。如果主导性农业保险利益关系发生改变，农业保险利益结构的性质、均衡性和稳定性均相应发生改变。可见，主导性农业保险利益关系在农业保险利益结构中的地位和作用至为关键。与基础性农业保险利益关系在所有农业保险利益结构中基本一致的情形有别，主导性农业保险利益关系因农业保险利益结构类型的不同而迥异。具体来说，在市场主导型农业保险利益结构中，利益关系较为

① 李媛媛：《我国农业保险合同制度的反思与优化》，《保险研究》2017年第5期，第98页。
② 庹国柱、李军：《农业保险》，中国人民大学出版社，2005，第47~48页。
③ 陈运来：《农业保险法原论》，中国检察出版社，2015，第24页。

简单，主导性农业保险利益关系与基础性农业保险利益关系重合，即为投保人和农业保险人之间的农业保险利益关系，但有些仅指投保人和农业原保险人之间的农业保险利益关系，有些还涵盖农业原保险人和农业再保险人之间的农业保险利益关系。在政府主导型农业保险利益结构中，因受政府因素的显著影响，主导性农业保险利益关系变为政府同农业保险市场交易对象即农业保险合同主体之间的农业保险利益关系（包含农业原保险人和农业再保险人之间的农业再保险合同关系、农业大灾保险基金关系和农业保险补贴供需关系、农业保险行政监管机构同市场交易对象之间的农业保险监管关系等）、政府之间的农业保险利益关系、一般社会公众同农业保险交易对象之间的农业保险利益关系（正外部性农业保险利益关系）。

3. 补充性农业保险利益关系

补充性农业保险利益关系种类繁多，包括农业原保险人之间的农业保险利益关系（农业原保险共保合同关系）、农业原保险人和官方相关专业或技术部门之间的农业保险利益关系（联合共保关系）、农业再保险人之间的农业保险利益关系（农业再保险共保合同关系）、农业保险人和农业保险中介人之间的农业保险利益关系（农业保险中介关系）、农业保险优惠贷款的借款人和贷款人之间的农业保险利益关系（农业保险优惠贷款中的借款合同关系）、非参保农业生产经营者和农业保险交易对象之间的农业保险利益关系（正外部性农业保险利益关系）等。它们在农业保险利益结构的形成和发展中只起辅助或补充作用，其中上述前五种农业保险利益关系所起的是辅助作用，最后一种所起的则是补充作用。尽管它们的重要性可能远不如基础性农业保险利益关系和主导性农业保险利益关系那么大，但因难以或无法被取代而不容忽视。比如，在"互联网+"技术与人工智能技术等飞速发展的新时代，为提高农业保险监管的时效性，浙江等省份委托专门的保险经纪公司来对农业保险共保体的日常经营管理活动实施监督，包括负责农业保险的数据审核、理赔监管、技术咨询等。笔者认为该做法颇值得进一步推广。[①] 可见，农业保险委托监管关系是一种具有鲜明时代特色并具有一定社会经济意义的补充性农业保险利益关系。

[①] 陈运来：《农业保险共保模式的法律选择与制度展开》，《法商研究》2023 年第 6 期，第 153 页。

第二章　农业保险利益失衡的类型化考察

对农业保险利益的追求是农业保险主体参与农业保险的根本原因。然而，由于不同利益主体之间既有相同又存在不同的利益追求，农业保险各类主体之间的利益关系势必也会形成同一性与对立性并存的局面。基于"自利人"或"经济人"的假定和农业保险利益结构的整体性、复杂性等特点，不同农业保险主体为了实现自身利益最大化，在追逐同一利益的过程中便会出现利益合作，在追逐对立利益的过程中便会出现利益摩擦。当利益摩擦严重到一定程度，矛盾就可能引发明显对抗，进而导致十分激烈的利益冲突。[①] 改革开放以来，在农业从计划经济向市场经济逐渐转型的过程中，在可供分配的社会资源特别是经济资源总体有限的情况下，各类农业保险行为主体之间的利益失衡明显制约着农业保险的持续健康发展，[②] 甚至出现过十分严重的农业保险"市场失灵"现象。在1994年后的十年时间里，随着《中华人民共和国公司法》（以下简称《公司法》）的实施和国家经济体制的转型，农业保险的高风险、高赔付与农民支付能力有限却希望得到高保障水平的保险服务的矛盾，以及农业保险的非营利性特点与保险公司的营利性需求之间的矛盾日益尖锐，从而导致国内农业保险市场的全面萎缩。[③] 当时，由中国人民保险公司经办的农业保险，虽然在公司内划入政策性保险的范畴，但实际上是一种既无国家强制性又未享受财政补贴

---

① 参见洪远朋、陈波、卢志强《制度变迁与经济利益关系演变》，《社会科学研究》2005年第3期，第43页。

② 李军、段志煌：《农业风险管理和政府的作用——中美农业保险交流与考察》，中国金融出版社，2004，第1页。

③ 我国农业保险业务规模从1993年的8.29亿元下滑到2003年的4.64亿元，业务规模缩减了近一半。许梦博、李新光、王明赫：《国内农业保险市场的政府定位：守夜人还是主导者？》，《农村经济》2016年第3期，第80页。

的纯商业性保险。[1] 当前，我国加快农业保险高质量发展过程中所固有的供需失衡矛盾仍未得到根本化解，市场失灵与政策偏差问题依然并存。[2]

第一节 政府之间在农业保险发展中的利益失衡

对于什么是政府利益，学术界存在三种主要观点：第一种观点认为政府是人民的代表，政府利益就是公共利益；[3] 第二种观点认为政府利益乃政府及其官员所享有的利益，与公共利益相对；[4] 第三种观点认为政府利益既包括公共利益，又包括政府自身利益。[5] 目前，第三种观点是学术界主流观点，笔者也予以赞同。政府作为社会系统中的一类重要组织，在为协调各种社会关系而担负利益整合和利益分配责任的同时，也形成了一定的政府自身利益。这就是政府利益的双重性，不仅涵盖了社会福利的最大化，同时也包括了政府自身利益的显性化。受政府及其官员在信息、认知上有限理性的约束，[6] 政府利益内部也可能存在着不易调和的利益失衡。在农业保险发展进程中，这种利益失衡在中央政府和地方政府之间表现尤甚，并主要表现为政治利益及财政利益的失衡。

政府对社会的管理是复杂、动态的系统工程，加之政府组织结构的多层次性和价值取向的多维性，使政府利益又成为一类多元组合体。为了更鲜明地体现出政府之间在农业保险发展上的利益失衡，有必要对政府利益加以进一步划分：一是按利益的类型和内容划分，政府利益可分为政治利

---

① 舒伟斌、陈运来：《农业保险法定模式的选择》，《江西社会科学》2010 年第 6 期，第 181～182 页。

② 许梦博、陈楠楠：《我国农业保险发展的深层矛盾、转型契机与改革取向》，《求是学刊》2021 年第 2 期，第 80 页。

③ 任晓林、谢斌：《政府自利性的逻辑悖论》，《国家行政学院学报》2003 年第 6 期，第 34 页。

④ 王慧军：《公共政策过程中的政府利益及其约束》，《理论探讨》2007 年第 2 期，第 135～136 页。

⑤ 李景鹏：《试论行政系统的权力配置和利益结构的调整》，《政治学研究》1996 年第 3 期，第 31 页；高迪：《论公共利益与政府利益的关系》，《边疆经济与文化》2012 年第 6 期，第 176 页。

⑥ 张权、曾渝：《组织环境与局部优解：中国地方政府的有限理性决策分析》，《江苏行政学院学报》2023 年第 3 期，第 86～87 页。

益和经济利益;[①] 二是按利益主体的级别划分,政府利益可分为中央政府利益和地方政府利益;[②] 三是按利益主体的范围划分,政府利益可分为国家利益、公共利益和政府部门利益。[③] 上述对政府利益的不同划分方式各有其侧重点,但为了更具概括力、更清晰地对政府之间在农业保险发展中的利益失衡进行阐述,笔者首先选用第一种划分标准,将政府利益划分为政治利益和经济利益,再分别从中央政府和地方政府的角度论述二者在政治利益和经济利益上的不同诉求,分析出政府之间在农业保险发展中的利益失衡。并且,由于政府之间在农业保险发展中的经济利益失衡直接和主要表现在财政利益失衡上,[④] 所以笔者将中央政府和地方政府在农业保险发展中的利益失衡划分为政治利益之间的失衡以及财政利益之间的失衡,并在下文中对二者加以详细说明。

一 政治利益的失衡

政治利益是为了获得经济利益和其他利益而争取的政治性利益,也是满足主体政治需要的利益。[⑤] 它包含公益性政治利益和自利性政治利益,是政治主体的社会政治地位以及由此决定的政治需要的直接反映。其中公益性政治利益的内容包括维护国家领土主权完整、维护社会安定、促进经济发展等,自利性政治利益的内容则包括政府官员升迁、政府权力扩张等。鉴于此,中央政府和地方政府之间在农业保险中的政治利益失衡主要体现在以下三个方面。

一是在经济发展上,表现为中央政府重视农业保险在国民经济协调发

---

① 马跃:《财政的多元博弈和地方政府利益边界的界定》,《经济社会体制比较》2010 年第 5 期,第 147 页。

② 刘然、朱丽霞:《中央与地方利益均衡分析》,《云南行政学院学报》2005 年第 3 期,第 25~26 页。

③ 江涌:《中央政府机构中的部门利益问题值得警惕》,《廉政瞭望》2007 年第 2 期,第 23 页。

④ 经济利益可分为直接经济利益和间接经济利益两种类型,直接经济利益表现为财政收入和权力寻租收入两种形式,间接经济利益表现为决策后由剩余索取权产生的收益。政策性农业保险的本质特征是享有政府提供的财政补贴。梁丽:《利益激励视角下地方政府行为偏好与环境规制效应分析》,《领导科学》2018 年第 32 期,第 23 页。

⑤ 曹晓飞、戎生灵:《政治利益研究引论》,《复旦学报》(社会科学版) 2009 年第 2 期,第 105 页。

展中的促进作用同地方政府认为农业保险对当地经济增长贡献率不大之间的矛盾。农业保险在农业风险管理和损失补偿上的能动作用，使得国内外农业经济学专家普遍认为：农业保险是与农业科技和农业金融并列的现代农业发展的三大支柱之一，是世界贸易组织允许各国支持农业的"绿箱"政策之一。① 由此可见，它是农业可持续发展的关键要素之一，对农业、农村和国家经济发展全局有着不可替代且难以估量的重要意义。② 然而，中央政府对农业保险的高度关注源于农业保险在国民经济协调发展中所具有的重要促进作用。对中央政府而言，农业保险是保障国民经济可持续发展、助力产业结构升级、优化各地区资源配置、统筹区域经济发展的重要举措，故中央政府发展农业保险的意愿相当强烈，这一点从中央一号文件自2004年以来几乎每次都强调发展农业保险上可见一斑。但地方政府却大多认为农业保险对当地经济增长贡献率不大，因此发展农业保险的积极性不高。在一定程度上，地方政府可被看作一个利益主体，对其而言，为本地争取更多的资金、刺激GDP上涨是其工作很重要的出发点。因此，在政府财力有限的情况下，地方政府更倾向于将有限的资金用于发展投资小、回报快、回报率高的具有明显经济利益的项目，如房地产业、汽车工业等。而农业保险作为一种高成本、高风险、低收益甚至负收益的产品，对地方税收的贡献率几乎为零，甚至还需要地方政府提供大量资金扶持，这种经济效益不明显、社会效益也无法在短期内体现出来的特点，使得大多数地方政府对发展农业保险持观望态度，甚至抱有抵触情绪。

二是在社会安定上，表现为中央政府希望通过农业保险增进整个社会和谐同地方政府倚重其他替代性机制促进当地民众生活安定之间的矛盾。农业保险有助于提高国内农产品生产总量，调整农产品结构，稳定农产品供给，保障主粮安全，对于促进农业可持续发展和维护全社会稳定具有不可替代的重要意义。正如2005年联合国粮农组织在《发展中国家的农业保险》报告中指出的一样，"出于保持粮食产量以及维护农业地区人民福利的考虑，农业风险管理是多数政府的利益所在"。③ 不过，这种利益只是在很大程度上迎合了

---

① 冯文丽：《中国农业保险制度变迁研究》，中国金融出版社，2004，第1页。
② 陈运来：《农业保险法原论》，中国检察出版社，2015，第29~30页。
③ 田辉等：《农业保险立法时机已经成熟》（上），《中国城乡金融报》2010年8月25日，第B2版。

中央政府的诉求，而地方政府大多因农业保险开展的复杂性、艰难性以致对其望而却步，转而依赖其他惯用的替代性机制来维护当地的社会安定。

从中央政府的立足点来看，在统一的国内大市场中，农业保险是减轻农业灾害损失、稳定粮食产量的重要举措，其受益范围不是局限于个别地区，而是惠及全国。美国农业保险专家就曾指出，在发生灾害，特别是重大灾害致使农业生产严重受损时，农业保险能有效避免农业生产经营者在生产、生活两个方面的购买力萎缩，从而保障农业生产、生活物资供应和产后销售等环节的顺利进行，防止失业率上升和整个社会的不稳定。[①] 并且，发展农业保险作为一种支农政策，对增加农民收入、扩大农村消费需求、加速农业产业化发展，进而缩小城乡发展差距有重要意义，这有利于中央政府统筹城乡发展，推进城乡二元结构改革，夯实政治稳定的社会基础。再者，互助合作作为农业保险的一种组织形式，也有助于培育农民的互助合作意识，激发各方同舟共济的热情，促进农村社会事务管理民主化，契合中央构建和谐社会的政治需求。

然而，对地方政府而言，它们大多将维护地区繁荣稳定作为自身首要任务，将目光和精力放到促进当地民众生活安定上来。于是，相较于花费巨大的人力、物力、财力去发展农业保险，地方政府更倾向于利用现有的替代性机制来化解农业风险，维护当地社会稳定。当农业受灾导致农产品产量下降和农民利益受损时，针对农产品歉收或绝收，地方政府一般利用市场流通机制来调节农产品局部流通总量，通过从其他地区购买农产品的方式来满足本地民众的需求，而国家粮食安全问题不在其考虑范围内；针对农业生产经营者收入下降等灾害损失，地方政府亦习惯于通过现有的救灾机制，例如直接发放救灾补助金和物资平调等方式帮助灾民恢复生产、重建家园。这些替代性方式相较于农业保险而言更易于操作且早已被广大人民群众所接受，因而是地方政府更为青睐的控制农业风险、维护地区社会安定的政策措施。

三是在官员升迁上，表现为农业保险发展任务的艰巨性对中央政府官员晋升的负面影响不大同发展农业保险对地方政府官员升迁造成压力之间

---

① 中国赴美农业保险考察团：《美国农业保险考察报告》，《中国农村经济》2002 年第 1 期，第 70 页。

的矛盾。政策是由人制定的，政府也是由若干成员组成的，政策的实施要靠这些成员，而这些成员的利益要靠政府机构来实现，所以制定和实施什么样的政策，与政府官员自身的利益密切相关。为了保持经济和社会的长期稳定和可持续发展，中央政府从全局角度出发，势必会顺应时代潮流努力为中国农业保险发展提供良好的政策环境。而我国在对地方政府官员的政绩考核中，存在着一种以经济增长速度为主要尺度的干部考核机制，经济增长速度的快慢与地方政府官员的进退升降密切相关，由此也强化了地方政府对经济增长的过度崇拜。① 但农业保险的经济效益极不明显，地方政府农业保险政策制定、实施得好不易被察觉；相反，若出了纰漏还需要地方政府官员承担不利后果，故发展农业保险对地方政府官员来说有很大的风险和压力。于是，地方政府官员出于对自身政治利益的考量，会追求更高的经济增长率而优先发展固定资产投资项目，这会导致地方政府官员对发展农业保险的态度较中央政府官员要消极得多，中央制定的农业保险政策也常常难以在地方完全落到实处。

二 财政利益的失衡

财政关系是我国上下级政府之间博弈的重要通道。② 在农业保险发展中，中央政府和地方政府在财政利益上也存在明显失衡，主要表现在财政对农业保险的补贴以及农业保险对税收的影响上。

一方面，是中央财政希望地方财政共担农业保险补贴支出义务与地方政府不愿或无力承担相应补贴支出义务之间的矛盾。国内外理论和实践都已证明，政府的财政补贴是农业保险取得成功和持续发展的最主要条件之一。但随着补贴险种的增多和承保面积的扩大，政府对农业保险的补贴责任不断加重，中央政府和地方政府就补贴责任的分配难以达成一致，形成了利益矛盾甚至利益冲突。政府财政对农业保险的补贴方式以保费补贴为主，关于政府之间保费补贴责任的分担问题，中央政府也已多次在各类文件中作出了规定。早在 2007 年，中央一号文件就提出要求：要扩大政策性

---

① 许光建、戴李元：《央地利益冲突：政策空档在哪》，《人民论坛》2011 年第 25 期，第 62~63 页。

② 马跃：《财政的多元博弈和地方政府利益边界的界定——对安徽省 S 县财政体制变迁与地方治理关系的考察》，《经济社会体制比较》2010 年第 5 期，第 142 页。

农业保险试点范围，各级财政对农户参加农业保险给予保费补贴，探索建立中央、地方财政支持的农业再保险体系。该文件表达了中央政府希望地方财政能分担相应农业保险补贴支出义务的愿望。财政部于 2016 年 12 月 19 日印发的《中央财政农业保险保险费补贴管理办法》（财金〔2016〕123 号），更是对中央政府和地方政府各自的保费补贴比例作出了详细规定。一是种植业保险。在省级财政至少补贴 25% 的基础上，中央财政对中西部地区补贴 40%、对东部地区补贴 35%；对纳入补贴范围的新疆生产建设兵团、中央直属垦区、中国储备粮管理总公司、中国农业发展集团有限公司等（以下简称"中央单位"），中央财政补贴 65%。二是关于养殖业保险。在省级及省级以下财政（以下简称"地方财政"）至少补贴 30% 的基础上，中央财政对中西部地区补贴 50%、对东部地区补贴 40%；对中央单位，中央财政补贴 80%。三是森林保险。公益林在地方财政至少补贴 40% 的基础上，中央财政补贴 50%；对大兴安岭林业集团公司，中央财政补贴 90%。商品林在省级财政至少补贴 25% 的基础上，中央财政补贴 30%；对大兴安岭林业集团公司，中央财政补贴 55%。四是藏区品种保险、天然橡胶保险。在省级财政至少补贴 25% 的基础上，中央财政补贴 40%；对中央单位，中央财政补贴 65%。在上述补贴政策基础上，中央财政对产粮大县三大粮食作物保险进一步加大支持力度。综上所述，根据现行预算管理与农业保险保费补贴管理规定，在政策性农业保险领域，按"中央保大宗，保成本，地方保特色，保产量"的补贴原则，基本确定了央地财政支出责任的划分。其中，中央财政重点保障关系国计民生与粮食安全的主要大宗农产品的保险。

可见，中央政府希望地方政府及其职能部门能积极参与政策性农业保险，通过补贴责任的分担加强协调与联动，各司其职，形成合力，落实农业保险补贴政策，积极推进我国农业保险工作的顺利开展。

然而，自 2007 年财政部首次将农业保险保费补贴列为财政预算科目以来，财政的保费补贴不断增加，地方财政承担农业保险补贴责任的压力也随之不断加大。对中央政府而言，在为帮助农业生产经营者应对风险、稳定农村经济、确保国家粮食供给安全而大力推进农业保险建设的过程中，农业保险被当作准公共物品加以对待，因此中央政府不期从中获利，为此支出的高额补贴对中央财政亦不是难以承受的负担。但是对地方政府来说，联动补贴机制下地方政府被要求率先承担保费补贴义务，这对其来说无疑是沉重的包袱。在如上海这样的财政实力雄厚的地区，即使地方政府有能力履行农业保险补贴义务，但由于农业保险实施技术复杂，耗费巨大，农业在这些地区经济中所占比重不大，农业保险对其经济发展、社会安定的推动作用不明显等，这些地方政府不愿承担保费补贴财政支出义务。财政实力雄厚的地方政府对待农业保险的态度尚且如此，就更不用提财政实力薄弱的地区了。在地方财政拮据的地区，由于地方政府无力承担相应保费补贴支出义务，农业保险无法正常开展的现象十分常见。湖南省政府2008年应中央一号文件关于积极组织农业保险的政策性试点的要求，于该省农业保险工作的实施方案中也提出各市、州、县政府应全面举办农业保险的计划。但由于邵阳市的市级财政缺乏承担中央要求的配套保费补贴的实力，实际操作上该补贴义务便只好落在县级财政上。这样，部分财政困难的县也安排不出需本级政府承担的配套资金，最终导致了农业保险的流产，在新邵县和绥宁县，水稻保险当时就因此没法开展起来。① 类似情形在我国其他农业大省也十分常见，特别是在中西部粮食主产区，这些地方政府财力十分有限，大都难以承担如此的补贴重负，因此这些地方政府期望"豁免"其补贴职责的愿望相当强烈，而这样的诉求与中央政府的政策规定明显不符。此外，在中央财政保费补贴缺位的情况下，特色农产品保险的高保额、高保费使得地方财政保费补贴负担较重，特色农业发展与地方财政收入之间尚未形成有效的权益置换机制，因而地方政府对特色农业保险品种的支持积极性不高，明显制约了此类保险产品的有效供给。②

另一方面，是中央政府希望对农业保险予以税收优惠同地方政府不愿减少地方税收收入之间的矛盾。在WTO《农业协定》的框架下，为了充分调动农业生产经营者与保险人参与农业保险的积极性，促进农业保险可持续发展，政府除了应对农业保险予以必要补贴外，还应提供一定的税收优惠。③ 从域外农业保险实践来看，对农业保险人予以税收减免是政府扶持农业保险的一种普遍做法，如美国《联邦农作物保险法》第511条规定，联

---

① 唐涌：《对农险试点中的矛盾分析及对策思考》，《金融经济》2010年第2期，第116页。
② 谭莉、丁少群：《多主体如何协同推进农业保险高质量发展？——基于市场运作视角的案例研究》，《保险研究》2023年第9期，第57页。
③ 陈运来：《农业保险法原论》，中国检察出版社，2015，第383~391页。

邦农作物保险公司的所有财产均免征现行的与未来可能征收的各种税费，涵盖联邦政府所征税种，自治区域及属地与领地所征税种，州、县与自治市、地方税务部门所征税种；此公司的保险合同与由此公司为其进行再保险的其他保险公司，均免征各种税收。1947 年日本《农业灾害补偿法》第9 条也规定，农业共济团体免征所得税及法人税。俄罗斯《农业保险法》中同样规定，对保险公司实行农业保险业务而获取的利润实行免税。[①] 再看我国，国税局 1998 年在《国家税务局关于对保险公司征收印花税有关问题的通知》这一文件中规定农林作物、牧业畜类保险合同暂不贴花，意即暂不征收印花税。2006 年 6 月《国务院关于保险业改革发展的若干意见》（国发〔2006〕23 号）也提出，要根据不同险种的性质，按照区别对待的原则，探索对涉及国计民生的政策性保险业务给予适当的税收优惠，鼓励人民群众和企业积极参加保险。2008 年 11 月 5 日国务院修订通过的《中华人民共和国营业税暂行条例》（以下简称《营业税暂行条例》）第 8 条第 1 款第（5）项又明确将农牧保险以及相关技术培训业务纳入免征营业税的范畴。至此，我国现行法律对农业保险提供的税收优惠就是免征营业税、暂免征印花税；同时，以营业税税额为计征依据的城市维护建设税和教育费附加，也因营业税免征而得以免征。

1994 年我国分税制改革明确划分了中央税、地方税和中央地方共享税，初步奠定了地方税收体系的收入基础。实行新税制后，中央政府掌握着消费税、关税以及较大份额的所得税等收入比重大、税源广而集中的税种，划归地方的税种虽然不少，但大多都零星分散，且不易监管，因此中央政府的可控财力明显强于地方。而农业保险经营涉及的税种主要包括保险人的企业所得税、营业税和印花税，其中企业所得税属于中央政府与地方政府共享的税种，印花税和除各保险总公司集中缴纳的营业税以外的营业税都属于地方固定税收。由此可见，我国现行农业保险税收优惠政策所涉及的免征营业税和暂免征印花税的规定对中央税收收入影响不大，而对地方税收收入则影响较大。中央政府为实现农业保险在稳定农业生产经营、实现支农性收入再分配、促进农业经济发展以及实现社会管理等方面的功效，把税收优惠政策作为扶持农业保险的重要手段，以此降低农业保险人的经

---

① 王亚军：《俄罗斯农业保险改革之我见》，《保险研究》1999 年第 2 期，第 48 页。

营成本，增强其持续经营的能力，同时降低保险费率，减轻农业生产经营者支付保险费的负担，从而保障农业保险在我国的顺利推行。对财力雄厚的中央政府来说，各保险总公司经营农业保险所应缴纳的营业税不过是其税收收入的九牛一毛，对其免征几乎不构成多少减损。但是对于地方政府来说，地方财政本没有大的税源作为支撑，加上我国从2006年起全面取消农业税，地方实际可支配财力已经受到了较大削弱，使得营业税、印花税、企业所得税在增加地方税收中的作用越发明显。但营业税、印花税的免征即已意味着地方税收收入的相应减少，而接下来对农业保险的税收优惠越多，地方税收收入减少得也会越多。这使得纳税人规模原本就偏小的地方政府将进一步承担发展农业保险所带来的财政压力，不免会令地方政府认为自身从中获得的财政利益与其所担负的职能明显不相适应，从而有可能对推行农业保险税收优惠政策持"不行就拉倒"的消极情绪。

未来随着我国农业保险的继续推进，财政补贴农业保险的规模将继续扩大，补贴方式也势必从现有的原保险保费补贴发展到将来包括原保险保费补贴、经营管理费用补贴、再保险补贴、大灾保险基金亏空补贴等多种补贴方式并行的模式；税收优惠也将涉及农业保险人企业所得税的减免。这意味着政府财政需要履行的农业保险补贴支出义务将不断加大，而从农业保险中获得的税收收入将不断减少。因而在缺乏明确法律规范约束的情况下，政府之间在农业保险发展中的财政利益失衡可能会越来越严重。

第二节　政府同投保人与农业保险人之间的利益失衡

农业保险的纯商业化经营很难取得成功，因而由政府介入扮演主导者或引导者角色就成为普遍选择。其中，政府同作为农业保险合同当事人的投保人与农业保险人之间的利益关系是农业保险中政府与市场关系的主要组成部分。受政府及其官员以及农业保险合同当事人在信息、认知上有限理性的约束，政府同投保人与农业保险人之间的利益关系也不时处于失衡状态，在农业保险补贴时表现尤甚。

一　农业保险补贴与政府绩效之间的失衡

这是当前农业保险政策扶持关系主体之间利益失衡的主要表现形式。

农业保险发展背后的一大关键驱动力是财政补贴，只有财政对农业保险的投保人和保险人进行补贴才能有效解决农业保险市场失灵问题，调和农业保险供需矛盾。对政府来说，发挥公共财政职能，对农业保险进行补贴，是构建粮食增产财政保障机制的有益探索，也是增进农民福利、保障国家粮食生产安全的必然要求。农业保险补贴对保险组织经营农业保险和农业生产经营者参保决策的激励作用也已在实践中被广泛认识。按国际通行做法，为农业生产提供全面风险保障的农业保险一般应采用政策性保险的方式，由政府主导农业保险的供给，对保险组织减免税收、补贴经费，或者向农业生产经营者补贴一定比例的保费等，这些农业保险补贴措施均被视为政府对农业系统性投入的组成部分。从域外情况来看，但凡农业保险经营好的国家，政府为了扶持农业保险，大多投入了大量的经费用于补贴保险组织和农业生产经营者。在我国，随着现代农业的发展，政府为了使保险组织经营农业保险与农业生产经营者从事农业生产预期的经济利益得到可靠保障，对农业保险的补贴资金投入也在不断加大。在大量财政保费补贴的刺激下，2020 年我国超越美国成为农业保险保费规模最大国家，并在2022 年农业保险保费收入首次突破千亿元大关。①

但目前，加大对农业保险的补贴力度在很大程度上与政府绩效并不相符。具体而言，一方面，加大对农业保险的补贴力度不能给政府带来明显的政治效应。就国家对农业的扶持而言，目前农业保险补贴这种新的与市场化相联系的支农方式的政治效应在我国尚未得到明确证实，而以国家财政、民政部门的农业灾害救济和物资平调为支撑的传统支农护农方式早已深入民心，并为广大人民群众所喜闻乐见。这种方式已形成较为稳定的利益格局，要打破这种格局，无疑将遭受来自各方的巨大阻力。在国家财力有限且受 WTO《农业协定》有关农业国内支持政策制约的情况下，农业保险补贴的增多即意味着农产品价格补贴和农业灾害救济等支出的相对减少，这也使习惯于采用传统方法应对农业风险的政府及其官员（特别是地方政府及其官员），对农业保险补贴只好持谨慎态度，以求稳妥。另一方面，加大对农业保险的补贴力度不能给财政带来直接的增长效应。由于目前我国已全面实行免征农业税政策，加之保险人经营农业保险项目总体上处于亏

---

① 财政部数据显示，2022 年我国农业保险保费规模达 1192 亿元。

损状态，因此农业保险无法给政府带来明显的财政收益。有的地方政府为减轻自身的财政补贴负担，人为限定农业保险业务的承保品种，造成当地农业生产经营者即使有对农业保险的愿望和需求，保险公司也无法承保的现象，严重影响了农业保险工作的顺利开展。从政府特别是地方政府的立场来看，作为农业保险补贴的这部分财政支出不但不能从其所助力的农业增长中直接获得足额或超额补偿，反而会使政府遭受一定的财政压力，影响政府在其他方面的公共支出。曾有学者运用消费者行为理论、生产者行为理论和现代政府行为理论对此加以分析并得出结论，政府出于对绩效的考量，会倾向于将工业置于优先发展的地位，即便投资农业也会将财力投向看得见、摸得着的农业基础设施建设领域，而无意投向农业保险之类的无形领域。[①] 这直接导致了 2007 年之前我国农业保险发展中政府补贴职责的缺位，造成农业保险发展之路曾一波三折。

二 财政补贴资金监管与套补之间的冲突

政府同农业保险的投保人和保险人之间的第二类利益失衡，表现为政府对农业保险财政补贴资金的严格监管与农业保险的投保人和保险人违法违规套取农业保险财政补贴资金之间的冲突。

财政补贴早已成为 WTO《农业协定》框架下政策性农业保险至为关键的影响因素，[②] 加之农业保险的实施需要包括中央政府和地方政府的财政、民政等多部门的配合参与，因此，政府对农业保险财政补贴资金的严格监管就变得尤为重要。主管农业保险财政补贴事务的财政部和原中国保监会（以下简称"保监会"）曾多次发文，明确表示要加强对此类补贴资金的监管。《财政部关于进一步做好农业保险保费补贴工作有关事项的通知》（财金〔2010〕54 号）第 5 条要求强化农业原保险保费补贴资金的监管，各级财政部门要定期检查此类补贴资金的实际使用状况，防止骗取和挪用此类补贴资金的不法行为；地方财政机关在年终时，应切实监督农业保险经办单位把此类补贴资金结余上缴至地方财政。2012 年 1 月 20 日财政部颁布的《关

---

① 李明：《试析农业保险三方合作困境的破解》，《农村财政与财务》2007 年第 1 期，第 24 页。
② 李军、段志煌：《农业风险管理和政府的作用——中美农业保险交流与考察》，中国金融出版社，2004，第 203 页。

于进一步加大支持力度做好农业保险保费补贴工作的通知》（财金〔2012〕2号）提出各地要认真落实做好农业保险相关工作，加强组织部署，密切协同配合，结合当地实际，加大引导和支持力度，并加强监督检查，进一步推动农业保险持续健康发展。保监会也于2011年在《关于加强农业保险承保管理工作的通知》中特别提出，对享受国家财政补贴的险种要按规定及时向有关部门提供承保信息，协调结算补贴资金。

政府除在宏观文件中提出明确要求外，也在微观制度上落实了对财政补贴资金的严格管理措施。《财政部关于印发〈中央财政农业保险保险费补贴管理办法〉的通知》（财金〔2016〕123号）中的该管理办法在第7章专章规定了中央财政农业保险保险费补贴资金的监管检查。中央财政已将需要承担的保费补贴资金列入年度中央财政预算，把农业保险财政补贴当成重要工作予以认真对待。并规定省级财政部门对省本级承担的保费补贴资金作出预算安排，按时向财政部提交保费补贴资金申请，对省级以下财政部门承担的保费补贴资金负责落实监督，及时掌握补贴资金的实际使用情况。在补贴资金的拨付上，财政部参照地方上年度补贴资金预算及本年度补贴资金预算申请的情况，先向省级财政部门预拨部分本年度补贴资金。在确认省级财政部门应承担的本年度补贴资金全部到位以后，再将剩余部分的补贴资金拨付到省级财政部门。省级财政部门在收到中央财政补贴资金后要及时对补贴资金进行分解，并将分解情况报财政部。年终时，地方财政部门还要监管农业保险经办机构将结余的保险补贴资金上缴地方财政。由此看来，政府是期望用一套严格的制度体系对农业保险补贴资金加以监管的。

但随着我国农业保险试点工作的进一步展开，农业保险中的道德风险等问题不期而至，直接导致了财政补贴效力受损，耗散了部分财政补贴资金本应发挥的功能。对供给农业保险的保险人而言，由于经营农业保险无法获得类似于商业保险的平均利润，通过财政补贴这种政府行为来实现逆向转移支付以获得利润成为保险人的生财之道。多年来，保险监管机构在对农业保险经营中出现的投保人尤其是保险人的不规范和道德风险事故进行全面检查中，发现了不少违法违规套取财政补贴资金的情况。比如，据审计署公告，2007年至2009年，人保财险湖南祁阳、汩罗支公司以及中华联合财产保险公司汩罗支公司三家保险机构，通过虚假理赔方式套取理赔款 3600 多万元，骗取农业保险财政补贴资金共计 3700 多万元。[①] 又如，河南银保监局及时将审核中发现的农业保险套补问题通报财政厅等，在 2020 年 7 月之前，已累计追回被套取的农业保险保费补贴资金 3184 万元。[②] 虽然监管部门对此类违法违规问题给予了严厉惩处，但农业保险人虚假承保、冒领补贴的行为仍屡禁不止，使政府对农业保险的扶持政策无法落实到农业生产经营者身上。总之，农业保险的投保人和保险人套取农业保险财政补贴资金的做法与政府对财政补贴资金的严格监管严重相悖，也与政府利益明显不符。

三 足额赔付要求与惜赔之间的失衡

政府除在农业保险的补贴和监管上同投保人与保险人之间存在利益冲突外，还与农业原保险人在赔付问题上有着不同的诉求，表现为政府出于政治目的要求农业原保险人对被保险人的损失足额赔付与农业原保险人出于自身财务稳定目的惜赔之间的矛盾。

从政府的角度来看，基于公共经济学的理论，政府是宏观调控的主体，也是农业保险制度的主要供给者。作为集政策制定者、经济参与者、经济管制者身份于一体的政府，其无论是进行农业保险立法，还是对农业保险给予财政扶持，抑或厉行严格监管，政府的目标都是希望借助农业保险推动社会福利的最大化。从世界范围内的农业保险制度来看，大多数国家的农业保险都实行政策性经营。政府将农业保险作为政府的一种经济政策加以推行，以期实现各自的政策目标。对发达国家而言，现行立法通常将农业保险政策目标定位为财政向农业领域进行转移支付的一种工具，农业保险的保障水平主要是保价格和保收入，农业保险是其社会福利政策的组成部分；对发展中国家而言，由于政府财力有限，则仅将农业保险看作农业风险管理的一种手段，希望通过农业保险，使农业生产经营者在遭受自然灾害后能迅速恢复生产，保障和促进农业的持续稳定发展。无论是为了实

---

① 《人保及中华联合三支公司骗取农险补贴遭查处》，2012 年 4 月 11 日，http://money.163. com/12/0109/10/7NAOT91S0025335M.html。

② 《财政部河南监管局：提升保费补贴审核工作成效构建农业保险长效监管机制》，2020 年 7 月 29 日，http://www.mof.gov.cn/zhengwuxinxi/xinwenlianbo/caizhengbu/202007/t20200729_35 58468.htm。

现上述哪一种政策目标，政府为了确保农业保险的顺利进行都会要求农业原保险人按农业原保险合同足额赔付、规范经营。虽然我国还没有明确农业保险的政策性定位，但就目前农业保险发展情况而言，我国政府扶持农业保险的政策目标同大多数发展中国家一样，在于农业自然风险管理，同时要充分发挥农业保险在促进农村产业结构的调整，繁荣农村经济，维系社会基础战略物资的充足供应，保障国家粮食安全和社会公共利益上的功能。为了实现上述政策目标，政府除履行自身的制度供给以及补贴等职责外，必然也要着手规范农业保险的微观经营，要求农业原保险人对被保险人的损失进行足额赔付，切实将农业保险政策落到实处。保监会还发布了《关于加强农业保险理赔管理工作的通知》，从"严格报案查勘管理，提高基础数据质量""提高定损规范程度，确保结果客观公正""规范赔款业务管理，确保及时足额到户""完善内部管理机制，不断提高管控水平""完善配套保障措施，提高理赔服务能力""积极进行协调指导，加大监督检查力度"六个方面出发，严格要求各农业原保险人切实加强农业保险理赔管理工作，确保赔案处理规范，赔款及时、足额支付给被保险人。政府对农业原保险人在定损理赔上的要求可以清晰得见。

然而，农业原保险人作为市场中理性的经济人，其经营活动的首要目标是营利。我国除了阳光农业相互保险公司（以下简称黑龙江阳光）属于相互制保险公司，不以营利为目的，其他如上海安信农业保险股份有限公司（以下简称上海安信）、安华农业保险股份有限公司（以下简称吉林安华）、国元农业保险股份有限公司（以下简称安徽国元）等商险公司都采取农业保险的商业化经营模式，皆以营利为目的，而农业保险高成本、低收益的特点显然与此目标不符。加上政府对农业保险的政策性定位意味着经营农业保险的原保险人不能从中获利或是仅能从中获得微利，因此给予农业原保险人的补贴有限，这使得愿意从事农业保险经营的保险人有所减少，即使是开办了农业原保险业务的保险人也会出于维护自身财务稳定的目的对被保险人慎赔、惜赔。自1994年以来，我国商业性经营模式下的农业保险就由于高赔付率、低投保率导致经营农业保险的成本畸高，造成农业原保险人经营困难，甚至亏损。众多国内农业原保险人很有可能同美国早期经营农业保险的商险公司一样，在经历了几次大灾之后就面临破产倒闭。因此，作为商险公司的农业原保险人除了收缩农业保险承保面和减少险种，还吝啬对被保险人的赔偿，以减少支出，降低经营成本。笔者曾在2011年9月对湖南省邵阳市一郊三县十四村的农户农业生产风险管理情况进行为期一周的实地调研，发现群众普遍反映农业原保险人的惜赔问题。例如，据邵阳县河伯乡石塘村村支书周元珍和村民易昌元、易昌锐、陈新妹等反映，在该村水稻受灾报案后保险公司进行抽样时，只选取成灾较少田段，而避开灾情严重田段。[①] 农业原保险人惜赔甚至不合理拒赔的做法不仅与政府的要求形成了对立，也对我国农业保险的持续健康经营造成了消极影响。

第三节　投保人和被保险人同农业原保险人之间的利益失衡

如前所述，在农业保险利益结构中，投保人和农业原保险人之间的农业原保险合同关系是原生性农业保险利益关系，决定其他农业保险利益关系的基本走向。这就决定了投保人和被保险人同农业原保险人之间的利益失衡始终是农业保险利益失衡的基础原点和表现焦点。

一　保险消费能力不足与保险费率居高不下之间的失衡

根据一般财产保险的发展特点，保险需求与潜在客户的收入水平呈正相关，这一原理同样适用于农业保险。在我国新一轮农业保险试点中，农业生产经营者的低收入以及较高的恩格尔系数直接导致了农业生产经营者农业保险消费能力较弱，限制了农业保险的有效需求。目前我国绝大多数农业原保险投保人对保险消费的支付能力较弱，表现为以下两个方面。一是农业生产经营者收入相对较低，对农险消费的实际支付能力较弱。我国农业和农村发展尚处在艰难的爬坡阶段，农业基础薄弱，生产力水平较低，城乡人均收入总体差距较大，农村人均收入只有城镇人均收入的30%左右，农民人均收入不但低，而且增速缓慢。在扣除各种生活开销、除去购买种子化肥等必需品的支出后，大多数农民的可支配收入微乎其微。这令许多经济并不宽裕的农业生产经营者交不起农险保费，或只能勉强购买低保费

---

① 陈运来：《农业保险法原论》，中国检察出版社，2015，第287页。

低保障的农险产品。因此，在一定程度上讲，保险对于收入低下的农业生产经营者而言，是一种奢侈品。二是在农业生产经营者有充分的实际支付能力的情况下，若缺乏政府财税的有力支持，农业保险消费对它们的吸引力仍然不够，这在一定程度上削弱了其对农业保险消费的心理支付能力。Serra，Goodwin 和 Featherstone 在对农业保险需求的实证研究中发现，对于美国农民，随着其初始财富达到一定程度，其风险规避减弱，因而购买农业保险的动机降低。[①] 在我国，农业生产经营者可以通过生产的分散化、不同时期消费的平滑、出租、政府救济等其他传统的不花钱的风险分散途径来分散农业风险，并且经济越宽裕，农户家庭收入中源于种植业和养殖业的收入比重越小。根据消费者行为理论，消费者购买商品是为了取得效用，效用越高，其愿意支付的心理价格就越高。在农业保险保障水平低于 70%但保险费率又偏高的情况下，农业风险损失补偿的收入预期对农业原保险消费者的个体财务状况没有多大实际意义，他们普遍缺乏投保农业保险的内生动力就不足为奇了。

目前我国农业原保险费率居高不下。由于农业原保险标的的损失率远高于其他类型保险标的的损失率，[②] 加之保险经营的复杂性等，决定了农业原保险要实现持续经营必须有高费率作为保障。因此，即使在政策性农业原保险中，费率相对于其他财产保险的费率也明显偏高。保险公司作为理性经济人，在设计农业原保险产品时，除了考虑保险标的的损失率，还要考虑异常损失对其财务状况安全性的影响及相应的管理费用，特别是保险公司所期待从这部分业务中得到的利润也是保险费率厘定过程中的重要参考因素。基于上述因素，十多年来，按商业化标准设计的我国农业原保险费率在原来偏高位（1%～2%）基础上继续走高。有关统计资料显示，农业原保险费率一般不低于 2%，高的则有 15%～20%，平均达 6%～10%，这是企业财产保险、家庭财产保险、人身意外伤害保险等险别费率的数倍甚至数十倍。[③] 这也在财政部于 2021 年底新修订的《中央财政农业保险保费补贴管理办法》第 10 条关于农业原保险综合费用率不得高于 20%的规定中，

---

① Serra，T.，B. K. Goodwin，& A，M. Featherstone（2003）. Modeling Changes in the U. S. Demand for Crop Insurance During the 1990s. *Agricultural Finance Review*，63（2）：109-125.

② 庹国柱、李军：《农业保险》，中国人民大学出版社，2005，第 51 页。

③ 高伟：《政府补贴是发展农业保险的重要保障》，《中国保险报》2006 年 4 月 14 日，第 6 版。

得到了进一步映证。国外相关研究亦得出类似结论。[①] 随着全球温室效应加剧，五十年乃至百年一遇的农业大灾随时可能发生，[②] 此类保险费率高企的局面将长期存在。

农业保险如此高的费率在缺乏相应补贴措施的情况下与农业生产经营者的实际承受能力极不协调。根据谢家智及其课题组对西部部分地区的调研，他们发现农业生产经营者在种养两业保险中只能承受现行费率的30%左右。[③] 对农业原保险的投保人来说，农业保险的高费率与他们的低购买力之间存在矛盾，大多数农业生产经营者没有足够的资金来支付较高的农业保险费用，在无一定补贴又自愿投保的情况下，他们对农业保险潜在需求通常无法转化为现实需求。对农业原保险人来说，商业化经营下偏高的保险费率导致商业性农业保险陷入了一个价格高、保障范围小、保障力度低的供给局面，造成农业保险业务范围难以迅速扩大，使农业保险发展受到掣肘。

二　赔付率偏高与商业化经营目标之间的背离

农业保险的承保对象是有生命的动植物，承保的农业风险不仅种类多、难以控制，而且发生概率高、损失集中、覆盖面大。各种自然灾害、疾病等意外事故也都容易导致农业保险承保对象的巨大损失。较高损失率决定了农业保险的偏高赔付率。从《农业保险条例》2013年开始实施至2023年期间人保财险经营一般财产保险业务和农业保险业务的收支对比中即可清晰看出，经营此类保险业务的保险机构往往要对被保险人履行高于一般财产保险的赔付支出义务（见表1）。从表中还可看出，2013年以来农业保险保费收入在人保财险总保费收入中所占的比重都很小。较高的纯赔付率是导致我国农业保险业务规模长期在低水平徘徊的直接原因，再加上农业保险中还存在严重的逆选择和道德风险问题，使综合赔付率长期居高不下。不过，令人欣慰的是，从表1可以看出，在人保财险的一般财产保险业务规

---

① 比如，有美国学者研究指出，农业保险合同要比普通人身意外险和车险合同的风险高20倍，必然导致其费率高企。See Wenner, M. & Arias, D. Agricultural Insurance in Latin America: Where Are We? Presented at the International Conference on Best Practices: Paving the WayForward for Rural Finance [R], 2-4 June 2003, Washington, DC, USA.

② 吕晓英、庹国柱、蒲应燕：《我国农业保险和再保险应对大灾风险能力的模拟研究》，《保险研究》2022年第3期，第44页。

③ 谢家智等：《中国农业保险发展研究》，科学出版社，2009，第122页。

模连年大幅增长的影响与政府扶持政策的带动下，农业保险业务规模才从2018年开始呈现快速扩张势头。

随着20世纪90年代中期《公司法》的实施和国家经济体制的加速转型，农业保险业务从1997年开始由商险公司进行商业化经营。这样，平均管理费用（A）、平均赔款支出（I）、平均保费收入（P）三者的关系必须满足（A+I）/P<1，保险公司才能盈利，否则就会亏损。[①] 据此计算，我国商险公司经营农业保险的总赔付率可分为大于1和小于1两个历史阶段，并不完全符合商业化经营的理想条件。下面以人保财险1982~2021年的经营情况为例来说明。其中，1982~2003年，以其平均管理费用（以毛保费的20%即0.69亿元计算）加上平均赔款支出（3亿元）之和除以平均保费收入（3.45亿元）计算，其（A+I）/P比率为1.07。[②] 2004~2021年，以其平均管理费用（以毛保费的20%即30.57亿元计算）加上平均赔款支出（105.09亿元）之和除以平均保费收入（152.83亿元）计算，其（A+I）/P比率为0.89。

表1　人保财险一般财产保险业务与农业财产保险业务的收支状况对比

（单位：百万元）

年份	一般财产保险			农业财产保险		
	总保费收入	总赔付支出	支收比	农险保费收入	农险赔付支出	支收比
2013	196512.31	117998.31	60%	16565.83	9945.16	60%
2014	221122.59	124894.99	56%	17142.57	10935.61	64%
2015	243583.98	134998.69	55%	18867.42	12134.79	64%
2016	267661.74	148678.72	56%	19361.28	14080.52	73%
2017	296780.56	160553.48	54%	21866.48	15535.39	71%
2018	321116.43	182250.15	57%	26459.68	17916.19	68%
2019	343637.59	194057.89	56%	30454.25	24348.73	80%
2020	330077.75	200069.20	61%	35753.84	25733.90	72%
2021	325038.74	214657.94	66%	42653.78	33205.16	78%
2022	344380.96	201957.36	59%	52053.99	38057.94	73%

资料来源：2014~2023年《中国保险年鉴》，北京雅昌艺术印刷有限公司出版。笔者根据收支数据计算出支收比。

---

① Hazell, Peter B. R. The Appropriate Role of Agricultural Insurance in Developing Countries. *Journal of International Development*, 4, 1992: 567-581.

② 庹国柱、李军：《农业保险》，中国人民大学出版社，2005，第121~122页。

而从商险公司的角度来看，基于生产者行为理论，其经营目标是实现利润最大化，即尽可能使获得特定收益所支出的成本最小，或使消耗一定成本所取得的收益最大。农业保险赔付率的偏高，加上在展业、承保、定损、理赔上的难度和强度大，使得农业保险的经营成本相当高，保险机构在缺乏足够政策扶持的情况下经营农业原保险业务很可能入不敷出。若农业保险实行纯商业化经营，农业保险的低收益甚至负收益的局面与商险公司的经营目的就会严重背离。在各方力量的推动下，我国虽成立了上海安信、吉林安华、黑龙江阳光、安徽国元等专业性农业保险公司，批准了法国安盟集团在国内经营农业保险业务，并随着《农业保险条例》的实施在全国各地开展农业保险推广工作，但总的来说，农业保险产品供给还远远不能满足广大农业生产经营者日益增长的农业保险需求，赔付率的偏高使得国内商险公司难以放开手脚开展农业保险业务。

三　及时足额赔付要求与拖赔惜赔之间的失衡

相较于政府要求农业原保险人及时足额赔付保险金而言，有着切身利益的被保险人对此要求更为强烈，而农业原保险人通常难改惜赔、慎赔甚至拖赔的态度，从而导致两者之间在农业保险理赔问题上利益冲突不断。

农业原保险合同法律关系是农业保险法律关系中最基础的法律关系，农业原保险人同投保人、被保险人之间互负的权利义务最多，由此而产生的利益失衡也最多，其中以被保险人要求及时足额赔付与农业原保险人拖赔惜赔之间的失衡最为突出。被保险人于出险后为尽量挽回经济损失并及时恢复农业生产，必然要求农业原保险人及时足额赔付甚至超赔，更有甚者则认为只要参保，保险标的一旦出险，农业原保险人就应承担赔付责任，而根本不考虑承保范围、保险责任归属、保险额度限制等因素。这就容易导致被保险人同农业原保险人之间的保险赔付纠纷。在2008年北京市顺义区张镇柏树庄村村委会诉人保财险顺义支公司保险赔付案中，原告诉称该村60余户村民种植的被保险玉米因暴风雨遭受损失，要求被告按照保险合同约定全额赔偿保险金额5.8万余元。被告辩称5.8万余元是以承保时每亩赔偿的最高限额400元乘以实际受损面积计算得出的，但受损玉米必须符合全部毁坏、不能恢复生长、失去商品价值的全损标准，才能按照每亩保险金额的100%计算赔偿。而承保玉米并非全部绝产。根据保险人现场查勘定损的情况，确认的承保玉米损失程度只有 25%，因此保险公司仅需据此赔付保险金 1.4 万余元。[①] 这是一起典型的被保险人同原保险人因赔偿金额上的较大分歧而产生纠纷的案件，客观地反映了被保险人要求获得及时足额赔付的利益诉求，而这种诉求常常无法与农业原保险人的利益达成一致。

为了减少经营成本并获得利润，农业原保险人一方面追求更高参保率，另一方面虽希望公正赔偿，但也不排除希望少赔或不赔的情况。因此农业原保险人会通过设计较法律规定更为严格的理赔程序和其他内部实务规范以及实施一些不合规范的行为来免除或减轻自身的赔偿责任。现实中，其拖赔、惜赔的利益诉求主要表现在以下具体的行为上。第一，对农业保险进行夸大宣传等销售误导。为了说服更多的农业生产经营者投保，农业原保险人在前期对农业保险的宣传上往往夸大农业保险的作用，作出不切实际的赔付承诺，出险后又拒绝兑现。第二，不严格履行对格式合同和免责条款的说明义务，使得投保人和被保险人陷入误解，对赔付条件和赔付金额产生不合理期待，后又以此为由拒赔。第三，在理赔过程中，保险人对事故发生后的查勘定损不到位，理赔不主动、不及时，随意性强，定损员承诺与保险人最终赔付不一致，甚至存在不合理拒赔的行为。第四，农业原保险人还存在低估受损农产品的市场价格等行为，变相的惜赔手段层出不穷。

被保险人要求及时足额赔付与农业原保险人拖赔惜赔之间的矛盾表明了两者在理赔问题上的对立立场，这导致他们在农业保险事故发生与否、免责与否、损失数额、赔偿比例等问题上常难以达成一致。双方之间的这类对抗发生的频率极高，是农业原保险的被保险人同农业原保险人之间利益冲突的重要表现。

四　信息不对称严重与保险经营风险控制之间的失衡

我国农业保险市场是信息极不对称的市场。一方面，由于此类保险的标的是有生命的动植物，生产过程涉及复杂的农业生产技术，面临的危险事故复杂多样，保险利益也难以事先确定，因此农业灾害损失中的道德风

[①]　《北京一例政策性农业保险合同纠纷原告败诉》，2009 年 4 月 14 日，http://news.qq.com/a/20090414/001533.htm。

险因素难以分辨。并且农村地广户多，交通不便，农户居住分散，农业生产通常为野外小作业，保险公司人力和经费又均有限，不可能全面、深入、细致地了解保险标的的风险状况，故此类保险市场的信息不对称比其他保险市场更为突出。另一方面，家庭联产承包责任制下的小农户经济与外国的大农场经济有很大不同，它虽然有利于非系统性风险的分散，但使信息不对称现象比外国同类市场更严重了。

农业保险中严重的信息不对称状况导致两个方面的突出问题。一是逆选择，是指那些遭受损失的可能性更大的人试图以平均费率购买保险，而平均费率没有真实地反映其风险超过平均水平的成本。风险低的农业生产经营者将拒绝投保（除非被强制参保），只有保险赔付的可能性较大或可能获得较高保险赔付的农业生产经营者才乐于参加保险。在农业保险投保期间，农业生产经营者往往会根据上一年或本年度灾害发生情况来选择是否参保，或有目地投保风险较大的标的，使危险集中。我国除浙江省外，普遍没有进行风险区划和费率分区，通常是同一险种在一省（自治区、直辖市）范围内实行统一费率，造成了高风险地区的农业生产经营者投保很积极，低风险地区的农业生产经营者参保很不情愿的局面。① 农业原保险的投保人和被保险人过于频繁的逆选择行为使得农业风险无法分散，大数法则难以正常发挥作用，最终又导致农业保险费率过高或农业原保险人经营亏损。二是道德风险，是指投保人或被保险人可能会通过有意的作为或不作为使保险损失出现的可能性和严重性增大，而保险人难以得知这些信息。农业保险所面临的道德风险最大，被保险人极易采用欺诈手段骗取保险金。② 保险经营机构有苦难言，从而导致其对待农业保险业务十分谨慎，不轻易接受投保，也不轻易开发新的险种，其有限的人力、物力、财力在农业保险道德风险防范方面更是显得捉襟见肘。

逆选择和道德风险是国内外农业保险实践中共同面临的难题。农业原保险中投保人和被保险人严重的逆选择和道德风险行为显著增加了农业原保险人经营风险控制的难度。一方面，逆选择使投保农户组合的风险比一

---

① 庹国柱：《农业保险：期盼在规范中完善和发展》，《中国保险报》2011年1月13日，第6版。

② 张洪涛、郑功成：《保险学》，中国人民大学出版社，2002，第457~458页。

般人群要大，因此无法全部获得分散化组合带来的风险降低的好处，从而极易导致农业保险利益结构失衡。例如，有学者在调查淮安农业保险情况时发现，2007 年某县一种粮大户把容易受灾的稻田选择了高档投保，在缴纳 4000 多元保费后，得到了 20 多万元的灾赔款。[①] 另一方面，道德风险显著增加了农业保险的交易成本，使保险组织的利润受损。有权威学者调查发现，我国经营农业保险的道德风险给保险公司造成的损失占农作物保险赔款的 20%，在牲畜保险中骗赔尤其严重。[②] 道德风险的存在使得农业原保险人在农业保险业务上面临"大干大赔、小干小赔、不干不赔"的窘境。综上所述，由于信息成本是从一无所知变为无所不知的成本，极少有交易者能负担得起这一全过程，[③] 农业原保险中的投保人和被保险人的逆选择和道德风险问题使保险机构陷入高损失赔付和高监督成本的两难境地，如果由此导致的交易成本过高，保险机构退出农业保险市场才是一种理性选择。

第四节 农业原保险人与农业再保险人之间的利益失衡

农业再保险是指农业原保险人将其所承保的农业原保险业务的一部分责任金额，按照农业再保险合同约定，转让给其他保险人承担，以减轻保险人自身直接农业保险业务风险的方式。在商业性农业再保险市场中，与农业原保险中的投保人同原保险人之间存在利益冲突一样，作为农业再保险的投保人，农业原保险人与农业再保险人之间亦存在类似的利益冲突。

一 分保意愿强烈与承保意向不足之间的失衡

保险产品的风险等级与该险种的再保险需求呈正相关，比如家庭财产保险这类本身风险不大且同时发生概率较低的险种，风险等级较小，原保险人对再保险的需求就相对较低；而如农业保险这类单个风险保额较大且

---

① 祖忠阳：《农业保险中几个应该探讨的问题》，《中国保险报》2008 年 10 月 13 日，第 6 版。
② 庹国柱、李军：《农业保险》，中国人民大学出版社，2005，第 55 页。
③ G. J. Stigler ， Imperfections in Capital Markets. *Journal of Political Economy*，Vol. 75：297。

同时发生损失的标的数量较多的保险，风险等级较高，原保险人对再保险的需求就较大。① 农业原保险人对再保险的强烈需求源于农业再保险的多重好处。一是分散危险。农业原保险人通过再保险，可将特定区域的风险责任向区域外转嫁，扩大风险分散面，达到风险分散的目的，也能在赔付发生时与农业再保险人予以分摊，减轻实际赔款压力，避免大灾发生时自身遭受毁灭性的打击。二是提高承保能力，改善经营状况。农业再保险可以为农业原保险人提供较可靠的保险经济保障，防止原保险人偿付能力不足。② 三是提高保险经营水平。通过农业再保险，农业原保险人可以不断扩大农业保险的服务面，拓展新险种，优化和均衡业务结构，更好地满足农业生产经营者的保险需求，并进一步提高管理质量。

但与此形成较大反差的是，我国再保险人对农业再保险产品供给意愿偏低，与美国、西班牙、加拿大、日本等国相比仍存在或多或少的差距。③由于农业风险在时间上和空间上的高度相关性，农业再保险风险相对集中，大多数保险公司难以承受过高的再保险成本。根据国际经验，农业再保险人承担的再保险风险一般有政府财政出资形成的资本金、再保险补贴和农业大灾风险基金等进行中和，以降低其经营风险，提高农业再保险供给水平。而我国农业再保险至今仍缺乏再保险补贴和农业大灾风险基金的支持，仅靠农业原保险人交纳保费通常是无法保证农业再保险人收益的，因此现有的国内再保险组织大多不愿接纳农业再保险业务。多年来，国内的农业再保险主要依靠中国再保险集团和几个国际再保险公司承保，农业再保险的供给难以满足农业原保险人对农业再保险的强烈需求，不利于发挥农业再保险的保障作用。为改变这一被动局面，我国于 2014 年和 2020 年相继组建了中国农业保险再保险共同体和中国农业再保险股份有限公司，正在探索一条不同于商业再保险的新的农业再保险道路和制度。④ 比如，通过协议

① James R. Garven, Lamm Tennant J. The Demand for Reinsuranee: Theory and Empirical Testt. Wo-rking Paper [R]. Louisiana State University and Villanova University, 1999 (1): 1940.
② 朱铭、杨汭华：《再保险对农业保险承保风险的影响研究》，《农村经济》2023 年第 3 期，第 69 页。
③ 郑伟、郑豪、贾若、陈广：《农业保险大灾风险分散体系的评估框架及其在国际比较中的应用》，《农业经济问题》2019 年第 9 期，第 121 页。
④ 庹国柱：《探索符合中国国情的农业再保险道路》，《中国农村金融》2022 年第 3 期，第 50 页。

分保的方式增加农业再保险产品的供给，效果有待进一步观察。

二 赔付率偏高与商业化经营目标之间的失衡

农业原保险较高的赔付率决定了农业再保险的赔付率同时走高，且由于农业灾害特别是大灾的发生往往涉及的地域集中，损失关联性较强，多个农业原保险人的风险经常同时集中到一个或几个农业再保险人身上，导致了农业再保险赔付率甚至比农业原保险的赔付率更高。2003年以前，我国农业再保险运作形式是法定分保，1997~2003年的业务数据表明，我国农业再保险赔付率在79%~89%，若再加上30%~35%的手续费和管理费，此类业务就完全处于亏损状态。[①] 2003年后，中国再保险集团向我国多个农业保险公司提供了商业再保险，但该业务一直入不敷出。随着中国农业保险再保险共同体和中国农业再保险股份有限公司的涉足，年均综合成本率也超过100%，市场运行压力凸显。[②]

即使未来我国将农业再保险定位于政策性农业再保险，再保险人虽不期望从农业再保险业务中获利，此类业务的持续亏损也与再保险人持续稳健经营的基本目标不符。近年来，波及我国大范围地区的旱涝、地震等自然灾害频发，农业原保险人支付的保险赔款不断增多，同时再保险人的赔付责任亦随之加重。农业再保险赔付率的偏高容易引发再保险人陷入财务危机，因此再保险人涉足农业再保险的意向偏低。这不但不利于我国农业再保险保障基金的积累，也会影响我国农业大灾风险分摊机制的建立，而且从长远来看，当农业原保险人发生损失后，若其损失的全部或部分难以从农业再保险等机制中摊回，就会影响农业原保险的有效供给，从而长期制约我国农业保险事业的发展。

三 信息不对称与再保险经营风险控制之间的失衡

农业再保险市场也存在严重的信息不对称问题，诱发了逆选择和道德风险行为，并最终对再保险经营风险控制产生很大冲击。一方面，由于农

[①] 黄英君：《我国农业保险发展的再保险机制研究》，《浙江工商大学学报》2010年第6期，第52页。

[②] 《中国农业保险再保险共同体基本实现制度设计初衷》，2021年7月2日，http://www.shen-lanbao.com/zhishi/10315806。

业再保险合同独立于农业原保险合同，因此农业再保险人不会与农业原保险的投保人或被保险人发生直接的联系，对农业保险标的也缺乏足够的了解，其关于农业再保险业务的几乎所有信息都来自农业原保险人的账单和统计资料，因此农业再保险人缺乏对农业原保险人风险的确切把握。另一方面，农业再保险交易大多具有跨国性和差异性，这决定了农业原保险人和农业再保险人通常分别位于不同国家或地区并遵循不同的交易习惯，从而加剧了农业再保险人同农业原保险人之间信息不对称的情况，为逆选择和道德风险行为的发生提供了诱因。农业再保险市场上的逆选择行为具体表现为农业原保险人有选择性地进行投保，尽量设法将较高风险的农业原保险业务分保给农业再保险人，并利用信息优势获得较优分保条件，如争取到较低的再保险费率和较高的分保佣金等。农业再保险市场上的道德风险具体表现为当农业再保险合同约定的损失发生时，农业原保险人可以对向再保险人汇报的原保险损失数额进行人为放大，而农业再保险人无法区分损失数额的大小仅是对风险因素的客观反映还是掺杂了农业原保险人的虚报成分。同时，再保险双方信息的不对称使得处于不利信息获取地位的农业再保险人既不能阻止农业原保险人的动机于交易前后所产生的变化，也难以合理而有效监控农业原保险人的实际行为。由于获得再保险的预期保障，农业原保险人便可能放宽农业原保险的风险选择条件，也可能放宽保险理赔标准，甚或故意虚构赔款事故来扩大再保险摊回金额。一旦农业原保险人为谋求自身利益最大化而损害农业再保险人的利益，即当道德风险发生时，农业再保险人就不得不承担由此所带来的预期风险增大的损失。农业再保险市场此类逆选择行为和道德风险的存在增加了农业再保险的不确定性，不利于农业再保险人进行风险控制，容易使农业再保险的经营丧失公平性与稳定性。这样的信息不对称亦使得农业再保险人需要花费很高的成本对农业原保险人进行监督以降低由此造成的损失。因此，农业原保险人与农业再保险人之间的这一矛盾，也将导致农业再保险人减少农业再保险的供给规模。

第五节　农业保险代理人与委托人之间的利益失衡

根据《中华人民共和国保险法》（以下简称《保险法》）第 117 条，保险代理人是指根据保险人的委托，向保险人收取佣金，并在保险人授权的范围内代为办理保险业务的机构或者个人。具体到农业保险上，农业保险代理人是农业保险中介人中的一种，是指在农业保险市场交易活动中，与农业保险人签订代理合同，提供代理服务，促使农业保险的投保人和保险人订约，并依法向保险人收取佣金的机构或个人。[①] 在农业保险代理法律关系中，委托人是农业保险人，农业保险代理人既可以是农业保险代理机构，也可以是农业保险个人代理人。

完备的农业保险代理人制度能充分发挥农业保险代理人在承保理赔、风险管理和产品开发方面的积极作用，对扩大我国农业保险市场规模，提升农业保险服务质量和水平具有重要意义。例如在澳大利亚，将近60%的农业保险业务是由代理公司介入的，[②] 其发达的农业保险代理人制度保证了农业生产经营者能相当便捷地从当地代理人处购买农业保险，提高了农业保险市场的运行效率。我国各类农业保险人在保险经营过程中，也充分利用农业银行、邮储银行、村镇银行、信用社等金融体系的服务网络优势，建立起农业保险代理服务体系，有效提升农业保险承保、理赔、防灾防损的服务水平。然而，在农业保险代理人和委托人之间存在的利益失衡亦会在一定程度上削弱农业保险代理人制度的作用，制约农业保险的发展。此类利益失衡主要表现为农业保险代理人机会主义行为倾向偏高同委托人对代理人行为进行严格约束之间的矛盾。

新制度经济学理论认为，人们在经济活动中总是尽最大能力保护和增加自己的利益。因此，在信息不对称的情况下，人们不会完全如实地披露所有信息，并可能从事其他损人利己的行为，这被称作机会主义行为。在农业保险中，农业保险代理人与委托人之间有着不同的利益追求，并存在信息不对称问题，使得委托代理风险难以避免。一是违规操作。目前我国农业保险代理人的报酬采用以保费收入为计算依据的佣金制，因此此类代理人往往受利益驱使一心只想促成农业保险合同，实现佣金利益最大化。

---

①　比如，曾有学者对中国农业发展银行以代理人等身份介入农业保险业务的必要性、可行性及其路径进行过理论探讨。李彦：《农发行介入农业保险业务研究》，《农业发展与金融》2013年第6期，第23~25页。

②　《2010年亚太区农业保险再保险国际研讨会在京召开》，2010年4月19日，http://www.iic.org.cn/D_newsDT/newsDT_read.php? id=27741&pagex=9。

于是在利益的驱动下，部分代理人盲目追求保单数量而忽视承保质量，以模糊性、欺诈性描述，或者利用足以导致农业生产经营者对农业保险形成错误理解的宣传材料，诱导客户购买保险，导致投保人或被保险人同保险人之间产生利益冲突。还有的代理人自身业务素质不高，理论知识薄弱，在开展农业保险业务的过程中存在不验标的、盲目承保、超额承保、基本要素不全、标的财产无明细、保险起讫日期不准、特约不清、签字不全，甚至替投保人隐瞒风险等问题，使委托人面临的风险增大。再加上目前我国农业保险市场尚不成熟，在法律缺乏关于此类代理人的专门规定的情况下，农业保险人的内控制度不完善，管理不到位，对此类代理人的各类违法违规行为不能进行有效监控，从而导致了此类代理人在展业中服务质量不高，甚或严重违规操作，给农业原保险纠纷的频发埋下了隐患。二是道德风险。此类代理人与委托人之间存在信息不对称，此类代理人能直接接触到投保人、被保险人，拥有保险标的的第一手资料，处于信息优势地位；而委托人几乎需要从此类代理人处获得关于农业保险业务的所有信息，处于信息劣势地位。在双方利益不一致且没有有效制度安排的情况下，此类代理人最终很可能会从事损害委托人利益的行为，如制作假保单、私吞或挪用保费、造假赔案，等等。

由于农业保险是一种"看不见、摸不着"的无形金融服务产品，因此委托人对代理人具有很强的依赖性，其展业在很大程度上需要依靠农业保险代理人来完成。我国农村地域辽阔、人口众多、居住分散，使得农业保险人对农业保险代理服务的需求量大，对代理人的职业道德、遵纪守法和诚信意识的要求也很高。农业保险代理人机会主义行为倾向偏高极易引发代理人的违规操作和道德风险，导致委托人利益受损。而作为委托人的农业保险人，出于商业化经营的目标，为实现商业利润最大化，必然要求严格控制经营成本，尽量减少赔款支出，这就要求农业保险代理人切实维护自身利益，并始终在授权范围内从事农业保险业务。参照《保险法》中关于保险代理人的相关规定，农业保险代理人应负担的主要义务有以下两个方面。（1）遵从委托人的指示。农业保险代理人应在授权范围内代表委托人行为，严格遵从委托人的指示，并对因违反委托人指示而产生的损害承担赔偿责任。（2）维护委托人的利益。农业保险代理人应恪尽职守照管好委托人的利益，诚实、善意地为委托人服务，避免承担与委托人利益相冲突的业务，避免实施与委托人利益相冲突的其他行为。现实中，农业保险人为了规范代理人的行为，也设计了多种约束机制。如经营农业保险业务的外资农业保险公司——法国安盟成都分公司，对代理人的要求就十分严格，明确规定开展农业保险业务的代理人必须通过展业资格考试，持证上岗，以此来保证农业保险代理人具有较高的业务水平和道德水准，并强化对其的监管，以期尽量减少由于两者之间利益冲突带来的损失。但是由于现行相关法律规定的缺失，现有激励机制也不完善，农业保险代理人没有积极展业的动力，加上约束机制刚性不强，使得农业保险代理人违规的成本往往小于从中获取的收益，因此农业保险代理人同委托人之间的矛盾冲突正不断加剧。有关研究表明，裁判文书中出现最多的是村委会利用经手经办农业保险事务职务之便虚报、瞒报种植业投保面积、养殖业投保只数，骗取、套取各种补贴款以及农业保险赔偿款为自己或者亲友谋取不法利益。[1] 例如，内蒙古自治区呼伦贝尔市某村党支部书记慕某某，于 2004 年 8 月至 2014 年 4 月任职期间，借统计上报该村农业保险理赔面积之机，利用职务之便，虚报、扩大耕地受灾面积，冒用同村村民名义骗取农业保险理赔款 37058.82 元，其行为构成了贪污罪。[2]

第六节　农业保险优惠贷款借贷主体
之间的利益失衡

有关理论研究和业务实践均已表明，农业保险与农村信贷的协同发展在较大程度上能助力解决农业生产经营者的融资难和融资贵问题。[3] 农业保险优惠贷款是指由符合国家法律规定的银行、非银行金融机构或其他放贷机构，以低于普通贷款利率和约定特殊还款期限归还为条件，出借给特定农业保险合同主体的货币资金。[4] 从世界范围来看，美国、加拿大、法国、

---

① 周蓉：《农业保险领域职务犯罪实证研究——基于 2015—2021 年司法裁判文书分析》，硕士学位论文，南京农业大学，第 17~18 页。

② 参见（2019）内 07 刑终 183 号刑事判决书。

③ 李敏、陈盛伟：《"农业保险+信贷"融资增信模式分析——基于对张家口、畔埠和奎屯三个典型案例的研究》，《金融发展评论》2020 年第 1 期，第 96 页。

④ 陈运来、王伟：《农业保险优惠贷款主体资格辨析》，《法学评论》2012 年第 2 期，第 97 页。

印度、巴西等国已正式或试点建立农业保险优惠贷款制度。近年来我国也已开始在广东、浙江、上海等地率先进行农业保险优惠贷款试点，农村信用联社、村镇银行等与专业性农业保险公司展开银保合作，它们之间基于农业保险的惠农贷款业务取得了一定进展。① 例如，广东省佛山市三水区是"农业保险+优惠信贷"模式的典范之一。该区农村信用联社对购买政策性农业保险的农业贷款实行在原执行利率基础上下浮 5% 的利率优惠。② 但在此类优惠贷款实践中，存在借贷主体之间的明显利益失衡——主要体现为农业保险优惠贷款的强烈需求与供给严重不足之间的失衡。这影响了此类优惠贷款功能的充分发挥，制约了此类优惠信贷业务的健康、快速发展。

　　一方面，在我国广大农村地区和都市周边的农业中，农业生产经营者在客观上存在对农业保险优惠贷款的强烈需求。原因主要在于，按照约束诱导型金融创新理论与金融功能观理论的观点，此类优惠贷款业务能有力促进农业保险与农业信贷的有机结合，③ 尤其是能发挥农业保险对农业信贷的重要保障作用。具体表现为：农业保险能将农业生产所面临的自然风险和市场风险等有效转移给保险人，降低农业生产经营者特别是现代农业中新型农业经营主体的收入不确定性，提升其自身向银行等金融机构偿还贷款的能力，从而保障信贷资金的顺畅运行；农业保险的功能从基础的经济补偿向防灾防损等社会风险管理拓展，可为信贷资金的发放解除后顾之忧；保单还可作为农业生产经营者从金融机构获取贷款的质押物，从而在一定程度上解决农业信贷面临的担保难题；农业保险能增强金融机构的信息甄别能力，有助于解决农业信贷中的逆选择与道德风险问题。④ 总之，农业保

---

① 刘朋、邓然：《银保合作服务实体经济发展模式研究》，《财经问题研究》2013 年第 12 期，第 57 页。

② 程亚男：《农业保险与农村小额信贷协同发展问题研究》，《农村金融研究》2009 年第 7 期，第 29~31 页。

③ 李震：《农业贷款与农业保险联动研究：机理分析与联动效应》，《中国市场》2019 年第 7 期，第 47 页。

④ 通过农业保险投保中的验标环节，可确保保单信息中农业生产经营者身份、经营品种、生产规模和亩均产值的真实性，从而有效降低农业信贷的风险。比如，黑龙江省在 2018 年启动"农业大数据+金融"试点工作，运用农业生产经营数据，在查验主体身份、土地流转、经营规模等真实性的基础上，发放信用贷款，使不良贷款率远低于银行业涉农贷款的不良率水平。王胜、朱宏：《创新"农业保险+信贷"模式强化粮油生产金融支持》，《现代金融导刊》2023 年第 6 期，第 31 页。

险不但可通过促进农业经济而提升农业经营主体的还贷能力，而且会对农业信贷提供直接保障，解决农业信贷配给问题。[①] 甚至有研究发现，保险和信贷互联不仅能明显改善农户信贷配给，大幅增加农户农业收入，还能有效减轻政策性农业保险的持续性财政保费补贴压力。[②]

另一方面，在实践中却存在此类优惠贷款供给严重不足的问题。即，借贷双方主体范围分别局限于参保人与农村信用社农村商业银行抑或村镇银行、利率优惠力度不够、财政利差补贴缺位等。究其原因，主要源于农业是一个弱质产业。农业生产过程具有弱质性，既对土地、水、阳光等自然力尤其是气候的依赖性极大，也与劳动过程具有某种分离性，导致分工中断与不连续，生产率较低。农业生产收益上更加具有弱质性。不仅因为农业生产的低效限制了其收益，还因为农产品主要用于满足人们的最基础性消费，需求弹性较小，社会越发达，恩格尔系数越低，人们对农产品的消费就越少，使得农产品的市场扩张受到较大限制。加之初级农产品不耐储藏并且对接市场不畅，容易发生滞销，从而必然影响农业生产经营者收入的增长。[③]

当今社会多有关于中小企业融资难的宣传，其实农业生产经营者融资更难。众所周知，农户和涉农企业可用于抵押的固定资产和流动资产均十分有限。当将低值易耗的农业生产工具与农业生产设施作为抵押物时，对其评估相当困难，抵押环节多，评估费用高。加之上述农业生产中自然风险与市场风险等的普遍存在，贷款银行为避免趋利避害，在项目选择上多倾向于市场相对成熟的乡镇农业企业项目或利润较为稳定的大中型农业企业项目。对于广大农户和小型农业企业的农业信贷资金需求，即便有农业保险保单作为质押，放贷银行也很少会关注。[④] 在财政利差补贴长期缺位的情况下，放贷银行在开发适销对路的此类优惠贷款产品上，一直积极性不高。

---

① 刘金霞、武翠芳：《农业保险对农业信贷保障作用的实证研究》，《农村金融研究》2018 年第 12 期，第 46~48 页。

② 张建军、许承明：《农业信贷与保险互联影响农户收入研究——基于苏鄂两省调研数据》，《财贸研究》2013 年第 5 期，第 55 页。

③ 马国建、邢健：《农业弱质性视角下金融精准扶贫路径研究》，《广西大学学报》（哲学社会科学版）2017 年第 2 期，第 70 页。

④ 晋铁：《农业保险保单质押贷款在农村金融工作中的探索》，《财经界》2017 年第 10 期，第 97~98 页。

第七节　公众同投保人和保险人及补贴者
之间的利益失衡

农业保险一方面具有生产的正外部性，其经营成本高，且赔付率高，即农业保险人提供农业保险产品的私人边际成本大于社会边际成本，而私人边际收益小于社会边际收益；另一方面是一种在消费上具有正外部性——利益外溢性——的准公共产品，即农业生产经营者购买农业保险产品的私人边际收益小于社会边际收益，而私人边际成本大于社会边际成本，[①] 这样，从长远来看，其最终收益者往往不仅局限于农业保险的投保人、保险人及补贴者，而是包括农产品消费者在内的广泛社会公众。然而事实上，发展农业保险所需要投入的高昂成本几乎都由农业保险的投保人、保险人和补贴者承担。其中典型的"搭便车"者是非保户和农产品消费者，他们无偿从农业保险中获得的利益相当直观，因此同农业保险的投保人和保险人及补贴者之间存在的利益失衡就表现得尤为明显。

一　非保户"搭便车"与保险成本承担之间的失衡

在未投保的农业生产经营者同农业保险的投保人、保险人以及补贴者之间并无民商事合同作为联系媒介，亦无等价或对价的交换关系，但前者却享受了农业保险服务的部分好处而不用支付任何费用。这就是非投保农户的"搭便车"行为。显然，这种行为跟农业保险的投保人和保险人及补贴者承担全部保险成本之间存在矛盾。

某些农业保险产品在消费和收益上不具有排他性，尤其是当保险人为减少保险标的损失而采取防灾防损作业时，非投保农户的"搭便车"问题就凸显了。例如，广东省梅州部分地区曾开办过农业保险，当时保险人为防止旱灾造成农作物受损特意为这些地区的农业生产经营者购备了人工增雨弹。而这些地区未投保的农业生产经营者虽未缴纳任何保费，但照样获

---

① 李毅：《农业保险财政补贴效果评估研究》，中国金融出版社，2019，第20~21页；丁少群：《农业保险学》，中国金融出版社，2015，第33页。

得了人工雨水等防灾工作带来的好处。① 养殖业保险中非保户"搭便车"现象同样屡见不鲜。众所周知，畜禽的疾病和瘟疫具有传染性，因此畜禽的免疫工作往往带有区域性，要求实现防疫全覆盖，所以在保险人对参保农户的畜禽采取喷洒药物等防疫措施时，未投保的农户也能轻易搭上农业保险的"便车"。综上所述，虽从直观上看购买农业保险是农业生产经营者获得发生灾损后经济补偿的前提，但因为防灾防损是投保人、保险人和补贴者减少风险损失的重要措施，这些措施作为完整的农业保险经营操作环节，通常无法排除非投保农户从中受益，因此农业保险的消费实际上是不完全具有排他性的。

在自愿投保条件下，农业生产经营者对农业保险产品的购买意愿受到自身消费能力的限制，也受到农业保险预期收益的约束。如果在消费上还需为"搭便车"的非投保农户支付农业保险成本的话，那么其付费购买农业保险产品的动机必将被大大削弱。这不仅会降低其对农业保险的心理需求，甚至还会使先前的投保人也滋生出"搭便车"的念头，转而放弃付费购买农业保险产品。而对于保险人来说，经营农业保险本就成本过高、风险偏大，一旦其提供的服务被非保户无偿享受，而自身又得不到相应的补偿或补贴，即承担了本应由社会承担的全部或部分成本，那么保险人支付成本供给农业保险产品的动机就会大幅弱化。这样，就会造成农业保险产品供给的长期短缺。

二　农产品消费者"搭便车"与保险成本承担之间的失衡

农业保险带有明显的公共性。在合同机制下，农业生产经营者及其代理人缴纳一定保费购买高质量的农业保险产品，农业保险人及其代理人则合理收取保费并提供此类产品。这能有效分散农业风险，保障农业收入稳定和农业再生产的顺利进行，进而达到促进国民经济稳定发展以及维持市场物价稳定并保障广大消费者利益的目的。② 因此，农业保险的受益者不限于作为被保险人的农业生产经营者（但保险人不一定得益），还包括农产品消费者在内的整个社会。国内有学者曾利用福利经济学对农业保险进行分

---

① 刘传法、古波：《试论广东农业保险》，《安徽农学通报》2008 年第 8 期，第 12 页。
② 朱启臻：《农业社会学》，社会科学文献出版社，2009，第 323 页。

析后指出，农业保险带来农产品产量的增加，有助于提高市场上农产品的供给，在一定条件下这将引起农产品价格的下跌，使广大农产品消费者获得更多福利，而生产者剩余在一定时期内虽会因产量的增长而增加，但从长期来看会因为价格的降低等原因而减少。可见，农业保险最终受益者是农产品消费者。[①]

但农产品消费者并未为此种收益支付任何成本，这些成本均转嫁到了农业保险的投保人和保险人及补贴者身上。农业生产经营者通过购买农业保险合理转移风险并获得价值补偿，同时使得农产品消费者免费享受农产品供应稳定和价格低廉的好处，社会利益大于私人利益，而社会边际成本低于私人边际成本。商业化经营的保险公司以私人成本来承担农业保险的高风险、高赔付责任，面临亏损的不利后果，同样是私人边际成本大于社会边际成本。农业保险补贴者为农业保险支出的成本更是涵盖了本应由农产品消费者负担的部分。这种农产品消费者"搭便车"行为同农业保险三大类主体承担主要甚至全部农业保险成本的矛盾直接导致了农业生产经营者对农业保险的有效需求不足，保险人对农业保险的有效供给不足，以及补贴者对农业保险的财政补贴不足的"三不足"困局。[②]

---

① 庹国柱、王国军：《中国农业保险与农村社会保障制度研究》，首都经济贸易大学出版社，2002，第97~98页。
② 杨卫军、郭晨阳：《农业保险的低水平均衡：交易费用及外部性视角的分析》，《农村经济》2010年第1期，第82~84页。

第三章　农业保险利益失衡的成因分析

对原因的研究有助于找到农业保险利益失衡的根本解决之策。关于农业保险利益冲突产生的原因，学界主要基于经济学视角，并辅之以政治学和社会学的视角进行了研究。比如，庹国柱和王国军认为，农业保险的准公共产品属性，是农业保险利益失衡的经济学根源；[①] 黎已铭认为，农业风险的弱可保性是农业保险利益失衡的重要原因；[②] 许梦博和陈楠楠认为，农业保险市场在一定程度上的失灵是农业保险利益失衡的深层根源；[③] 冯文丽认为，农业系统性风险、信息不对称与双重正外部性是农业保险利益失衡的一般成因，制度供给短缺是造成农业保险利益失衡的根本原因。[④] 如前所述，农业保险利益结构异常复杂决定了利益失衡的成因也必然极其复杂，涵盖了经济、政治、社会、心理和法律等多重因素。笔者拟在借鉴国内外相关学术成果的基础上，从成因展开系统而深入的创新思考。

第一节　农业保险的个性

农业保险的个性是指农业保险与一般商业性财产保险和人身保险相比较具有的一些鲜明特点，主要表现为：农业保险所管理的风险为可保性极差的农业风险，此类风险难以符合风险的可测度性、损失的可计量性、经济上的可行性等商业可保风险的一般要件；农业保险的标的大多数是脆弱

---

① 庹国柱、王国军：《中国农业保险与农村社会保障制度研究》，首都经济贸易大学出版社，2002，第 85~104 页。
② 黎已铭：《农业保险性质与农业风险的可保性分析》，《保险研究》2005 年第 11 期，第 23 页。
③ 许梦博、陈楠楠：《我国农业保险发展的深层矛盾、转型契机与改革取向》，《求是学刊》2021 年第 2 期，第 81 页。
④ 冯文丽：《中国农业保险制度变迁研究》，中国金融出版社，2004，第 93~108 页。

的生命体，抗自然风险能力差，却面临多种自然风险，特别是严重的旱涝灾害；农业保险面广量大难以监管；作为农业保险投保人和被保险人的农户生产力水平普遍较低；农业保险所涉及的农业生产经营技术具有复杂性；农业保险的区域性差异大；农业保险产品特有的准公共物品属性；农业保险具有利益外溢性等。农业保险的上述特点在以下几个方面造成了农业保险主体之间的利益失衡。

一 农业风险可保性差使农业原保险供需难以自发成交

农业风险的可保性是指保险人承担承保风险的可能性。农业风险具有可保性是农业保险得以顺利开展的前提。按照帕克雷的观点，一个属于可保性的农业保险应当满足以下条件：一是其损失必须是偶然性的；二是在数量上是可计算的；三是保险成本或保费应在一般农业生产经营者所能承担的水平之内。[①] 李轶男认为，农业保险可保风险的条件还包括：（1）风险的非投机性；（2）经济上的可行性，即损失发生的可能性小但损失的严重程度很大；（3）损失概率分布的可确定性；（4）有大量同质风险，能满足保险的大数法则。[②] 我们将农业风险的特点与上述条件一一对应，将不难得出农业风险的弱可保性的结论。

其一，农业自然风险的发生具有偶然性，损失事件的发生一般不能人为控制。但农业保险的特殊性使得农业灾害发生前的防范和发生后损失严重程度的控制存在大量道德风险问题。除了自然风险，农业风险中的市场风险主要由人为因素造成，可控性较差，因此可保性很弱。

其二，农业保险标的的损失在理论上虽可被确定和计量，但实际上农业风险损失的计算比一般财产保险困难得多。由于农业自然风险本身具有很大的不确定性，加上农业保险标的往往都是处于生长期的动植物，其价值和保险利益评估在实际操作上存在技术性障碍，所以定损的标准很难统一，现有的农业保险经营管理技术也无法在短期内解决这一问题。可靠的、较长时间的统计数据的缺乏使保险人无法准确掌握农业风险的损失率，合

---

① 帕克雷：《农业保险——适用于发展中国家的理论、实际和应用》，王友译，湖南人民出版社，1989，第23~24页。
② 李轶男：《对农业保险利益属性的再探讨》，《财经科学》2012年第1期，第34页。

理的费率机制也难以形成，导致农业风险的可保性较差。

其三，在政府扶持政策缺位的情况下，纯商业化经营模式使农业保险费率居高不下，大部分农业保险产品的价格会超出农业生产经营者的心理支付能力或实际支付能力。

其四，农业风险不属于购买股票和商品房所承担的那种投机风险，而是属于只有损失机会却无获利可能的纯粹风险。只有从这个角度来看，才具有理论上的可保性。

其五，经济上的可行性强调的是损失发生频率和损失严重程度的特定组合。农业风险大多是自然风险，具有高度的相关性和持续性，损失可能性大，损失程度也非常高。保险标的的损失率是确定保险纯费率的基础，农业风险的高损失率必然带来农业保险的高费率。因此，农业风险的高发生率和高损失率并存表明经济上的可行性较低，可保性较差。

其六，农业自然灾害在时间上的分布遵循一定的周期性规律，例如雹灾一般发生在冬天，洪涝灾害分布于夏秋季节，这些规律性在一定程度上决定了可利用长期的灾害损失统计资料来预测农业风险损失的概率分布，从而制定科学合理的费率水平。但同时农业生产经营中的气候、市场、政策、社会等不确定因素日益增多，导致使用历史数据预测未来损失概率分布的精确性降低，特别是农业灾害又具有伴发性和群发性特点，自然因素与人为因素交织在一起，更加大了预测的误差。

其七，农业风险具有高度的相关性，许多农业风险的发生少则波及几个市县，多则波及数个省区，造成的损失范围很广，农业大灾风险难以得到有效分散。这就决定了农业大灾风险很难满足保险的大数法则要求。比如，据官媒报道，在 2004 年 9 月海南省"摩羯"超级台风事件中，截至 9 月 7 日 15 时，仅海口和文昌两地的经济损失就高达近 600 亿元。[①]

综上所述，农业风险具有一定的可保性，但可保性较弱。对保险人来说，农业风险不符合或不完全符合同质风险单位的大数性、风险的可测度性、损失的可计量性、经济上的可行性等一般商业意义上的可保风险应具备的某些要件，故并非传统的理想可保风险。Miranda 和 Glauber 指出，农

---

① 《台风"摩羯"吹断多台造价上千万元风机，海口文昌经济损失近 600 亿元》，《重庆日报》2024 年 9 月 8 日，第 1 版。

业风险可能会在一个很广阔的地域内形成系统性风险，从而导致同一地区的农业生产经营者同时蒙受气象灾害损失，这显然会严重削弱保险组织分散农业风险的能力。[1] 农业风险的这种弱可保性意味着农业保险缺乏商业性财产保险那样的投资价值，也使得保险人需要承担比一般商业性财产保险更大的经营风险，这导致农业保险对保险人而言缺乏足够吸引力，在很大程度上限制了农业保险产品的有效供给。同样，对农业生产经营者来说，农业风险的弱可保性也意味着农业保险不能提供商业性财产保险那样的"低保费+高保障"的质优价廉的服务，"高费率+低保障"的农业保险显然对他们也缺乏吸引力。农业保险所管理的农业风险的弱可保性直接导致了保险人同农业生产经营者之间的利益失衡，使得农业保险供需双方难以自发成交。

二　利益外溢导致农业原保险供需双方不愿承担全部保险成本

作为一种准公共产品，农业保险所产生的收益不仅表现在能为农业生产经营者分散风险、稳定收入，为农业保险人带来保费收入，而更多是间接渗透到整个社会中，为国民经济奠定基础，为国家的粮食安全和长治久安提供保险保障。在全社会搭农业保险"便车"的情况下，农业生产经营者作为投保人购买农业原保险产品以及保险人供给农业保险产品的边际私人收益（MPB）均小于边际社会收益（MSB），而边际私人成本（MPC）均大于边际社会成本（MSC）。这种成本和收益之间的差异就是农业保险的正外部性。边际私人成本代表的是商险公司农业保险的供给曲线，边际私人收益代表的是农业生产经营者对农业保险的需求曲线，边际社会收益等于边际私人收益加上边际外部收益（MEB），且 MSB > MPB。假设边际私人成本和边际社会成本相等，则在不考虑正外部性时，供给曲线 MPC 和需求曲线 MPB 交点 E1 决定了农业保险产出的均衡点 Q1。但因农业保险边际外部收益的客观存在，需求曲线由边际私人收益上升到边际社会收益，边际社会收益与边际社会成本的交点 E2 决定了产出水平 Q2。而对于商险公司来说，出于对投保人可承受能力和利润最大化的考量，其对农业保险的定价

① Miranda, M. & Glauber, J. W. Systemic Risk, Reinsurance, and the Failure of Crop Insurance Markets. *American Journal of Agricultural Economics*, Vol 79 February 1997.

只能在 P1 上，提供 Q1 产量是相对合理的，这就造成了保险组织实际供给量与社会所期望的供给量 Q2 之间的落差。[①]

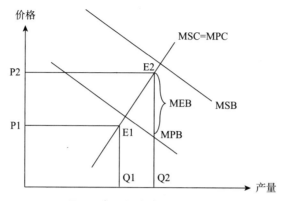

图 1　农业保险的利益外溢性

农业保险的正外部性功能是由农业的特性及其在国民经济中的地位与作用决定的。[②] 并且，我国超大的人口规模进一步放大了农业保险的正外部性。我国人口众多，财力有限，出于对国家安全和社会稳定的考虑，农产品供给不可能主要靠进口，因此农业保险的社会效益显得尤为重要。对于农业生产经营者而言，购买和消费农业保险所得的个人利益小于其为整个社会提供的利益总量；对于保险人而言，提供农业保险所得的个人利益同样也小于其供给成本。农业保险出现了消费（或需求）和生产（或供给）的双重正外部性，利益严重外溢。由于投保人和保险人都无法对农业保险的正外部性进行收费，边际外部收益的存在会使农业保险的消费量低于社会的理想消费量，农业保险的供给量也小于社会理想的供给量，这就导致农业保险商业化经营的供需双冷局面。换言之，从利益关系视角来看，农业保险的利益外溢首先会令农业保险的购买者以及供给者内部的成本与收益失衡，迫使它们不断减少农业保险产品的供给，使需求量和供给量均小于社会最佳规模，进而造成纯商业化经营模式下农业原保险的投保人与保险人之间的利益失衡；而社会其他成员未支付任何费用，却能享受农业稳定、农产品价格低廉和国家经济稳定的诸多好处，因此农业保险的投保人

---

① 刘传法、古波：《试论广东农业保险》，《安徽农学通报》2008 年第 8 期，第 12~13 页。
② 朱启臻：《农业社会学》，社会科学文献出版社，2009，第 323 页。

和保险人与社会公众之间利益失衡是必然的结果。

三 面广量大易加重信息不对称且提高运营成本

保险市场本身就是一种典型的信息不对称市场，在农业保险中的表现尤甚。[①] 农业风险的差异性在很大程度上源于保险标的所处的地理位置和生长特征以及农业生产经营者的管理能力。这使得农业保险的投保人和被保险人比保险人对于保险标的，天然地有着更充分的了解。这种信息不对称带来了逆选择和道德风险问题。虽然逆选择和道德风险在任何商业保险险种中都存在，但问题是，我国农业保险面广量大和难以监管的特点加重了逆选择和道德风险问题，使农业保险人和政府获取信息和经营的成本过高。

我国农业保险承保品种已涵盖了农、林、牧、副、渔业的各个方面，在开办区域上也已几乎覆盖所有省区市，涉及农业生产经营者千家万户。并且，农作物品种繁多且各品种生长差异较大，各类自然灾害对农业施加的影响不尽相同，灾害定损标准也难以量化，农业原保险面广量大、情况复杂的特点可见一斑。面广量大带来的不仅是保险组织在定损理赔上的压力，也意味着在信息不对称的状态下，极易诱发农业生产经营者的逆选择和道德风险问题。相关统计资料显示，在我国农业原保险理赔案件中，为了获取更多的保险赔款，每年有10%以上的受灾农业生产经营者弄虚作假。部分地区农业原保险经营中的道德风险给保险公司造成的损失甚至占据了农业原保险赔款的30%以上。[②] 再加上现阶段我国实行的主要还是小规模化、分散化经营的家庭联产承包责任制，单个农业生产经营者隐瞒信息的行为很难被发现，农业原保险的理赔和外部监管工作又只能凭借现场查勘照片、记录和气象证明等材料，难以保证定损理赔的准确性以及赔案的真实性。农业原保险面广量大的特点加大了农业原保险人的展业、承保、定损、理赔的难度，使其赔付率和综合成本居高不下，收支难以平衡。而高赔付率和高经营成本相结合从根本上抑制了农业原保险的有效供给，引发

---

① 许梦博、陈楠楠：《我国农业保险发展的深层矛盾、转型契机与改革取向》，《求是学刊》2021年第2期，第82页。

② 吴志家：《对当前农业保险问题的考量》，《济南金融》2006年第2期，第54页。

农业原保险人同农业生产经营者之间的利益失衡。

四　农业生产技术复杂增加农业原保险技术使用成本

农业保险与农业生产经营者的生产和经营状况息息相关，农业保险所涉农业生产经营技术的复杂性增大了农业原保险人的技术使用成本。我国农业在空间上具有较大的分散性，农业劳动力和农业生产资料的利用也具有较强的季节性，且农业保险的标的物是处于生长过程中的生命有机体，这加大了农业保险原保险人在展业、承保、查勘定损、理赔兑现等工作上的难度和强度，使得农业保险的技术使用成本远高于其他一般财产保险业务，技术风险日益增加。农业原保险人的高昂技术使用成本主要来自农业生产经营技术的不确定性和复杂性，具体体现在以下技术使用成本上。一是农业风险监测技术成本。风险管理是农业保险经营的核心，而农业风险监测是农业保险经营中至关重要的环节。农业风险监测技术一般包括农业风险的识别、预警、统计和信息管理技术等。为了应对复杂的农业生产经营，农业风险监测必须依靠卫星、通信和网络等技术建立相关的气象观测和资料搜集系统，而这些技术的使用都需要耗费高昂成本。二是农业保险精算技术成本。农业保险金额、保险费率的厘定都建立在以数学、概率统计、金融保险等理论为基础的保险精算技术之上。农业保险精算所涉及的保险标的是具有生命的动植物，它们的形态和价值无时无刻不在发生变化。同时，农产品的商品属性使其价格受到市场需求的影响，这给保险金额的合理确定带来了更大障碍。以农业风险损失率为基础制定保险费率更是受到我国地域辽阔、各地之间灾害程度差异大、伴发性灾害频繁等因素的制约。再加上政治、经济、文化和其他原因，农村中关于灾害情况的统计数据不完备，加大了精算的难度，进而使制定科学合理的保险金额和保险费率十分困难，农业原保险人的精算技术成本居高不下。三是农业保险定损理赔技术成本。农业保险定损理赔技术旨在提高农业原保险人的理赔技术水平，降低理赔成本和控制道德风险。农业生产经营活动地域的广延性和分散性决定了农业保险业务点多面广，农业损失测定技术相当复杂。农业保险标的价值的不确定性、气候条件和地形条件的复杂性、理赔时间要求上的紧迫性以及难以控制的道德风险，更增加了农业原保险人定损理赔的技术成本。

除了上述三类主要技术使用成本，农业原保险人通常还需承担农业保险风险证券化技术成本和农业再保险技术成本等。这些成本由农业生产经营技术的复杂性决定，在自然和社会经济环境诸因素的交织影响下不断增加，导致农业原保险人的农业生产经营风险越来越大。这是农业原保险人与其他农业保险主体之间利益失衡产生的原因之一。

五　"三农"比较效益差使其难获足够投资

农业保险的比较效益是指在市场经济体制下，农业保险同其他经济活动在投入产出、成本收益之间的相互比较，是体现农业保险生产利润率的相对高低，衡量农业保险生产效益的重要标准。农业保险服务于"三农"的比较效益差是因为农业保险的（净）产出与生产要素消耗量的比例低，（净）产出与生产要素占用量的比例低。简而言之，即投资于农业保险与投资其他非农产业相比利润率较低。这使得政府和商业性的保险组织投资农业保险的内在动力严重不足。

农业保险服务于"三农"的比较效益差是由农业本身比较效益差所决定的。自 20 世纪 80 年代中期以来，我国产业结构发生了很大的变化，二、三产业的迅速崛起使农业增加值占国民生产总值的比重下降，农产品净产值减少，工农产品价格剪刀差扩大，农民收入的增长远落后于城市职工收入的增长，农业劳动的社会价值和经济价值长期受到轻视。再加上农业生产周期长，对劳动力和资金等生产要素的占用时间多，消耗量大，小规模的经营模式又在相当程度上增加了劳动力成本和土地租金，并降低了农机具、化肥、农药等农业生产资料的使用效率,[①] 使农业收入在农民家庭总收入中所占比重不断降低。农业本身的比较效益差进一步挫伤了农民务农的积极性，导致大量农村劳动力外流，农业基础设施建设不完善，并由此造成了包括农业保险在内的服务"三农"的众多产品比较效益普遍偏低，投入其中的成本高，而收益少。

市场主体的趋利性和资源的稀缺性决定了政府和保险人会将生产要素投入比较效益高的产业。研究表明，受报酬率递减规律和恩格尔定律的影响，农业的比较效益在经济发展过程中呈现不断下降趋势，从而导致农业

---

① 刘慧：《粮食"种不如买"论调当休矣》，《经济日报》2024 年 10 月 3 日。

资源不断向非农部门转移，而外部资源却很难依靠市场的力量流入农业领域。[①] 可见，农业保险作为服务于"三农"的一种政策工具，其比较效益差的特点同样会使自身在与其他非农产业的竞争中明显缺乏吸引力，难以获得政府和保险人的足够投资。在政府看来，农业保险的比较效益偏低，对农业保险财政投入的收益比不上对其他领域投资的收益。这使政府难以对农业保险提供足够的财政支持，甚至可能把原先已投放到农业保险的劳动力和资金等要素从农业保险中抽出投放到效益较高的非农产业，这就导致了政府同保险组织和农业生产经营者之间的利益冲突。对保险人来说，商业化经营模式决定了其始终会将追求行业平均利润率作为目标，农业保险比较效益差的特点使保险人更愿意将人力、物力、财力配置到比较效益高的行业。在现实中，经营农业保险的经济效益与经营人身保险和其他财产保险相比差距很大，若在没有较高政府补贴的情况下，保险人缺乏投资农业保险的内在动力，普遍不愿进入农业保险领域。虽然这是商险公司按照自身性质进行的一种合乎逻辑的选择，但在客观上导致了保险人同政府和农业生产经营者之间的利益失衡。

六 地域性明显使农业保险利益格局区域化

我国不同地区的农业生产具有明显的地域性差别，这就决定了我国农业保险亦具有很强的地域性。农业保险的地域性差异主要表现为以下几个方面。一是保险标的的差异。热量、降水和土壤等因素决定了不同地区在种、养殖品种的选择上各有侧重。例如，南方地区的主要粮食作物是水稻，而北方是小麦；东部沿海地区渔业发达，而西部内陆地区畜牧业比重大。基于此，不同地区需要投保的保险标的往往不同，对农业保险险种的需求无法完全一致。二是风险种类的差异。不同地区所要面对的主要灾害不同，因此风险种类也存在地域性差异。我国东南沿海地区的农作物易受台风、暴雨的袭击，长江中下游地区地势低洼，多遭水涝灾害；西北地区降雨稀少，旱灾、沙尘频发；北方地区气候寒冷，动植物常遭受雹灾、冻害；这种由地理环境和气候分异规律导致的差异决定了我国必须对农业保险进行

---

① 朱四海、熊本国：《工业反哺农业实现机制刍议》，《中国农村经济》2005 年第 10 期，第 5 页。

分区，兼顾各地区农业生产的个性。三是风险水平的差异。我国各地区农业生产所面临的风险周期、风险频率和风险强度的差异也很大。根据水稻、小麦、玉米、豆类、薯类、花生、棉花和苹果八种农作物在各地区的平均赔偿率水平，可将我国省级行政区划分以下几个风险区域：平均赔偿率低于1%为低风险区域，在 1%～3% 为中风险区域，3%～5% 为高风险区域，5%以上为超高风险区域。

农业风险的区域性客观上要求我国实行农业保险费率分区，改变"一刀切"的费率模式，并根据各地实际情况确定具体的承保条件和方式，有差别地进行财政保费补贴。这种差异性进而决定了我国农业保险实践中区域行为主体之间的利益呈现明显的差别。例如，实行农业保险自愿投保的地区，农业生产经营者就会利用这种区域差异较多地进行逆选择，处于高风险下的农业生产经营者才去购买保险，而处于低风险下的农业生产经营者则不会购买。变化甚大的农业生产实践还使保险人在经营区域划分、费率厘定上投入的资金和技术成本十分高昂，导致农业生产经营者和农业原保险人之间、政府和保险人之间的利益失衡。此外，农业保险很强的区域性还决定了各地方政府对农业保险的扶持存在差异。例如，湖南、黑龙江等农业大省的地方政府为补贴农业保险所支出的财政资金多，而城市化水平高的省份的地方政府在农业保险财政补贴上的压力则小得多，这使得各地方政府之间的资源分配无法平衡，中央与地方政府的农业保险补贴分摊比例也难以合理确定，造成政府之间在农业保险上的利益失衡。

第二节　体制的障碍

经过改革开放以来40多年的探索和实践，我国在农业保险发展上已经取得了诸多成就，但引发农业保险利益失衡的深层次体制不畅问题尚未得到完全解决。这些问题成为商业性和政策性农业保险发展的主要障碍。

一　政绩评价机制欠妥导致政府支持长期乏力

政府政绩涵盖两个方面的内容。一是将常规工作做得超出常规，比如保持更高经济增长率，保持更低事故发生率。对这些常规工作，上级均有考核要求。将工作做好甚至做到第一就是政绩。二是创新。其他地方未做过，本地尝试新做法，率先实现某个目标。这一点很重要，甚至比常规工作更能引起社会关注和上级领导重视。[①]

对政府官员的政绩评价机制存在不少缺陷，主要表现为以下三个方面。（1）以经济增长为核心指标。现行政绩评价机制在评价标准上过于关注政府及其官员在 GDP 增长上的贡献，却不够重视生态维持、节能环保和居民生活水平保障等方面的内容，评价标准失之偏颇。有研究称，大陆中小城市官员的升迁概率与 GDP 增长关系密切，GDP 增速比前任提高 0.3%，官员升职概率就高于 8%。[②] 片面追求经济增长速度的做法使政府及其官员发展比较效益差的农业保险的动力不足。（2）偏重上级领导评价。上下级政府之间有着权力边界，若超出这些边界，则不仅会影响上级政府及其官员在下级政府心目中的威信，而且会降低地方治理的水平。[③] 偏重上级领导评价容易导致政府及其官员将政绩评价作为对上级负责而非对下级、对群众负责的参考因素。因此，发展农业保险、满足农业生产经营者的保险需求与提高农民收入等因素很难纳入政府政绩考核指标，从而得不到政府应有的重视。（3）缺乏全局性。现行政绩评价机制的缺陷还在于只注重追求短期经济效益而忽视对长远利益的考量。较之于工业或服务业，农业保险的收益率明显偏低、需要耗费大量财政资金、短期内又不会有很大成效的特点，越发使地方政府及其官员对农业保险的支持动力不足，更难言积极推动由政府财政兜底的政策性农业保险了。

政府除提供部分保费补贴和个别的经营管理费用补贴，并对农业保险免征营业税、暂免征印花税外，农业保险就没有政府其他财政性补贴资金支持和税收支持，也缺乏再保险支持和金融支持等。可以说，政府对农业保险的扶持严重不到位。究其原因，现行政绩评价机制的不合理使政府一味地将农业保险推向市场化经营的轨道以缩减对农业保险的政策性支持。同时，一些地方政府部门曾经还错误地将农业保险保费作为对农民的乱摊派而

---

① 贺雪峰：《警惕地方政府的创新冲动》，2021 年 12 月 15 日，https://www.szhgh.com/Article/o-pinion/xuezhe/2021-12-15/286992.html。

② 姜洁：《看干部，要全面历史辩证》，《人民日报》2013 年 9 月 10 日，第 2 版。

③ 张翔：《基层政策执行的"共识式变通"：一个组织学解释》，《公共管理学报》2019 年第 4 期，第 9 页；马跃：《财政的多元博弈和地方政府利益边界的界定——对安徽省 S 县财政体制变迁与地方治理关系的考察》，《经济社会体制比较》2010 年第 5 期，第 142 页。

加以清理，加剧了农业保险业务的萎缩。总之，在我国现行政绩评价机制下，发展农业保险不易出"政绩"，边际成本高，边际收益对 GDP 增长的贡献率小，对官员的边际政绩贡献率更小，使农业保险无法得到政府长期而有力的支持，从而引发政府同农业保险人和农业生产经营者之间的利益失衡。

二　市场化转型使保险公司不愿轻易涉足农业保险

保险体制的市场化转型是全球保险市场发展中不可逆转的趋势。近年来，面对保险产品市场政府管制带来的政府失灵及效率低下的困扰，在全球金融自由化浪潮的冲击下，各国政府为了提高保险市场效率，开始逐渐取消对保险产品的各种管制，纷纷走向了自由化、市场化的变革之路。农业保险亦不例外。由于农业保险存在市场自身无法解决的系统性风险、信息不对称和双重正外部性等问题，所以客观上提出了政府介入的要求。最初开展农业保险的诸多发达国家于 20 世纪初开始将农业保险市场运行逐渐纳入政府规制之下，不仅对农业保险提供财政支持，还对保险费率和参保方式进行控制或干预，并采取较为严格的监管措施。政府干预虽解决了农业保险诱致性制度变迁中的市场失灵问题，但同时也令农业保险逐渐形成了对政府的过度依赖，不但使政府陷入了沉重的财政负担，还造成一些发达国家中政策性农业保险基本取代商业性农业保险的现象。于是，自 20 世纪七八十年代以来，许多国家更加注重市场对农业保险的调节作用，美国、法国和西班牙等国都不约而同地致力于推崇农业原保险的商业化经营模式，力图实现农业保险市场资源的优化配置及提高农业保险市场的效率。虽然我国农业保险从开办时起就被纳入商业化运行体系中，政府对其政策优惠和扶持措施极少，但在计划经济体制下由于有国家财政兜底，保险公司对农业保险的经营成本和利润盈亏考虑较少，农业保险真正的商业性取向并不明显。以最先举办农业保险的中国人民保险公司为例，在实行以上缴利税为目标的财务核算体制之前，该公司一直被视为政策性金融机构。但1992 年 10 月，党的十四大明确提出要建立社会主义市场经济体制的目标，要求国民经济的各个方面都应向着市场经济方向转变。于是，在财政部的明确要求下，该公司于 1994 年进行市场化改革以后，便开始迅速朝"自主经营、自负盈亏、自担风险、自我约束、自我发展"的商业性保险方向转变。出于对经济利益的追求和自身生存与发展的考虑，开始调整农业保险结构，对一些风险大、亏损严重的业务实行了战略性收缩，以缓解由农业保险高赔付率带来的严重亏损状况，农业保险的商业性取向日益明显。在我国新一轮农业保险试点中，除阳光农业相互保险公司是不以营利为目的经营农业保险外，其他如上海安信、吉林安华、安徽国元等保险公司均实行以营利为目的的商业化经营。

农业生产风险的系统性和大灾性特征决定了农业保险的高风险、高赔付和高亏损，使得商险公司介入谨慎，一般不愿主动承保。在缺少有效的经济激励和政府其他方面支持措施的情况下，市场习惯按效益配置资源。商险机构在无法获取保险业平均利润率甚至还面临承办农业保险的巨额亏损风险时，必然会大幅减少农业保险产品的有效供给，转而将人力与组织以及财力等方面的资源配置到能产生较好经济效益的其他商险业务中去。也就是说，如果实行纯商业化经营，那么农业保险将很难长期持续开展下去。可见，保险体制的市场化转型是造成农业保险市场主体之间、特别是农业保险的投保人和被保险人同农业保险人之间利益失衡的重要原因。

三　非商业性农业保险人的严重缺位加剧了农业保险供给短缺

经营农业保险组织的主要形式有商业性农业保险组织、合作性农业保险组织和政策性农业保险组织。商业性农业保险组织坚持农业生产经营者自愿参保的方式，该保险组织在提供各项农业保险服务的过程中始终以营利为最终目标，自担风险、自负盈亏。合作性农业保险组织由农业生产经营者或企业自愿结成互助团体，共同抵御同类农业风险，是以成员缴纳的费用来补偿其意外损失的非营利性保险组织，具有组织上的自愿性、资金上的自筹自用性以及管理上的民主性。政策性农业保险组织是为稳定农业生产，建立在国家强制和国家补贴的基础上，依靠政策或法规强制推行的非营利性保险组织。我国农业保险依靠商业性保险起步，经过多年的有益探索，商业性农业保险在普及农业保险知识、动员各方力量、提高农业生产经营者参保积极性上发挥了巨大功效。然而随着我国乡村振兴战略的全面推进，仅靠商险公司供给农业保险产品，已远远满足不了市场的需求。

目前我国农业保险市场尚未孕育出适合国情且相当完善的政策性农业原保险人，除阳光农业相互保险公司属于互保会员制保险公司，不以营利为目的外，中国人民保险集团股份有限公司（以下简称中国人保）、上海安信、吉林安华、安徽国元、中华联合保险集团股份有限公司（以下简称新疆兵团中华联合）、法国安盟集团都采取市场运作的商业化经营模式。商险公司以追求营利最大化为目标，这种目标显然与农业保险需耗费巨大成本的特点和严重的利益外溢性特征相背离。再加上商业性农业保险自愿投保的方式使农业保险很难形成规模，我国农业生产的损失率和赔付率又远远高于其他财产保险，因此商业性农业保险组织经营农业保险无不面临严重亏损的风险。例如，中国人保在 1982～1992 年农业保险的综合赔付率是104%，加上经营管理费用后亏损额为 3.9 亿元。[1] 又如，2017 年全国农业原保险综合成本近 102%，青海和安徽等 11 省赔付率超 100%。[2] 如此高的赔付率当然是任何一家商业性农业保险组织都不愿承受的。于是，商业性农业保险人为减少损失就只得压缩农业保险规模，减少农业保险产品的供给。如此一来，农业保险市场供给短缺的状况将进一步恶化。因此，在相当长的历史时期内，我国农业保险走纯商业性保险的道路行不通，因此，农业保险市场需要更多非商业性农业保险人的共同努力。

相较于法国、日本等发达国家农业保险经营主体百花齐放、百家争鸣的态势而言，我国农业保险经营主体明显存在类型有限、数量偏少、规模偏小，各主体之间协调性差等问题。非商业性农业保险组织的缺失或不发达加剧了农业原保险产品和农业再保险产品的供给短缺，使得农业生产经营者对农业保险的需求、农业原保险人对农业再保险的需求无法得到充分保障，这是农业生产经营者同农业保险人之间、农业原保险人同农业再保险人之间利益失衡产生的原因之一。

第三节　区域经济发展水平的落差

从整体情况来看，我国已经成为世界第二大经济体，特别是工业经济发展的规模和速度已远远超过农业经济，保障了国家财政的稳步增长，为

---

[1]　龙文军：《谁来拯救农业保险——农业保险行为主体互动研究》，中国农业出版社，2004，第 158 页。

[2]　成文娇：《优化农业保险条款提升保障能力》，《中国保险》2019 年第 4 期，第 40 页。

工业大规模反哺农业提供了现实条件。但从地方层面来看，区域经济发展水平的落差较大，东西不平衡、南北不平衡和区域内部不平衡仍是我国区域经济不平衡的最基本事实。① 区域经济发展水平的不平衡主要造成了以下三个方面的农业保险利益失衡。

一是导致地方政府之间的农业保险利益失衡。在 2007 年我国尚未实行农业保险保费中央财政补贴政策以前，各地方政府在市场化中自主摸索农业保险的发展道路。有关研究表明，我国地方政府习惯于从复杂的府际关系和自主的制度空间中谨慎地选择避责策略。② 出于对政治利益和财税利益的追求，无论是发达地区的地方政府还是欠发达地区的地方政府对发展农业保险一直都缺乏足够的内在动力。诚然，在 2007 年我国实行农业保险保费中央财政补贴政策之后，地方政府在发展农业保险上可获得的财税利益有了明显改善，各地发展农业保险的意愿有所增强。然而，地方政府之间在发展策略的选择上仍存在利益博弈。假设有 A、B 两区域，A 是经济发达地区，B 是欠发达地区。现在 A、B 两地同时获得了同等的资源用于地区发展，A、B 两地地方政府都有权自主决策能为地方政府带来财税利益的产业，有两种策略可供选择（一种是发展农业保险；另一种是不发展农业保险，而将这部分资源用于发展其他投资小、风险低、回报率高的产业），在中央财政提供保费补贴的条件下实施不同策略会带来不同结果，如图 2 所示。

		B地	
		发展农业保险	发展其他产业
A地	发展农业保险	（11，11）	（9，12）
	发展其他产业	（12，9）	（10，10）

图 2　有中央财政保费补贴条件下地方政府之间的博弈

说明：1. 博弈矩阵中数值表示的是各发展策略给 A、B 两地带来的经济效用的大小，数值越大，表示对各区域生产总值增长的贡献越大。假设发展农业保险的效用为 4，发展其他产业的效用为 10，农业保险的外溢利益给对方带来的效用为 2，中央政府的财政补贴能为地方政府带来效用为 5 的额外收益。

2. 博弈矩阵中的数值来源于简单的比例估算，是假定值，并非精确数据。

---

① 唐瑜、胡安俊：《中国区域经济不平衡：特征事实、演变动力与长期影响》，《产业经济评论》2022 年第 6 期，第 87 页。

② 范逢春、付源溟：《地方政府避责行为的类型划分、生成逻辑与治理策略》，《中共天津市委党校学报》2024 年第 4 期，第 47 页。

上述矩阵表示，实施不同策略会给 A、B 两地带来不同的效用，假设该效用主要体现在对各自区域生产总值增长率的贡献上，这与各地政府把追求生产总值增长率作为地方政府主要工作目标的实际情况相吻合。该矩阵的含义是：

1. A 地发展农业保险，B 地也发展农业保险，A、B 两地的效用都为 11（发展农业保险的效用+对方发展农业保险外溢的效用+中央财政补贴的效用）；

2. A 地发展农业保险，B 地发展其他产业，A 地的效用为 9（发展农业保险的效用+中央财政补贴的效用），B 地的效用为 12（自身发展其他产业的效用+A 地发展农业保险外溢的效用）；

3. A 地发展其他产业，B 地发展农业保险，A 地的效用为 12（自身发展其他产业的效用+B 地发展农业保险外溢的效用），B 地的效用为 9（发展农业保险的效用+中央财政补贴的效用）；

4. A、B 两地都不发展农业保险，都发展其他产业，两地的效用都为 10（无利益外溢、无中央财政补贴）。

从上述博弈可以看出，A、B 两地都选择发展农业保险方可达到帕累托最优（11，11），实现社会利益最佳，但地方政府作为理性经济人，会从各自的理性出发追求自身利益的最大化。地方财政对农业保险的支持所产生的利益外溢性会诱发不对农业保险提供财政支持的其他地区政府的"搭便车"行为。为了实现 12 的经济效益，A、B 两地地方政府都希望由对方来发展农业保险，而自己将资源用于发展其他产业，并搭上对方发展农业保险的"便车"。因此地方政府出于地方财政对农业保险提供支持不符合其自身的财政利益，而不对农业保险提供支持会给其带来更多财政利益的考虑，一般不愿意独立发展政策性农业保险。

在现实中，区域经济发展水平的落差更加剧了地方政府之间的这种利益失衡。有关研究表明，我国地方政府利益边界的界定大多是通过财政领域内的多元博弈来实现的。[1] 对类似于 A 地区的经济发展水平较高的地区来说，由于其固有的经济资源较为充裕，且出于对生活安定、农民福利等政治利益的考量，这些地区大多通过选择牺牲部分财政利益来率先发展政策

---

[1] 马跃：《财政的多元博弈和地方政府利益边界的界定——对安徽省 S 县财政体制变迁与地方治理关系的考察》，《经济社会体制比较》2010 年第 5 期，第 142 页。

性农业保险。尤其是北京、上海、江苏、浙江等经济富庶的地区，通过实施农业保险来进行工业反哺农业的经济基础已十分厚实，地方政府完全具备了给予农业保险市场主体足够财税政策支持的能力，故这些地区的政策性农业保险日渐成熟。与此形成鲜明对比的是，类似于 B 地区的欠发达地区在农业保险发展策略的选择上仍将财政利益置于首位。比如，江西、广西、山西、宁夏、青海、西藏这样的中西部省区工业大规模反哺农业的经济基础尚不够扎实，全面开展政策性农业保险的经济条件尚未成熟，地方政府当前主要经济工作任务依旧是因地制宜地大力推动第二产业和第三产业发展。于是，在能免费分享发达地区政府举办政策性农业保险所生利益的条件下，这些欠发达地区的地方政府为避免自身短期利益受损，往往不愿将有限的财政资源用于大力举办农业保险。可见，发达地区政府举办政策性农业保险给其自身带来的政府利益十分有限，欠发达地区却可在不减少财政利益的情况下搭上发达地区政府举办政策性农业保险的"便车"。随着发达地区政策性农业保险的蓬勃发展，这种区域经济发展水平的落差带来的发达地区政府与欠发达地区政府之间的农业保险利益矛盾将有可能变得越发尖锐，短期内难以消除。

二是导致中央政府和地方政府之间的农业保险利益失衡。中央政府和地方政府作为不同的利益主体，有着不同的利益诉求。中央政府追求的是资源在空间上的优化配置，维护地区间的相对均衡发展，实现社会整体公共利益的最大化。为此，中央政府希望借助发展农业保险来实现其促进国民经济协调发展及增进社会和谐的政治利益，于是在全国范围内大力倡导地方政府举办政策性农业保险。但由于区域间经济发展不平衡的存在，中央政府的这一目标无法与所有地方政府的意愿相契合。对于欠发达地区的政府来说，发展政策性农业保险有损其财政利益，与其追求辖区范围内最大可能的经济发展目标不符。众所周知，我国中西部地区经济发展相对滞后，产业结构单一，财政能力薄弱，许多民族地区的自治县、自治州甚至无法实现财政收支平衡，还需靠上级财政补贴过日子。于此情形，要求这些欠发达地区的地方政府主动而全面地举办政策性农业保险，挤出有限财政资金对其进行补贴，是不切实际的。这就造成了中央政府同欠发达地区地方政府之间的农业保险利益失衡。

三是导致地方政府与市场主体之间的农业保险利益失衡。农业保险给地方政府带来的政治利益和财政利益都有限。经济发达的东部沿海地区的地方政府倚仗自身雄厚的财政实力以及出于对公共利益的考量，是乐于承担农业保险发展成本的。但经济欠发达的中西部地区的地方政府在农业产值占比较高、自身财力有限、资源优化配置受阻的劣势下，支持需要耗费自身大量财政资金的政策性农业保险的意愿必然是左右为难。然而，欠发达地区政府的这种矛盾心理显然有悖于农业保险市场主体的群体意愿。首先，欠发达地区通常是农业大省（区），农业保险的双重正外部性和保险标的的高风险性等因素极易导致区域性农业保险市场失灵，从而在客观上会造成市场主体对地方政府介入农业保险的强烈心理期待和心理依赖。其次，在责任政府时代，广大农业保险市场主体会普遍认为政府支持农业保险发展，帮助农业原保险人顺利开展业务，并保障农业生产经营者这一弱势群体的生产收入和生活水平是政府应尽的职责。最后，地方政府的参与是使国家农业保险扶持政策落到实处的切实保证。可见，财政因素容易导致欠发达地区的政府同广大农业生产经营者和农业保险人之间农业保险利益失衡。

第四节　农业生产经营者保险意识的普遍淡薄

　　长久以来，在我国农村，家庭联产承包责任制造成的小农经济盛行，以及伦理道德、意识形态等精神因素作用的历史惯性对农业生产经营者的行为影响深远。人们习惯于从过去的经验和传统中寻找依据和方法，使得传统观念和行为习惯对我国农业保险实践的影响和制约特别突出。从行为金融的视角来看，农业生产经营者对农业保险的良好认知是其投保参保的先决条件。[①] 而在生产实践中，农业生产经营者保险意识的普遍淡薄严重制约了农业保险的有效需求，是其同保险人、政府和社会公众之间利益冲突产生的原因之一，具体表现在思想和行为两个方面上。

　　第一，农业生产经营者在思想上对农业保险的认知程度很低。受计划经济的影响和传统观念的束缚，农业生产经营者缺乏事前主动防范和规避

---

　　① 程静、刘飞、陶建平：《风险认知、风险管理与农险需求——基于行为金融视角的实证研究》，《南京农业大学学报》（社会科学版）2018 年第 3 期，第 135 页。

风险的意识。它们通常心存侥幸，对天灾人祸持宿命观点，一遇风险事故便认为"是福不是祸，是祸躲不过"，极少考虑通过保险方式转移风险。而且，由于政府和保险人对农业保险的宣传力度仍不够，农业生产经营者对农业保险知之甚少。再加上受知识水平的限制，农业生产经营者对专业性较强的农业保险的本质和存在基础缺乏足够认识，对其作用以及投保和赔付方法等更缺乏全面而深入的了解。

此外，大多数农业生产经营者也没有签订农业保险合同和细读保险合同条款的意识，对自己应享有的权利和该履行的义务不清楚、不明确，这些都直接或间接导致了农业保险利益失衡。在陕西白水县苹果农"因保上访"的农业保险纠纷中，就是因为果农缺乏相关法律意识和保险意识，与保险公司又没有签订农业保险合同，才导致双方在包括保险条件、承保范围、赔偿标准等内容的认识上存在偏差，造成出险后矛盾激化。① 另据报道，2023 年 3 月 16 日河南省骤降暴雪，南阳市村民尹某自家 40 亩葡萄大棚被压塌，预估损失高达百万元。尹某称，以前没见过 3 月下雪，周围种月季蔬菜的农户损失很大，但均未投保农业保险，十年心血一朝尽毁。② 同时，许多农业生产经营者对农业保险认识相当模糊，容易将农业保险与乱收费、乱摊派混淆。例如，在农业保险制度推广的过程中，不少农业生产经营者就认为农业保险是政府巧立名目向其收取额外费用的手段，而对其存在抵触情绪。此外，农业生产经营者盲目跟风的情况十分普遍，参保者往往认为农业保险的原则和理念是"必然受益"，而非"减少损失"，所以常常在出险后对赔偿额度存在不合理期待，甚至还有部分人抱着投机的目的投保，道德风险、"搭便车"等机会主义行为倾向十分严重。正因如此，大部分农业生产经营者对农业保险有一种本能的排斥心理，思想上对农业保险的认识程度和接受程度都不高，此种长期形成的观念和习惯暴露出农业生产经营者保险意识十分薄弱，构成了对农业保险发展的瓶颈式制约。

第二，农业生产经营者在行为上倾向于运用替代性农业风险管理手段。在农业保险产品缺位的情况下，农业生产经营者的风险难于向外转嫁，但

---

① 刘彤、陈钢：《农业保险尴尬连连，谁为保险上保险》，2012 年 1 月 24 日，http://dz.jjckb.cn/www/pages/webpa-ge2009/html/2010-02/05/content_5983.htm? div=-1。

② 《河南多地突降大雪：郑州多个仓库倒塌，南阳农户葡萄棚成"废墟"》，封面新闻官方账号，2023 年 3 月 17 日。

同一个主体内的风险管理成本与收益不难界定，于是，其风险自我交换的愿望就非常强烈。这就导致在相当程度上，对农业原保险产品的潜在需求会被风险自我交换的现实需求所取代。[①] 笔者曾在主持一项农业保险法方面的国家社科基金项目期间，于 2011 年 9 月对湖南省邵阳市一郊三县十四村的农户农业生产风险管理情况进行为期一周的实地调研。在问及"为预防和控制农业灾害所造成的经济困难，您家愿意采取的应对措施"时，调研结果显示，在分散化经营（包括同时种植或饲养多种动植物品种，以及同时从事农业生产和非农业生产）、在采用新品种和新技术时非常小心、消费的平滑（包括提前存钱以便灾害发生时动用银行的存款以及灾害发生后节衣缩食）、接受政府救济、依靠亲友和同村人无偿支援、通过各类渠道借钱（包括向乡亲和银行信用社以及高利贷者借款或申请贷款）、变卖部分家庭财产（如房屋、大型农具、牲畜、生活用品等）、参加政府组织的社会保险、购买商业保险、购买农业保险等十个选项（可多选）中，只有 14 户选择购买农业保险，占总户数（52 户）的 26.92%。而且在这 14 户中，只有 1 户仅选择购买农业保险一项，其余 13 户只是把购买农业保险作为选项之一。以上调研数据清楚地表明，农业生产经营者的农业保险意识仍徘徊在较低水平。

在农村，除了自担风险，农业生产经营者的替代性风险管理手段主要包括发展多品种经营、寻求非农收入、跨期收入平滑、在社会关系网络中统筹（如向亲朋好友借钱）和依赖政府救济等。[②] 关于多样化经营，由于农村人均耕地少，且农业经营规模较小，所以农业生产经营者为满足自给性需要并实现农业生产中合理的集约度，纷纷运用间作、套作、轮作等种植方式和种养业混合经营的方式来发展农业多品种经营。农业生产的多样化不仅有利于维护地力，顺利回笼资金，客观上还产生了一种内在风险调节和分担机制，顺利分散了自然灾害和市场剧变带来的风险，并在一定程度上降低了灾害损失的经济影响。关于非农收入，近年来，农业生产经营者越来越倾向于凭借工资性收入、财产性收入和转移性收入等非农收入来实现收入增长，传统农业生产逐渐不被青睐。虽然我国大部分地区不如浙江

---

① 谢家智等：《中国农业保险发展研究》，科学出版社，2009，第 47 页。
② 孙立明：《农业保险的发展实践与理论反思——世界经验的比较与启示》，《经济科学》2003 年第 4 期，第 55~58 页；王敏：《政策性农业保险可持续发展评估与机制优化研究》，博士学位论文，湖南大学，第 119 页。

省经济发展水平高，但非农收入在农业生产经营者收入中所占比重大大增加已成为普遍现象。非农收入的增加，使农业生产经营者收入中的农业收入所占的比重越来越小，这就意味着农业风险占农业生产经营者面对的总风险的比重在下降。关于政府救济，由于农业的极端重要性，政府总是会对农业生产予以特殊的关注，所以每逢大灾，政府就会增加财政救济支出帮助农业生产经营者摆脱困境，恢复农业再生产。政府这种直接拨款救济的做法使农业生产经营者养成了严重依赖心理，也使他们认为通过农业保险分散风险的必要性不大。

这些替代性农业风险管理手段的广泛运用在很大程度上制约了农业保险的有效需求，是导致农业生产经营者和农业保险人之间现实利益冲突的重要原因之一。农业生产经营者规避风险手段和收入来源的多元化使得农业风险造成的损失相对较小，农业生产经营者对风险的敏感度下降。由于收入较低，更愿意主动选择上述替代性的、不需要提前支付货币的风险管理方式。再加上相对于农业保险的商品属性而言，政府救济属赠与性质，不仅可免费获取，还可使农业生产经营者免去农业保险中的索赔和理赔的繁杂程序，从而导致农业保险对农业生产经营者的吸引力大大削弱，出现私-私农业保险利益关系和基础性农业保险利益关系严重失衡的情况。

第五节　农业保险组织与经营技术创新性的不足

农业保险落后的组织模式和经营技术使农业保险风险多处于控制不力甚至失控状态，是制约农业保险发展的关键因素，也是导致农业原保险人同农业生产经营者、再保险人、政府以及社会公众之间利益失衡的重要原因。

一　组织创新性不足使农业保险风险难以有效分散

新制度经济学理论认为，制度是经济增长的源泉，[①] 其中，有效率的经济组织是经济增长的关键。[②] 可见，发展适合国情的农业保险组织形式是

---

① 徐传谌、廖红伟：《制度经济学的哲学基础——从马克思主义哲学角度审视新制度经济学》，《学习与探索》2007 年第 3 期，第 157 页。

② 道格拉斯·诺斯、罗伯特·托马斯：《西方世界的兴起》，厉以平、蔡磊译，华夏出版社，1989，第 1 页。

分散农业保险风险的有效手段。发达国家早期的农业保险组织形式也比较单一，农业保险大部分由民间的商险公司或互助合作保险组织经营。但在此后的制度创新中，发达国家农业保险组织的类型趋于多样化及特色化，如美国政策性的联邦农作物保险公司和政府政策强力支持下的私营商业保险公司，欧洲发达国家政府政策优惠下的私营商业保险公司和农业互助合作保险组织，以及日本的农业共济组合、农业共济组合联合会和国家农业保险机构等。这些国家近年来农业保险发展的实践证明，组织上的创新有助于实现农业保险全国范围内的风险分散，保证农业保险的持续稳定经营。

自 2004 年以来，我国先后成立了上海安信、吉林安华、黑龙江阳光、安徽国元、中原农业保险股份有限公司（以下简称河南中原）五家专业农业保险公司，并启动了江苏、浙江、海南、四川、内蒙古等省（区、市）的农业保险试点工作，农业保险组织的创新也在不断推进中。其中，浙江省政策性农业保险实行的以共保经营为主、以互保合作为辅的模式，已经成为国内最具代表性的模式之一，引起了各界广泛关注。共保体作为农业保险组织形式的创新，不仅有效分散了农业保险风险，增强了省域农业保险承保机构的风险承担能力，而且为我国政策性农业保险作出了十分有益的探索。[①] 但是，符合我国国情的多元化农业保险组织形式尚未孕育成熟，农业保险组织的创新性仍还不足。我国的农业保险人大多是由商险公司承保，包括政策性农业保险人和合作性农业保险人在内的其他类型农业保险人参与农业保险经营的程度仍不高。政策性农业原保险人法律地位的缺失、多元化经营中存在弊病、农业保险共保体的不成熟以及多层次组织体系的不完善等农业保险组织创新性不足的问题，使我国农业保险市场始终缺乏一个有效应对自然灾害、疫病、农产品价格波动等农业风险的风险分散机制。比如，在农业保险共保体的组织与运作中仍存在共保体稳定性较差、涉嫌限制竞争、农业大灾风险分散能力不足、农业保险合同的订立与履行存在不少困难、政府支持较为有限等一系列问题。[②] 而农业保险组织

---

① 陈运来、舒伟斌：《我国农险共保体模式的创新经验及其制度启示——以浙江和海南两省为例》，《北京联合大学学报》（人文社会科学版）2020 年第 2 期，第 108~110 页。

② 陈运来：《农业保险共保体模式的法律选择与制度展开》，《法商研究》2023 年第 6 期，第 147~148 页。

创新性不足带来的风险难以分散必然会导致农业保险人的经营困难，进而制约农业保险产品的供给，引发农业原保险人同农业生产经营者、再保险人、政府以及社会公众之间的利益冲突。

二　经营技术创新性不足使农业保险风险难以有效受控

马克思主义哲学认为，在影响社会经济发展的诸多因素中，只有生产力才是决定性力量，并把生产力标准作为衡量经济发展水平的重要标准。科学技术既是生产力构成中的首要因素，也是体现生产力水平的重要标志。[①] 而农业保险被国内外学者称为"保险业发展的尖端技术难题"，难在农业风险的特殊性和农业保险经营技术的复杂性。发达国家的实践证明，农业保险经营技术的开发和创新能实现农业保险风险从不可保风险向可保风险的转换，将农业保险风险有效控制在一定范围内，创造支撑农业保险业健康持续发展的必要条件。比如，加拿大将经营农业保险的机构更名为"农业金融服务公司"，为农场主提供广泛的金融与保险方面的经营技术支持，顺应金融服务一体化的潮流。

在我国，经营技术的创新也为农业保险的发展带来了生机。例如，2008年江苏省为应对政府超赔责任建立的大灾风险基金，有效分散了因大灾发生的农业保险超赔支出风险。又如，2009年北京市政府针对自己承担的赔付率（160%~300%）风险，以北京市农村工作委员会代表市政府作为投保人，将全市农业保险业务作为统一整体，直接出资向瑞士再保险公司与中国再保险公司两家再保险公司购买再保险，这是我国农业再保险经营技术的创新。2011年北京市还推出了蜂业干旱气象指数保险产品，是保险理赔技术的精细化新成果。再如，吉林安华在调研与应用有机结合的基础上，自主开发了数十种"三农"保险新产品，率先推出保险责任多样化的特色产品，并创新销售渠道，采取与农信社、农机系统等合作的销售模式，有效降低了经营成本，控制了农业原保险的经营风险。

然而，农业风险的特殊性与复杂性对农业保险经营技术提出了特别要求。传统农业保险经营技术难以完全实现对农业风险的识别、计量以及损

[①] 徐传谌、廖红伟：《制度经济学的哲学基础——从马克思主义哲学角度审视新制度经济学》，《学习与探索》2007年第3期，第157页。

失控制，导致农业保险普遍具有超高的赔付率和管理成本，经营风险较高。未来经营技术的创新主要有以下几个方向。（1）农业保险数字化技术。我国农业保险领域的数字化专业人才短缺，计算机系统管控水平普遍偏低，信息安全保障能力有待提高；[①] 投保单位、参保面积、费率、保险金额、财政补贴比例等基础信息不完备，全国或区域性的农业历史风险损失的统计资料没有形成，无法实现以农业生产经营者为单位的节点控制，外部监管难以展开。（2）农业风险监测技术。我国农业风险监测的基础设施和技术水平较为落后，使得定价、定损、产品开发等技术的有效运用缺乏坚实基础。（3）农业保险精算技术。我国的农业保险精算人才严重不足，精算技术相对原始，不利于农业保险风险计算、产品开发和费率厘定。（4）农业保险理赔技术。近年来发达国家推出的农业气象指数保险合同、区域产量指数保险合同等理赔技术的创新在我国的运用是凤毛麟角，农业保险理赔技术创新性的不足使得农业保险赔付率居高不下的难题无法化解，农业保险风险难以控制。（5）农业保险风险证券化技术。风险证券化技术充分依托资本市场，不仅能增强农业保险基金的来源渠道，还能扩大农业保险风险的分散范围，是近年来备受发达国家关注的农业保险经营技术创新，但在我国的适用十分鲜见。（6）农业再保险技术。再保险是一种有效分散和分摊农业原保险人风险损失的经营形式，对提高原保险人的风险保障能力起着重要作用，是对传统农业保险经营技术的突破。但目前我国农业再保险技术发展的速度相当缓慢，使得再保险作为"保险的保险"的风险分散功能没有得到充分发挥。

此外，我国农业保险还存在组织架构不适宜和专业技术人员匮乏等经营技术上的不足。并且农业保险人的一些探索创新也受到现行监管制度不尽合理的限制。例如，有的保险人进行将农业原保险同小额农贷和农资采购等结合、参股农资公司与担保公司等尝试，就可能与现行保险监管规定不符而被禁止。对技术研究和开发的投入不足、缺乏对农业保险经营技术的大胆创新成为农业保险风险难以控制的重要根源所在。这导致了农业原保险人同农业生产经营者、再保险人、政府，甚至是同社会公众之间的利

---

① 滕丽杰：《大数据时代下农业保险面临的挑战与发展策略》，《山西农经》2021年第6期，第144页。

益失衡。

第六节　不同农业保险行为主体之间的目的性差异

农业保险利益失衡的产生与农业保险行为主体（又称农业保险法律关系主体或农业保险利益主体）的目的密切相关。农业保险行为主体之间存在目的性差异，这种差异是农业保险行为主体由于所处的地位不同，对农业保险订约、付费、理赔、农业保险优惠贷款发放、农业保险补贴多少、农业保险监管等事项有着不尽相同甚至截然不同的愿望。比如，在农业原保险合同中，保险人希望公正赔偿，但也不排除希望少赔或不赔，因此倾向于设计较法律规定更为严格的理赔条件和程序；而被保险人则希望多赔，有的甚至认为只要参险，保险标的一旦出险，保险人就应赔付。目的性差异的存在使它们之间的利益失衡难以避免。

一　追求政府利益使政府对发展农业保险缺乏足够兴趣

政府绩效作为政府在社会、经济管理活动中的结果，主要表现为维护国民经济协调发展、增进社会安定繁荣、增强财政实力、促进官员晋升等。实现这些政府绩效要靠政府将有限的人力、物力、财力有选择性地投入相关公共事业中去。此外，基于对不认可地方利益、否认市场经济的教训的深切反省，改革开放以来，中央政府不仅认可了地方利益和市场观念，还将其写入了宪法，从而将国民经济推上了快速发展的轨道。[①] 这种政府利益的分层使政府绩效评估更趋复杂化。而发展农业保险，对农业保险的投保人和保险人进行补贴对政府绩效目标的实现仅能起到潜移默化的推动作用，这种对政治利益和财税利益的增进都不明显的特点使得政府对农业保险的推动和政府绩效之间形成了矛盾。因此，政府特别是地方政府对政治利益和财税利益的追求使其对发展农业保险缺乏内在动力，是中央政府同地方政府之间、各地方政府之间以及政府同农业保险的投保人与保险人之间利益冲突产生的重要原因。

对政府来说，作为政策性农业保险的主导者或引导者，政府在农业保

---

① 郑鹏程：《市场统一基本制度之构造与实施》，《中国软科学》2011 年第 8 期，第 3 页。

险发展过程中需要发挥其在财政补贴、税收减免、配套扶持及监督管理等方面的职能，为农业保险的发展保驾护航。其参与农业保险，履行上述职能，是为了追求包括公共利益、群体利益和政府利益在内的多重利益。发展农业保险包含的公共利益和群体利益是显而易见的。其对国家的农业生产和农产品及其附加产品的社会消费都具有正外部性，实行农业保险不仅是全面推进乡村振兴及在 WTO 规则的基本框架内维护国家农业稳定和粮食安全、实现公共利益的重要政策措施之一，而且是政府通过对它的政策扶持来推动保障保险组织群体和投保该险的农业生产经营者群体收益、缩小贫富差距，实现群体利益的有效方式之一。但同时，政府作为农业保险的总供给者，其参与农业保险关系的目的除维护国家农业稳定和粮食安全及全社会农产品消费者的生活水平等公共利益、保护农业保险组织和农业生产经营者的群体利益以外，也要追求自身利益即政府利益的最大化。为实现这种具有私利性的目的，各级政府特别是地方政府，就会主要从其自身财力和官员政绩，即从政治利益和财税利益的角度来考虑农业保险的供给。

然而，政府的多重目的往往难以兼顾。于此情形，政府会如何决策呢？根据理性选择理论的观点，政府部门和官员都是"理性人"，地方政府制定、实施政策的一个重要出发点是契合自身利益或至少不损害自身利益。[1] 而农业保险的边际成本高，边际收益低，对 GDP 增长的贡献较小，对地方官员的边际政绩贡献率更小，这使得政府在发展农业保险过程中所追求的公共利益、群体利益同政府自身的政治利益和财税利益产生了冲突。当利己目的与利他目的发生冲突时，政府本能地倾向于利用自己作为社会资源管理者和分配者的优势地位，通过拖延或忽视部分公共利益和群体利益来维护政府利益。表现在具体的行为上是地方政府设法维持旧发展观，在强烈的增长偏好下，为追求显著的政绩和高速增长的 GDP 而热衷于将有限的社会资源投入发展工业、房地产业等回报快且回报率高的产业之中，却使农业和农业保险处于被忽视或未给予应有重视的状态。此外，作为科层制组织的政府也并非铁板一块。根据委托-代理理论，在农业保险规制领域

---

① 曹龙虎、段然：《地方政府创新扩散过程中的利益契合度问题》，《江苏社会科学》2017 年第 5 期，第 106 页。

中，中央政府属于委托人，地方政府属于代理人，双方之间形成的是不完全契约，在中央顶层设计的基础上各自行动。其中，中央政府具有泛利性，通常着眼于全社会整体利益，积极推进国家治理体系和治理能力现代化，从而保障社会公平正义与人民生活水平提升；地方政府则具有代理人和委托人的双重角色，一方面根据本地区情况，将中央政府布置的任务转变为具体目标，另一方面将本级政府目标传达下级政府。[①] 可见，正是政府这种对政治利益及财税利益的不同程度的追求使其对发展农业保险缺乏足够的或等同的内驱力，[②] 从而导致其在制度供给、政府扶持等方面的缺位或分化，进而造成政府之间以及政府同保险人、农业生产经营者之间的现实利益失衡。

二　追求安逸或利润使农业生产经营者参保态度不一

作为农业保险的投保人和被保险人，我国广大农户早已被定义为自主经营、自负盈亏的社会主义农业商品的生产经营者。在市场经济体制下，经济人的身份和地位决定了他们的目标必然指向生活安逸和农业生产利润最大化。为了实现这一目标，农业生产经营者会根据多年与成本、利润和风险打交道的经验，在个人分配领域对包括农业保险在内的各项活动进行投入、产出及数量的比较和选择。因此，农业生产经营者是否愿意投保农业保险，关键要看是否符合其追求安逸生活和生产利润最大化的目的。一言以蔽之，即当农业生产经营者意识到投保农业保险或从事某种行为十分有利可图时，就会主动为之；反之，则持消极态度。这导致处于不同环境下的农业生产经营者对投保该险所持的态度不一。

一般来说，小农户收入很低，不具有强烈的逐利目的，其追求的大多是安逸生活，通常不愿主动投保农险。在小农户们收入微薄、刚刚能解决温饱问题的情况下，他们还有更多迫切的如教育、医疗、社会保障等需求未能得到满足，将有限的收入用来满足这些需求通常比用来购买农业保险

[①] 梁丽：《利益激励视角下地方政府行为偏好与环境规制效应分析》，《领导科学》2018 年第 32 期，第 22 页。

[②] 国家的存在既是经济增长的关键，也是人为经济衰退的根源。在农业保险中，亦同。参见 道格拉斯·C. 诺思《经济史中的结构与变迁》，陈郁等译，上海三联书店、上海人民出版 社，1994，第 20 页。

更能提高其效用水平，即尽可能提高自己的生活质量。即便小农户们有一定的风险意识，在收入有限的情况下，他们也会优先为风险最大、最重要的人身危险和财产利益购买保险，而将农业风险置后。并且，近年来我国农产品价格不稳，城乡收入差距不断扩大，农业收入在农业生产经营者总收入中所占的比重越来越小，快速的工业化和城镇化诱使大量的农村劳动力远离土地，小农户越来越不打算靠农业养家糊口，当然就更不需要农业保险了。因此，当农业保险的边际效用小于其他商品的边际效用时，收入过低的小农户会不断用其他商品来替代农业保险，直到农业保险的边际效用递增到与其他商品相等时为止。

与传统小农户不同，经营规模较大的现代农业生产经营者追求的是农业生产利润最大化。农业生产收入在其财产结构和收入来源中所占比重较大，农业风险是其必须首要规避的风险之一，因此它们参保农业保险的意愿十分强烈。[①] 虽然它们有足够购买力参加农业保险，但还是希望能购买到低费率、高保障的优质农业保险产品。除要求保险人能及时足额赔付、政府能完善监管外，更希望通过按比例共同分摊低费率情况下实收保费额与正常费率下应收保费额之间的差额损失，或在实行高费率的情况下由政府向其提供相当比例的保费补贴的方法来降低自身购买农业保险的成本，以利于其实现生产利润最大化。

此外，不管是传统小农户还是现代农业生产经营者，在缺乏科学、有效监管机制的情况下，都极有可能利用农业保险市场信息不对称的特点，以逆选择或道德风险手段谋取不当私利而损害保险人利益。以上分析表明，农业保险的投保人和被保险人对安逸生活或农业生产利润最大化的追求使其对投保该险所持态度不一，投保时或以后选择的行为也不尽相同。这是造成它们同政府、农业保险人之间利益失衡的重要原因之一。

三　追求利润最大化使保险公司逃离亏本农业保险

保险机构作为农业保险合同关系主体的一方，是农业保险产品的直接生产者。在我国至今多是兼营或主营该险的商险公司，它们既具有营利的

---

① 张燕媛、袁斌、陈超：《农业经营主体、农业风险与农业保险》，《江西社会科学》2016 年第 2 期，第 41~42 页。

目的，又具有避险的动机。[①] 商险公司作为一类企业，必然会以追求保费收入和其他商业利润最大化为最终目标。这样，一旦其发现开展纯商业性和弱政策性的农业保险业务无利可图甚至会出现亏损时，必然会收缩或放弃该险的经营，导致保险人同农业生产经营者、政府之间的利益失衡。

在市场经济体制下，商险公司需要盈利来保证持续经营并给股东带来投资回报。[②] 而现实是，农业保险盈利的概率远小于经营寿险业务和其他产险业务。[③] 于是，商险公司在追求效益的内生动力下，按效益配置资源，会将资金、人力与组织方面的资源转移到能产生较好经济效益的其他商业保险业务中去。常见的情形是，保险人在承办农业保险的亏损无法得到弥补而获取保险业平均利润，又不能获得额外的经济激励的情况下，会理性选择不断压缩农业保险产品的有效供给，而积极拓展非农险业务，以此实现经营的多样化，进而分散风险并扩大规模。商险公司为实现自身经济利益最大化的目的，会提出如下诉求：或是要求政府增强农业保险的政策性，给予自身巨额经营费用补贴，用以适当填补经营非商业性农业保险与经营其他利润丰厚险种能带来的收益之间的差额；或是在纯商业化经营的情况下，以农业风险的超高发生概率为基准，将畸高的经营管理费用摊入农业保险的价格当中，千方百计地提高费率，从农业生产经营者那里收取大量保费，以保证自身能获取商业性保险的平均利润。若商险公司的上述要求都无法达到，这类保险人便会罔顾农业生产经营者对农业保险高保障、多险种、广覆盖的需求，而仅向其提供低保费低保障的基础性农业保险产品，以确保收支平衡。

对于除雹灾保险、农作物火灾等几个为数不多险种以外的农业保险来说，其实并不存在一个完全可自发成交的真正意义上的商业化市场。一方面表现为农业生产经营者总体需求的低迷不足以支撑起农业保险产品消费的大格局，另一方面表现为低收益甚至负收益的特点无法维持商险公司对

---

① 王敏：《政策性农业保险可持续发展评估与机制优化研究》，博士学位论文，湖南大学，第119页。

② 公司利益最大化作为董事行为准则，有利于全体股东与其他利益相关者共同获益，协调公司各主体间利益冲突。傅穹：《公司利益范式下的董事义务改革》，《中国法学》2022年第6期，第197页。

③ 朱俊生、庹国柱：《创新是中国农险业的生命》，《中国农村金融》2011年第6期，第28页。

农业保险产品的有效供给。农业保险人对保费收入和其他商业利润最大化的追求，是其不愿积极开展纯商业性和弱政策性农业保险业务，从而同农业生产经营者、政府之间形成利益失衡的根本原因。

四 追求佣金利益最大化易诱发中介人投机行为

在农业保险代理、经纪以及公估服务中，中介人所能获得的报酬同其业务量成正比。出于对佣金利益最大化的追求，农业保险中介人为促成交易的达成往往不惜牺牲保险人或投保人、被保险人的利益作出机会主义行为。这不仅是其自身同保险人或投保人、被保险人之间利益冲突产生的主要原因，也是间接导致保险人同投保人、被保险人之间利益失衡产生的原因之一。

农业保险中介制度的建立是顺应专业化分工要求，贯彻公平市场的举措，对开发保险需求，提高保险人供给能力，促进农业保险市场资源的优化配置及结构的合理调整有重要意义。但保险中介人是以自身利益最大化为目标，在对保险人和被保险人的信息完全掌握的条件下促成保险交易完成的中间人。在充分的信息优势和保险业对其监管不严的情况下，保险中介人很有可能为了超额利润而双向背离保险人和被保险人利益。[1] 从一般的保险细化到农业保险，我们可以发现作为"经济人"的农业保险中介人对利益最大化的追求不会改变，其机会主义行为倾向甚至会因为我国农业保险制度尚不健全、农业保险市场信息不对称尤为严重而越发增强。表现在具体的行为上即农业保险中介人常常为了自身利益最大化而对投保人、被保险人错误解释农业保险条款，隐瞒保险合同中保险人的免责事项；对保险人瞒报投保标的真实情况，虚构保险标的信息；或与双方中的一方串通欺骗另一方；等等。

作为保险人和投保人、被保险人之间的信息传递者，农业保险中介人的上述机会主义行为会引发如下问题，给农业保险利益冲突的产生埋下隐患。一方面，增加中介交易费用。中介交易费用包括谈判、签约、监管执行和维护等，在农业保险中介人机会主义行为倾向下，其为实现佣金利益

---

[1] 梁平、汤宇：《我国保险中介市场有效性的经济学分析》，《商场现代化》2006 年第ⅡX 期，第 291 页。

最大化会尽可能抬高代理、中介或公估过程中各项服务的价格，从而增大农业保险人和投保人、被保险人的负担。而保险人和投保人、被保险人会因其自身处于信息弱势地位难以掌控中介人利用不正当手段谋取自身利益的行为。中介交易费用的增加既激化了中介人对佣金利益最大化的追求同保险人和投保人、被保险人成本控制之间的矛盾，又间接加剧了农业保险供需的双冷局面，使保险人同投保人、被保险人之间的利益冲突越发难以调和。另一方面，招致农业保险合同纠纷。农业保险中介人往往受利益驱使，一心只想促成农业保险合同，从中获利。于是在利益的驱动下，部分农业保险中介人或以模糊性、欺诈性描述，利用足以导致客户对农业保险形成错误理解的宣传材料诱导其购买保险，或作出不验标的、盲目承保、超额承保等行为，这导致一旦出险极易形成农业保险合同纠纷，从而增加保险人与投保人、被保险人的额外风险，造成两者之间的利益失衡。

第七节　农业保险利益调整机制的缺陷

农业保险利益调整机制有自行性调节机制、政策性平衡机制和强制性干预机制三种。[①] 自行性调节机制通过农业保险关系主体一方权利（义务）对主体另一方权利（义务）的自行性制约来达到调整利益的目的，主要体现为农业保险合同机制；政策性平衡机制对农业保险中各种利益重要性作出估价或衡量，并为协调利益冲突提供标准，主要体现为利益表达机制、费率机制、农业保险大灾风险管理机制和补贴机制等；强制性干预机制则通过国家权力以行政管理、刑事制裁等强制性手段对农业保险中各方利益进行调整，主要包括行政监管机制与公力救济机制。在我国目前的农业保险关系中，农业生产经营者、农业保险人和政府等主体之间尚未形成牢固的利益共同体，它们之间的相互非合作博弈导致了农业保险潜在利益矛盾的产生，而农业保险利益调整机制的下述缺陷使这些潜在利益矛盾无法得到有效缓解，从而造成矛盾的表面化。

---

① 张文显：《法理学》，法律出版社，2004，第221页。

一 自行性调节机制缺陷使农业保险合同主体利益失衡

总的来说，现行农业保险自行性调节机制的缺陷在于对权义的分配不尽合理，甚至在某些方面有悖于农业保险的性质和发展规律，因此难以充分调动农业保险人、农业生产经营者、农业保险中介人等相关方参与农业保险活动的积极性，从而造成地位平等的农业保险市场主体双方或多方之间的利益分配失衡。

（一）此类机制调整功能偏弱使农业保险合同利益关系失衡

如前所述，农业原保险合同主体之间和农业再保险合同主体之间的利益矛盾，特别是农业原保险合同中农业原保险人的经营利益和农业生产经营者预期的保险赔付利益之间的矛盾，相当尖锐并且不易调和。究其原因，农业保险在总体性质上属于准公共产品，如果将其视为纯私人产品在竞争市场上进行交易而完全适用民商事合同机制，极易造成市场失灵。也就是说，鉴于农业保险市场交易通常不能自发完成，民商事合同机制难以像作用于普通商险合同关系那样，能对农业保险合同主体之间的利益关系进行有效调整。比如，由于信息不对称的客观存在，在初级农产品生产中面临风险越低的农业生产经营者越存在侥幸心理，不愿投保农业保险，[1] 而面临风险越高的农业生产经营者则购买保险的意识越强，倾向于购买农业保险。在以完全自愿投保为主的现行农业保险实施方式下，逆选择问题势必日益凸显甚至防不胜防。这不但不能有效提升农业保险的参保率，反而会引发过高的保险赔付率，最终导致农业保险产品供给严重萎缩。此外，在农业原保险业务活动中，农业原保险人作为理性经济人，也有可能会滥用其在经济、技术、法律知识等方面的优势，以格式合同和霸王条款等方式损害参保的农业生产经营者的利益。可见，作为一种需要通过自行激励和制约来发挥功效的机制，民商事合同机制在农业保险领域能发挥的功能相当有限，难以充分保证各类农业保险合同主体之间利益分配的均衡性。进言之，由于民商事合同机制乃农业保险自行性调节机制中的核心机制，民商事合

---

[1] 汪妍、杨娟、许叶颖、钱婷婷、郑秀国：《日本农业保险对我国农业保险高质量发展的启示》，《上海农业科技》2020 年第 5 期，第 9 页。

同机制调整功能的偏弱性决定了农业保险自行性调节机制（如农业保险行业自治机制等）整体调整功能的偏弱性。这不但使农业原保险人同参保的农业生产经营者、农业再保险人同农业原保险人之间的利益分配失衡，而且可能使这些农业保险市场主体之间的潜在利益矛盾转化为激烈的现实利益冲突。

（二）此类机制调整范围有限使政府与农业保险市场主体之间的利益关系发生畸变

农业生产经营者与农业保险人之间以及农业保险人相互之间，分别主要构成平等性质的农业原保险合同关系和农业再保险合同关系。自行性调节机制当然适用于它们之间的利益关系调整，但不适用于调整政府同农业保险人和农业生产经营者之间的农业保险监管关系和农业保险政策扶持关系。如果政府在农业保险中只追求公共利益和群体利益，那么政府与农业保险人、农业生产经营者之间的利益是高度一致的。即，农业保险人集体利益（单位利益）和农业生产经营者个体利益或集体利益（单位利益）的实现，会促进农业保险人群体利益和农业生产经营者群体利益的实现，进而促进国家利益和社会利益等公共利益的实现，而公共利益和群体利益的实现，又反过来促进农业保险人集体利益和农业生产经营者个体利益或集体利益的实现。[①] 但如前所述，政府一旦产生就具有很强的独立性，在很大程度上也是"经济人"，也会在追求公共利益的过程中追求自身利益。这就必然导致政府在追求社会福利最大化和垄断者租金之间存在持久冲突。当然，若能运用合同机制，进行平等协商和相互妥协，政府所参与的行政法律关系或经济法律关系的主体之间也是能找到利益平衡点的，在该平衡点上实现互利双赢。不过，由于政府与农业保险市场主体之间并不

[①] 利益以主体归属为标准可划分为国家利益、社会利益、群体利益、集体利益与个人利益。而公共利益系在法与道德等社会规范所调整的秩序中形成的带有社会普遍性的利益，包括国家利益和社会利益。政府利益则是公共利益的总代表，但政府利益并不完全等同于公共利益。至于国家利益与社会利益的关系，在计划经济时期，将社会利益包含于国家利益之中，公共利益仅指国家利益，这是当时"国家社会"一体化的政治经济体制的反映。在目前市场经济新时期，随着"国家-社会"二元化结构的初步形成，社会利益逐渐从国家利益中分离出来，两者共同构成公共利益的内容。陈运来：《罗马法公共利益原则及其对我国民商立法的启示》，《岳麓法学评论》2001年第1期，第155页。

存在市场交易关系，双方法律地位并不平等，政府的政策扶持行为与监管行为均为单方法律行为，并不以双方合意为有效要件，因而平等协商的法律基础并不存在，合同机制无法适用。于是，各级政府尤其是地方政府就有可能优先或最大化地谋取自身利益，而消极对待或主动放弃公共利益、其他人的群体利益等。表现为，政府为了谋取自身农业保险利益，有可能绕开其制度供给过程中利益表达、利益综合、政策或法律制定以及政策或法律实施四个环节的某些环节或使其虚化，[①] 从而一方面直接使政府同农业生产经营者、农业保险人之间的潜在利益冲突最终转化为现实利益冲突，另一方面也间接使农业保险市场主体之间的利益分配失衡越发难以纠正。

（三）调整机制本身缺失或欠规范加剧了农业保险市场主体之间的利益失衡

农业保险自行性调节机制的缺失或欠规范，主要是指农业保险合同机制的设计因政策不到位或无法可依或法律存在其他明显瑕疵而呈现较大的随意性状态。农业保险法律和法规是农业保险制度的核心，是农业保险市场形成和发展的主要制度基础。我国自 1982 年开办农业保险至今虽已有 40 多年时间，但尚未形成完整的农业保险法律规范体系。实际上，我国现行农业保险合同制度体系是以《保险法》为首，由《农业保险条例》引领的，以部门规范性文件为主，以行业规定为辅的制度体系。[②] 原《中华人民共和国合同法》（以下简称《合同法》）虽能曾适用于农业保险合同，但其总则规定过于笼统，无法细化顾及农业保险合同的个性特性；分则亦未涉及有关农业保险合同的任何内容。2003 年开始施行的《中华人民共和国农业法》（以下简称《农业法》）第 46 条也仅对我国农业保险作出了原则性规定，缺乏具体可操作性。自 1995 年初次出台以来的多版本《保险法》实质上一直是一部商险法，政策性很强的农业保险不能将其全盘适用，况且该法本身部分内容已显陈旧，农业保险合同中的诸多法律问题（如绝对免赔额条款、

---

① 董新宇、王媛、马林妍：《政府制度供给视角下的公众利益表达研究》，《西安交通大学学报》（社会科学版）2017 年第 6 期，第 121 页。
② 李媛媛：《我国农业保险合同制度的反思与优化》，《保险研究》2017 年第 5 期，第 86 页。

无赔款优待条款、指数保险等）也无法在其中得到相应法律规制。而在《农业保险条例》于 2013 年 3 月 1 日起施行之前，农业保险合同机制的构建基本上无法可依，农业保险合同订立和履行所依据的通知和意见等政策性文件则随意性较大，不具有法律的权威性。目前，《农业保险条例》中有关农业保险合同的专门规定只有 6 条，内容仅简单涉及投保方式、合同不得变更或解除的个别情形、查勘定损、赔付等。此外，第 16 条规定，该条例对农业保险合同未作规定的，则参照适用《保险法》中保险合同的有关规定。商业性农业保险合同和政策性农业保险合同不分，加之对农民权益认知的高度不足、对农业生产经营者的多元性重视不够，导致我国现行农业保险合同机制的设计出现了一系列问题。① 比如，在理赔规定中，《农业保险条例》的内容完全绕过了"一物一定"②、"封顶赔付"、"协议赔付"和"施救费"等农业保险合同实务中的常见问题，加之《保险法》的第 2 章即合同专章以及《民法典》第三编即合同专编中也未作出这方面的任何针对性规定，令农业保险理赔法律机制的实施效果大打折扣。总之，自行性调节机制法律基础的全部或部分缺失大大增加了农业保险市场主体之间利益失衡的化解难度，使这些主体之间的潜在利益矛盾显性化。

二　政策性平衡机制缺陷使众多农业保险主体利益失衡

现行农业保险政策性平衡机制的缺陷在于机制对权利义务的分配不尽合理，在不少方面有悖于农业保险的性质和发展规律，难以充分调动包括政府、农业保险人、农业生产经营者等在内的社会各方参与农业保险建设事业的积极性，从而造成农业保险行为主体的双方或多方之间的利益分配失衡。

（一）利益表达机制不畅削弱了弱势主体集体谈判能力

农业保险中的弱势主体主要是指农业生产经营者，表达机制的不完善

---

① 李媛媛：《我国农业保险合同制度的反思与优化》，《保险研究》2017 年第 5 期，第 85 页。
② 保险标的的生物性和地域性特征令农业保险合同具备有别于其他财产合同的定损标准，无法以某一种作物的保险产品去直接套用于其他作物，并且作物经济收益的方式也各异，有些农产品只需在生长成熟时采摘销售即可较快获利，有些农产品则还需经过继续风干或晾晒等环节，在保险期间上也需要更长远布局。因此，面对农产品的定损，通常需要因地制宜，一物一定。江妍：《农业保险合同纠纷研究——基于实践验证视角》，《农村经济与科技》2023 年第 23 期，第 216 页。

严重削弱了这一主体的集体谈判能力，使得这类主体在农业保险中的呼声往往不被听取，利益诉求得不到满足。其利益表达机制的缺陷主要表现在以下两个方面。一方面，农民自组织性差。虽然我国出现过农村发展协会、农民维权协会、上访农民协会等农民组织，但是数量少、规模小。同西方国家因专业性、综合性农民组织极为发达而业已形成纵横交错的农业生产经营者利益表达网络不同的是，我国农业生产经营者缺乏有效的利益聚合与行动协作机制，与农业保险相关的专业性农民组织更未建立起来，使得松散的农业生产经营者个体无力参与同其他农业保险利益主体的协商博弈状况得不到有效改善。① 另一方面，利益表达渠道过窄。农业生产经营者在政治经济地位上的弱势性使其在人民代表大会、政治协商会议等重要利益表达平台上话语权较小，其对农业保险利益的呼声显得十分弱小。其他类似信访、上访的利益表达渠道也不够畅通，农业生产经营者利益诉求受媒体关注程度又不高，使得在农业保险制度中，农业生产经营者虽作为重要主体，却被排斥在制度的决策与管理之外。上述缺陷使得农业生产经营者丧失了在事关切身利益的重大决策中的话语权，其自身的农业保险利益处于被侵害的危险之下，由潜在利益矛盾招致的消极情绪亦无法及时释放，极易导致它们同其他主体之间潜在的利益冲突转化为现实冲突。

农业生产经营者同农业原保险人之间本就存在难以拉近的空间距离、时间距离和社会距离，② 两者之间的潜在利益矛盾众多，因此沟通协商显得尤为重要。农业原保险人相对于农业生产经营者来说常处于强势地位，农业保险费率厘定、承保范围、赔付金额等重要合同内容也基本上由农业原保险人单方面说了算。而单个农业生产经营者缺乏农业保险专业素养，不具备较强的缔约磋商能力。在利益表达机制不完善的条件下，农业原保险合同双方的利益分配失衡若无法通过谈判的方式加以解决，势必会引发双

---

① 李凯中：《新时期"三农"事业与农民组织化问题研究》，黑龙江人民出版社，2007，第36页。

② 所谓空间距离是指保险公司的网点通常都设在相对发达的大城镇，而低收入群体多工作或生活在分散的乡村或小城镇；社会距离是指保险公司的工作人员大都来自社会中上阶层，难以有效了解底层人员的需求；时间距离是指保险的赔付与缴费之间一般存在较长的时间，而很多低收入群体挣扎在生存的边缘，无暇顾及未来不确定的风险（Meessen, Criel & Kegels, 2002）。朱俊生、庹国柱：《公私合作视角下中国农业保险的发展》，《保险研究》2009年第3期，第47页。

方之间的现实利益冲突。

根据在农村的调查，我们发现不少农业生产经营者虽已付费参保农业保险，但对保险的态度较为冷淡，对政府提供的农业保险保费补贴政策、农业原保险的保障内容所知寥寥。此类围绕财政保费补贴资金的自上而下的分配所作的顶层制度设计，虽然使政府逐渐成为农业保险的主导，但仍难以大幅提升农业生产经营者的参保度。显然，政府此类高高在上的政策规划难以符合农业生产经营者的实际需求，也不易于对农业生产经营者的合理诉求进行及时回应，更不可能使农业生产经营者有机会参与农业保险制度的设计。可见，我国当前农业生产经营者利益表达机制的缺陷削弱了他们同政府的集体谈判能力，损害了他们在农业保险发展中的利益，导致其对政府发展农业保险的不信任感难以在短期内消除，两者之间的利益均衡难以真正实现。

（二）费率机制欠妥使供需和需需均难达利益均衡

农业保险费率机制的缺陷主要体现在费率形成机制的不合理上。在《农业保险条例》实施之前，无论是政策性农业保险还是商业性农业保险，农业保险的定价权基本由政府享有，且采取统一发布费率通知的模式。[①] 在这种模式下，政府为了保证保险人的持续经营，必须规定较高的保险费率；同时为了不加重农业生产经营者的负担，最终又不得不通过财政补贴的方式承担费率调整所增加的保费，这导致了保险人和农业生产经营者对保费补贴的严重依赖。并且，对政策性农业保险和商业性农业保险不加以区分的做法，使得保险人即使在商业性农业保险中也丧失了厘定费率的权利，造成政府对农业保险的过度干预，与商业性保险人自主经营、自负盈亏的基本理念不符。况且，同一省区基本采取同一费率标准的规定也忽略了同一省内不同区域农业保险的特殊性，不利于建立起富有弹性的区域费率制度。自《农业保险条例》施行以来，上述情况虽有较大改善，但由以行政定价为主转变为以商业定价为主之后，政府与保险人之间的权义不匹配问题并未完全消除。总之，此种不合理的费率机制使农业保险的投保人与保险人之间、不同的农业保险投保人之间难以找到最佳利益平

---

① 陈运来：《农业保险法原论》，中国检察出版社，2015，第305~306页。

衡点。

众所周知，农业保险人经营农业原保险和再保险业务均需面临高风险和高赔付率的难题，若按纯商业化原则来运作，则农业保险产品的定价必定很高。这是市场经济法则所允许的经营者自主决策和追求商业利润而提出的必然要求。但政府对商业性和政策性农业保险费率形成机制的介入势必有损农业保险人的自主定价权，造成其供给农业保险产品的积极性下降或降低此类产品的质量，从而损害参保的农业生产经营者的利益。

国内外的经验和教训表明，没有科学的费率形成机制就没有农业保险成功经营的财务基础。日本的做法是，对不同区域、不同保险标的实行差别化农业保险费率，且农业保险保费补贴的比例依费率的不同而高低有别，费率越高，补贴越高。其农业生产经营者有能力承担名义上较高的保险费率，又能获得恰到好处的损失补偿正是得益于此。而我国虽进行了数十载的农业保险实验，但至今没有科学合理的费率形成机制，这也令不同区域的农业保险投保人之间的利益无法平衡。例如，在浙江省，某些地区农业自然风险比另一些地区要大数十倍，但省里厘定的全省各地农作物保险费率竟然相差很小。[①] 这在我国是一种普遍现象，不但违反了保险经营的风险一致性原则，也使面临不同大小风险的农业保险投保人基本上丧失了获得差别化待遇的机会。不同农业保险投保人支付一样多或略有差别的保费，获得风险损失补偿的机会却大不相同。从本质上来说，这是风险小的地区的投保人负担了部分风险大的地区的投保人的费用，是前者无偿为后者作贡献。这必然在很大程度上影响到这些低风险地区投保人的积极性，造成农业保险投保人之间的利益失衡。

（三）农业保险大灾风险管理机制滞后使大灾风险难以分散

作为全球少数几个受大灾影响较为严重的国家之一，我国面临严峻的农业大灾风险威胁。[②] 但保险这种社会化的风险损失分担机制在管理大灾风险方面的作用远未发挥出来。例如 2008 年初，南方地区冰灾造成的直接经

---

① 庹国柱：《当前政策性农业保险试验中的困难和问题》，《保险研究》2006 年第 9 期，第 30 页。
② 张红：《农业巨灾保险在我国强制实施的探讨》，《学术交流》2010 年第 8 期，第 89 页。

济损失高达 1516.5 亿元，而保险赔付率只有 1.1%，其中农业保险占总赔付额不足 4%。[①] 农业保险大灾赔付惨淡的背后，是农业保险大灾风险管理机制的相对滞后。虽然从 2007 年开始，党中央和国务院多次提出要加强农业保险大灾风险管理制度建设，国家层面和地方层面也均随之积极开展了原保险（直接保险）和再保险方面农业保险大灾风险管理的政策调整和实践探索，[②] 但至今尚未建立起此类风险管理的完备机制。众所周知，我国应对农业大灾风险的主要方式是政府救济和社会捐助等，农业保险至今还只是定位为辅助手段。而农业保险大灾风险管理体系的建设尚处于起步阶段，[③] 任重道远。尤其是农业再保险制度体系尚未完全清晰，[④] 专业化的国家级和省级农业大灾保险基金尚未形成。这使得农业保险人通常无力承担大灾所带来的农业巨损赔偿责任，在很大程度上抑制了农业原保险和农业再保险产品的有效供给以及保障程度的持续提高。此外，还缺乏农业大灾风险证券化工具。其实，国外农业大灾保险在技术创新和产品设计方面一直在进行积极有益的探索，早就推出了巨灾债券、巨灾期权、巨灾期货等有关农业大灾风险证券化的金融衍生品，为此类风险管理提供了崭新思路，值得我国合理借鉴。

农业保险大灾风险管理机制的上述问题使此类风险无法得到有效分散，从而造成了以下农业保险行为主体之间的利益失衡。一是造成政府同农业保险市场主体之间的利益失衡。政策性农业再保险的长期缺位与商业性农业再保险的不发达，是政府在农业保险大灾风险管理中地位和作用不明确的主要表现。直接影响到农业大灾保险基金的积累，并最终使农业原保险

① 王俊凤、李楠松：《论农业风险的弱可保性与农业保险的政策性定位》，《哈尔滨商业大学学报》（社会科学版）2008 年第 4 期，第 77 页。

② 在原保险方面，2006 年由浙江省牵头，云南、贵州、陕西、甘肃、西藏等省区随后跟进，设立了各自省级综合性或专业性农业保险共保体；2008 年 3 月 1 日起施行的《中央财政种植业保险保费补贴管理办法》第 38 条规定，种植业保险经办机构应按补贴险种当年保费收入 25% 的比例计提 "大灾风险准备金"，2013 年 12 月 8 日财政部印发了《农业保险大灾风险准备金管理办法》。在再保险方面，2014 年 11 月 21 日，由人保财险等 23 家具有农业保险经营资质的保险公司与中国财产再保险有限责任公司共同发起组建的中国农业保险再保险共同体，在北京成立；2020 年 8 月 27 日，原银保监会批复同意财政部等 9 家单位共同发起筹建中国农业再保险股份有限公司。

③ 郑伟、贾若、陈广：《农业保险大灾风险分散体系的评估框架及其在国际比较中的应用》，《农业经济问题》2019 年第 9 期，第 121 页。

④ 王国军：《加快农业大灾风险分散机制建设》，《中国保险》2023 年第 8 期，第 5 页。

的被保险人难以获得及时足额赔偿，使"多年致富抵不过一次天灾"成为农村返贫的普遍现象。市场主体呼唤政府及早建立农业保险大灾风险管理机制，而农业再保险体系与农业大灾保险基金的建立都要求政府支出大量的财政资金用于为农业保险兜底，这跟政府的财政利益显然有较大程度的冲突。况且，农业保险大灾风险管理机制的不健全使得发生大灾后通常由财政以救济形式承担绝大部分补偿责任，这在短期内看似能有效缓和社会矛盾，但长此以往必将让政府财政不堪重负，同时也会导致农业生产经营者对政府的依赖性增强，从而抑制农业保险的心理需求，不利于利用保险这样的市场化手段来管理农业大灾风险。二是造成农业保险人同农业生产经营者之间的利益失衡。由于缺乏农业保险大灾风险管理机制的有力支持，灾害事故损失在保险层面基本上由农业保险人尤其是农业原保险人来承担，一旦发生系统性大灾，就有可能将农业原保险人推向破产倒闭的境地。农业保险人的承保能力和持续经营能力以及提供高保障水平的农业保险产品的积极性都将受到严重影响。这就必然导致农业保险人对农业保险产品的低供给同农业生产经营者对农业保险产品的高需求之间的矛盾。三是造成农业原保险人同农业再保险人之间的利益失衡。包括安华农业保险股份有限公司、中华联合财产保险股份有限公司等在内的几家大型农业保险机构都深受农业保险大灾风险管理体系不健全的困扰，因为此类风险管理体系的缺陷制约了它们的承保能力并影响了其经营的稳定性。在实力有限的情况下，农业原保险人急切盼望费率低廉、保障程度较高的农业再保险产品的全面推广。然而，这对于农业再保险人来说并非易事。农业再保险本身赔付率就偏高，加之政府扶持力度明显不足，农业大灾保险基金尚未全面建立，农业大灾风险证券化手段普遍缺位，从而决定了农业再保险人对其农业再保险产品的市场定价必然走高，迫使农业原保险人支付更大成本用于购买此类产品。这显然跟农业原保险人经营成本控制的财务目标发生了直接冲突。

（四）补贴机制滞后使诸农业保险行为主体利益失衡

农业保险补贴机制的缺陷主要有以下五个方面。其一，保费补贴给付义务主体的范围较窄。我国农业保险保费补贴给付义务主体至今几乎仅限于县级以上政府，主要由中央财政或省级财政承担保费补贴给付义务，而将贷款银行、农业产业化龙头企业等农业保险重要利益相关者不合理地排除在外。[①] 其二，补贴形式单一。目前农业保险市场主体所获得的补贴主要通过财政保费补贴形式实现，但经营管理费补贴、再保险补贴、基金亏空补贴、事业推广费补贴等其他形式的补贴尚未得到应用或应用甚微，从而难以适应政策性农业保险迅速发展对补贴方式多样化的时代需要。也因此导致农业保险财政补贴占比偏小。比如，2020 年农业保险财政补贴资金只占到农业补贴资金总额的 2.5%，相对于发达国家此类补贴资金平均占到其农业总补贴资金的 8%～9%，尚有较大提升空间。[②] 按东部与中西部划分央地财政农业保险保费补贴比例的做法，必然导致农业大省保费补贴支出负担普遍过重，从而抑制地方政府举办政策性农业保险的热情。[③] 其三，倒联动式保费补贴制不尽合理。自 2007 年中央开展财政补贴型政策性农业保险以来，我国农业保险保费补贴模式一直采用倒联动式保费补贴制，即"地方先补贴，中央后配套"。此制度虽然有利于防范地方上的利益相关方恶意套取中央财政保费补贴行为，但也极易诱发保费补贴资金分配上新的不公平现象。[④] 其四，补贴标准不尽科学。尽管 2022 年 1 月 1 日起施行的新版《中央财政农业保险保费补贴管理办法》，对农业保险保费补贴标准作出了一定改进，将原则性与灵活性结合得更好，但仍有不少不够科学之处。现行标准既未充分体现出央地之间在政策性农业保险中财权与事权的匹配度，也忽视了中部地区与西部地区之间的社会经济发展不平衡和财政实力差距所导致的对农业保险保费补贴标准的差异化需求，从而影响保费补贴的公平性与效率性，甚至造成了部分财政保费补贴资金的无谓浪费。其五，对补贴的监管有待进一步加强。对补贴的监管力度不够使得农业保险中的逆

[①] 新版《中央财政农业保险保费补贴管理办法》第 6 条第 1 款规定，对中央财政补贴险种的保费，中央财政和省级财政按保费的一定比例提供补贴，纳入补贴范围的中央单位也承担一定比例保费。该处所称中央单位，特指纳入中央财政农业保险保费补贴范围的新疆生产建设兵团、北大荒农垦集团有限公司、广东农垦集团公司、中国融通资产管理集团有限公司、中国储备粮管理集团有限公司、中国农业发展集团有限公司和大兴安岭林业集团公司。

[②] 赵阳：《从防灾减灾到农业保险：中国共产党农业风险治理的经验和启示》，《保险研究》2022 年第 11 期，第 8 页。

[③] 魏腾达、张峭：《农业保险保费补贴的央地分担比例优化：从财政支出公平的视角》，《农业技术经济》2024 年第 1 期，第 128 页。

[④] 朱俊生、庹国柱：《公私合作视角下中国农业保险的发展》，《保险研究》2009 年第 3 期，第 45 页。

选择和道德风险问题变得更加复杂和严重，本应具有多重积极效应的补贴机制在缺乏有效监管的情况下，很可能会沦为农业保险行为主体不当得利的工具。[1]

农业保险补贴机制的缺失或不合理造成了以下多类农业保险行为主体之间的利益失衡。首先，造成政府之间的利益失衡。一方面是中央政府与地方政府之间。虽然 2008 年 3 月 1 日起施行的《中央财政种植业保险保费补贴管理办法》（已于 2017 年 1 月 1 日废止）和《中央财政养殖业保险保费补贴管理办法》（已于 2017 年 1 月 1 日废止）以及 2017 年 1 月 1 日起施行的《中央财政农业保险保险费补贴管理办法》（已于 2022 年 1 月 1 日废止），对中央财政的保费补贴比例作出了明确规定，但对各级地方财政的保费补贴分担比例仍缺乏清晰界定。新版《中央财政农业保险保险费补贴管理办法》干脆直接一并规定了中央财政与省级财政的保费补贴分担比例。但对省级以下财政则只笼统地规定了"省以下地方财政部门按照属地原则各负其责"，也未取消联动补贴制。可见，我国政策性农业保险实行的是中央、省、地（市）、县（区）二至四级联动的保费补贴模式，这种层层有份的保费补贴方式曾使大部分地（市）级、县（区）级财政要负担 15% ~ 20%的保费补贴。在性质上，农业保险保费补贴仍是中央财政对地方财政的配套。[2] 为此，有国内学者研究指出，由于我国农业保险保费补贴在实际操作中采取"地方先补贴，中央后配套"的实施办法，保费补贴可看作中央政府与地方政府之间的利益冲突博弈过程。[3] 另一方面是不同地方政府之间。如前所述，我国目前的普遍情况是，农业大省（区）往往是中西部地区的经济弱省（区），农业保险覆盖范围广，地方财政的保费补贴负担重，但其政府财力和农业生产经营者的保费实际支付能力均较弱，这些地区在客观上对中央财政农业保险保费补贴有着更为迫切的需求。但受财政资源的稀缺性、财政支出的多向性等因素影响，在不尽合理的保费联动补贴制和不够科学的保费补贴标准下，这些地区的地方政府实际上在时间上难以

---

① 陈运来：《农业保险法原论》，中国检察出版社，2015，第 384~385 页。
② 庹国柱：《农险保费补贴的新政新规新亮点——浅议新版〈中央财政农业保险保费补贴管理办法〉》，《中国保险》2022 年第 3 期，第 32 页。
③ 魏腾达、张峭：《农业保险保费补贴的央地分担比例优化：从财政支出公平的视角》，《农业技术经济》2024 年第 1 期，第 128 页。

迅速争取到中央财政农业保险保费补贴资金的划拨，反而是经济发达的东部地区的地方政府争取中央财政农业保险保费补贴资金的速度更快。再加之在各地争取其他重要经济资源的过程中，经济发展水平较低的农业地区也常处于劣势，固有的经济格局尤其是产业分工一时难以打破，进一步加剧了经济发展水平不同的地区的地方政府之间的农业保险利益失衡。

其次，造成政府同农业保险的保险人和投保人之间的利益失衡。农业保险的准公共产品属性决定了它们之间的利益均衡在很大程度上应依靠科学完备的补贴机制来实现。[①] 也就是说，保费补贴是促进农业保险经营主体展业、农业生产经营者参保的重要手段。[②] 一方面，作为理性经济人的市场主体，农业保险的保险人和投保人当然希望政府能提供尽可能多的财政补贴；另一方面，作为公共利益的代表，政府在财政资源稀缺的情形下，为防止自身陷入过重的财政负担通常只得量力而行。可见，政府对农业保险的保险人和投保人实行什么样的补贴，补多少，怎么补，都是我国政策性农业保险发展亟待解决的问题。这样，一旦补贴机制出现明显缺陷，就极易导致农业保险补贴供需主体之间的利益失衡。此外，对补贴的监管不严也会助长农业保险的保险人和投保人违法违规套取财政补贴资金的行为，从而与政府财政利益发生严重冲突。

再次，造成农业保险的保险人与投保人之间的利益失衡。根据美国农业保险补贴经验，良好的补贴机制有助于提高农业保险参与率，化解部分农业保险市场风险，提高农业保险的保障程度。但我国现行此类补贴机制中给付义务主体的范围较窄、补贴形式单一、联动补贴制、补贴标准不尽科学的弊端，使农业保险财政补贴用于解决市场失灵的功效难以充分发挥，从而很容易挫伤保险人和投保人参与农业保险活动的积极性，造成农业保险市场上"供需脱节"甚至"供需双冷"式的公平缺失或效率缺失。

最后，造成农业原保险人与农业再保险人之间的利益失衡。农业再保

[①] 从其他国家经验来看，日本政府的农业保险财政补贴除了保费补贴，还体现在为农业共济组合提供经营费补贴，尤其是涵盖了在共济机构里任职的公务员的工资福利支出。李佳蔚、张煜炜：《日本政策性农业保险中的政府作用及对我国的启示》，《党政干部学刊》2016年第6期，第46页。

[②] 魏腾达、张峭：《农业保险保费补贴的央地分担比例优化：从财政支出公平的视角》，《农业技术经济》2024年第1期，第127页。

险补贴同政府以及农业原保险人和农业再保险人的利益直接相关，并间接影响到农业原保险的被保险人利益。从日本等发达国家的经验来看，政策性农业保险制度成熟的重要标志之一是建立国家补贴的再保险机制。[①] 农业原保险人与农业再保险人之间的利益均衡会因再保险补贴的实施而得到促进，也会因此类补贴的缺失而受到一定损害。

三 强制性干预机制缺陷使不当农业保险利益难以遏制

除了自行性调节机制和政策性平衡机制存在诸多漏洞，农业保险强制性干预机制同样有不少缺陷。在农业保险活动中，人们基本的、合法的农业保险利益往往难以通过强制手段获得国家强制力的充分保障，与此相反，不当的农业保险利益却因违法违规成本较低而难以被有效遏制，从而为农业保险行为主体之间利益的潜在矛盾最终转化为现实冲突创造了条件。

（一）行政监管机制滞后降低了违法违规成本

国家在农业保险发展中的主导地位不仅体现在相关政策的制定和实施上，还体现在对整个体系的严格监管特别是对财政补贴资金的监管上。但我国农业保险实践中的监管疏漏导致违法违规行为盛行，由此产生的利益矛盾不在少数，主要表现在以下几个方面。

第一，多头监管。在农业保险监管机制中，协助并监管农业保险组织展业、定损、理赔等活动的是农业农村部；监管农业保险补贴资金的分配和使用的是财政部；监管商业性农业保险组织业务活动的以前是保监会或银保监会，现在是国家金融监督管理总局；管理如中国渔业互保协会等合作组织和社团法人的又是民政部门。实际中，这种多头监管的模式不仅浪费监管资源，徒增协调成本，还因衔接不良的问题导致了监管盲区和漏洞以及不公正的存在。[②] 例如地方政府的一些行为实际上就并不受监管部门或财政部门的监管，另外，民政部门对例如中国渔业互保协会、陕西和湖北的农机安全互助协会以及有些地区的谷物协会、果树协会、奶牛协会等组

[①] 李佳蔚、张煜炜：《日本政策性农业保险中的政府作用及对我国的启示》，《党政干部学刊》2016 年第 6 期，第 49 页。

[②] 陈运来：《农业保险法原论》，中国检察出版社，2015，第 403 页。

织的监管也形同虚设，当出现道德风险事故时就没办法很好地解决。多头监管导致的监管漏洞使得政府、农业保险人、农业生产经营者、农业保险中介人在实际工作中的行为往往表现出一定的随意性和盲目性，各类主体为谋取不当利益而从事的违法违规行为无法得到有效遏制，多方之间的利益平衡难以维持。

第二，监管不严。由于利益密切关联，政府机构及其工作人员容易表现出对监管对象的"溺爱"以及被利益群体"俘获"。[①] 从现在的情况来看，我国农业保险监管部门对违法违规行为的打击治理仍未完全到位。一方面，有些关于农业保险的监管措施难收实效。这主要是指农业保险监管机关缺乏对保险人提供的农业保险合同条款和商品定价的合法性、公平性审查，对保险人的偿付能力和财务状况未进行严格监管，时常出现监管跟不上业务发展步伐的情况，对保险人虚假承保、套取财政保费补贴款等违法违规行为的惩治也力度不够。这是造成农业保险人同政府、农业生产经营者之间利益失衡的主要原因之一。另一方面，片面强调对农业保险人的监管，而几乎完全忽视了对政府和广大分散农业生产经营者的监管。政府和农业生产经营者同样存在谋取自身不正当利益的可能，对其监管的松懈更是增加了其从事违法违规行为的危险。例如，投保人和被保险人利用保险人在风险识别和风险管理中的困难和漏洞对保险标的偷梁换柱、有意混淆的案件已屡见不鲜，以无中生有制造假赔案或夸大损失的方法骗保的行为也频频出现。这类行为若得不到监管机制的及时纠正，同样也会使政府、保险人、农业生产经营者三大主体之间利益的潜在矛盾表面化。

第三，创新不足。农业保险行政监管机制缺乏创新，政府没有积极探索建立适合中国国情的行政监管机制。例如，在政策性农业保险试点快速推进之际，由保监会这一部门同时监管政策性农业保险和商业性农业保险两类性质迥然的业务，而不对参与主体更广、涉及领域更多、监管难度更大的政策性农业保险进行监管单位和方式的制度创新，对政府财政支持中资金的预算、拨付程序及使用效果缺乏评估和监督，都极有可能导致对政

---

① 周彬：《部门利益、管制俘获和大部制改革——政府机构改革的背景、约束和逻辑》，《河南大学学报》（社会科学版）2018 年第 6 期，第 69 页；卫志民：《政府干预的理论与政策选择》，北京大学出版社，2006，第 124~125 页。

府监管的进一步虚化，引发政府同保险人、农业生产经营者之间的冲突。北京市建立政策性农业保险外部审计制度，由工作协调小组办公室负责聘请会计事务所，各级财政依据审计后的业务规模拨付相关补贴资金的创新做法，因不符合部分地方政府的利益而未得到大范围推广。此外，农业保险行政监管机制对各类违法违规行为的强制性干预经常是事后的，缺乏事前监管机制，并且治理也多是运动式的，没有一个常态化机制。农业保险监管创新性的不足不仅不利于防范和制止道德风险，也无法保障农业保险业务的规范化和制度化。行政监管乏力导致政府农业保险补贴行为的随意性，同时也造成各类市场主体的行为无法受到严格约束，各方违法违规的成本降低，从事有损其他主体利益行为的可能性增加，利益冲突升级的可能性也随之增加。

第四，某些监管行为在实施上涉嫌违法违规。包括违规批准不符合条件的保险机构经营农业保险业务、拒不履行或不适当履行对农业保险的经济或行政支持义务、非法侵占或挪用农业保险补贴资金、与被保险人或保险人恶意串通骗取农业保险财政保费补贴资金以及不履行或不适当履行农业保险监管职责等行为。比如，协议赔付就是出现于理赔环节的有违保险法损失补偿原则的一个十分突出的问题。在保险事故实际发生后，地方政府同农业保险人就保险理赔进行讨价还价，以统一确定后者对本行政辖区内的受灾农业生产经营者的赔付标准和赔付时间等，而不是让后者按合同约定进行合理和足额的赔付。[①] 其实，早在 2015 年，保监会、财政部、农业部就联合发布了《关于进一步完善中央财政保费补贴型农业保险产品条款拟订工作的通知》（保监发〔2015〕25 号），其中第 10 条就明确禁止在农业保险合同条款中约定协议赔付等内容。但至今这一问题仍然存在，且并非个案，是这些年来我国农业保险赔付难以反映农业真实灾损情况的重要原因之一。[②]

（二）公力救济机制乏力增加了维权成本

公力救济是指国家机关依权利人之请求，运用公权力来对被侵害之权利

---

① 柴智慧、赵元凤：《农业保险"协议"理赔的产生机理与现实考察——以内蒙古自治区为例》，《农村经济》2015 年第 9 期，第 66~67 页。

② 廉国柱、韩志花：《农险经营中值得重视的几个问题——一个农险赔案引发的思考》，《中国保险》2019 年第 7 期，第 34 页。

实施的救济，包括行政救济和司法救济，但以司法救济为主。公权力以国家强制力为后盾，长期把控调节社会救济权，其固然强大，但仍然存在难以有效到达的局部区域抑或无法解决的冲突，致使权利受损主体难以得到及时而有效的救助，法律制度功能呈现局部失灵。[①] 在我国农业保险领域，强制性干预机制的主要缺陷之一便是公力救济机制的乏力。主要表现在以下两个方面。

一方面，仲裁机制长期虚置。我国保险纠纷的解决可通过和解、调解、仲裁和诉讼等不同方式进行。可见，在程序上，仲裁跟和解与调解一道均为基本的替代性纠纷解决方式之一，与后两者相比具有一定的司法意义；跟诉讼相比则具有独特的效率价值、交易维持价值和商誉保护价值以及更高的公平价值。但在司法实践中，人们于保险纠纷发生之后，通常更倾向于选择和解、调解与诉讼的方式，却忽视了仲裁的适用。[②] 这种情形对于农业原保险合同纠纷的解决来说也不例外。在理赔过程中，农业原保险人和索赔人之间常会在保险责任归属、赔偿数额等问题上产生争议。在农业原保险争议产生后，首先需要争议当事人协商和解或由第三方调解解决；如果不成，就应通过仲裁或诉讼方式解决。为此，经营农业原保险业务的各类保险公司所设计的农业原保险格式合同一般都设有包含仲裁选择内容的争议处理条款。但事实上，在此类争议发生后，几乎都是通过和解或调解的途径解决，确实和解或调解不成的才通过诉讼程序解决，真正选择用仲裁方式解决的少之又少。即使在合同中事先订有仲裁条款，但争议的解决最终主要还是通过和解或调解的方式。究其原因，主要有农业原保险争议当事人双方的仲裁意识不强、农业原保险仲裁协议易被作无效认定、农业原保险仲裁裁决的执行仍存在较大困难等主客观因素。[③]

另一方面，法律责任制度设计存在明显瑕疵。法律责任的本质被认为是行为人、受害者与国家或社会之间的一种关系，[④] 是因特定的法律事实侵

---

① 陈小君、薛宪明：《私力救济视角的债权催收问题研究》，《河北法学》2024 年第 4 期，第 102 页。

② 窦玉前：《保险纠纷解决的法律思考》，《东北农业大学学报》（社会科学版）2005 年第 3 期，第 110 页。

③ 陈运来：《我国农业保险仲裁的现实缺位及立法对策》，《中央财经大学学报》2010 年第 2 期，第 81~83 页。

④ 王夏昊：《法律责任概念基本语义和性质》，《甘肃社会科学》2023 年第 6 期，第 13 页。

犯权利或法益而产生的特定救济权法律关系。① 可见，法律责任制度是公力救济机制的重要组成部分。在文本规范意义上，现行农业保险法律责任制度的设计来自《农业保险条例》的专门规定、《保险法》的一般规定以及民法、行政法和刑法的相关配套规定。其中，《农业保险条例》第4章（第26~31条）规定了非法经营农业保险业务、编制或提供虚假的报告报表文件资料、拒绝或妨碍依法监督检查、未按规定申请批准农业保险条款或费率或使用经批准或备案的农业保险条款或费率、未按规定把农业保险业务跟其他保险业务分开管理并单独核算损益、利用开展农业保险业务为其他组织或个人谋取不正当利益、骗取保费补贴、挪用截留侵占保险金以及直接负责的主管人员和其他直接责任人员等的法律责任。如果进一步考察这些规定就不难发现，现行农业保险法律责任制度的设计仍存在着明显不足。主要表现为有关投保人和被保险人以及政府的法律责任的规定基本缺失。在《农业保险条例》的法律责任条款中，只有第30条第1款关于骗取保费补贴的规定会适用于投保人和被保险人与农业保险人恶意串通骗取保费补贴的情形，以及农业保险行政监管机构或财政部门及其工作人员与农业保险人恶意串通骗取保费补贴的情形，其他均跟投保人和被保险人以及政府的法律责任无关。此外，受《农业保险条例》第31条"保险机构违反本条例规定的法律责任，本条例未作规定的，适用《中华人民共和国保险法》的有关规定"的规定限制，《保险法》第178条对保险监管机构从事监管工作的人员在七种情形下的行政责任所作的规定，也并不适用于农业保险的相同情形。

公力救济机制不完善的最大利益受损方是作为弱势群体的农业生产经营者。在与政府、农业保险人、农业保险中介人的关系中，农业生产经营者通常处于相对或绝对的弱势地位，在发生纠纷后寻求协商和解等私力救济的过程中常得不到平等、公正对待，合法权益得不到有效维护。然而再放眼公力救济机制，虽然表面上有法院、仲裁庭、调解委员会、劳动保障监察等各种权力救济机构，但这些渠道对农业生产经营者来说都相当不通畅，他们也很少去找这些部门。一方面，是现行法律体系特别是农业保险法律体系的不完善，不能保障公力救济机制的常态化、制度化运行。有关

---

① 余军、朱新力：《法律责任概念的形式构造》，《法学研究》2010年第4期，第162页。

农业保险公力救济的国家机关、权利保障范围、救济方式等规定不明确，不具有普适性，增加了农业生产经营者维权的成本，其诉诸公力救济的想法往往因为公力救济不确定因素多、结果难以预测且在相当程度上不具终局性和执行难等问题而被搁置。另一方面，高昂的成本也是农业生产经营者对公力救济望而却步的症结所在。在农业保险公力救济中，当事人需要耗费的成本主要包括诉讼费、代理费以及时间成本、机会成本、人力成本等，维权成本的居高不下是农业生产经营者对公力救济缺乏信心的主要原因，导致公力救济欠缺实效性。

农业保险公力救济机制不到位增加了农业生产经营者等当事人的维权成本，使农业保险主体的各类行为难以受到法律的评价和导引，公力救济主体的权威性、程序的合法保障性、结果的强制有效性等方面优势得不到充分发挥。一旦农业保险主体的任何一方利益因他方或第三人的不当行为而受损时，受损方难以借助司法等国家的力量寻求公平、公正和及时的救济，致使多方之间特别是农业生产经营者同其他主体之间的关系得不到清晰的梳理，潜在利益矛盾无法得到及时有效的缓和与化解，不利于维护农业保险主体之间利益结构的均衡性和稳定性。

❖ 第二编 ❖

农业保险利益失衡法律协调的总体思路

第四章　农业保险利益结构目标模式的立法框定

实现农业保险可持续发展的战略要求，决定了从利益失衡到利益均衡是我国农业保险利益结构演进的必然路径。而农业保险利益结构演进与农业保险制度变迁密不可分。一方面，农业保险制度的非均衡即农业保险制度供给和制度需求这一对对立变量的不一致状态，极易造成农业保险利益结构失衡。以三大主体之间的利益失衡为例，对保险公司和农业生产经营者的农业保险补贴与政府绩效之间的矛盾，体现出农业保险补贴等方面制度的供求严重脱节；对农业生产经营者赔付率的偏高与保险公司商业化经营目标之间的矛盾，体现出农业原保险人、农业原保险合同、农业再保险、农业保险基金等方面制度的供求失衡；保险公司按商业化标准厘定的保险费率居高不下与农业生产经营者对保险消费的心理支付能力较弱之间的矛盾，体现出农业原保险费率、农业原保险合同等方面制度的供求失衡；信息不对称状态下农业生产经营者的逆选择和道德风险行为特别严重与保险公司经营风险控制之间的矛盾，体现出农业保险监管等方面制度的供求严重脱节。另一方面，农业保险制度的均衡即农业保险制度供给和制度需求这一对对立变量的相一致或相适应状态，可以促进农业保险利益结构均衡。如前所述，三大主体间的利益冲突增加了交易费用，使一方受益而使他方受损，造成了农业保险产品的越位供给、错位供给与无效供给。针对这些问题，农业保险利益协调的任务和目标就是：尽可能在各方协商一致基础上推进农业保险改革，减少改革阻力，降低改革成本；通过适当的利益补偿机制调动农业保险改革中的利益受损者参与改革的积极性，防止其利益受损；实行行业自律与组织化，特别是增强农业生产经营者的谈判能力；明确农业保险产品的供给主体及其权义范围。而根据国内有关学术观点，减少交易费用、构建利益补偿机制、打破既得利益阶层或扶持新的利益群体、合理界定各参与方制度供给边界等，是实现制度均衡的几种基本手段。[①] 农业保险制度均衡当然也不例外。这表明，农业保险各主体之间的利益均衡即农业保险利益结构均衡同农业保险制度均衡之间存在着本质的必然的联系，它们好比硬币的两面，互为表里，互为对方的体现和反映。综上所述，农业保险利益结构从失衡到均衡的过程，实际上是农业保险制度非均衡向农业保险制度均衡的转变过程，或者说，是从人们对现行农业保险制度的一种不满意或不满足、意欲改变的状态，向人们对理想的农业保险制度的一种满意或满足、无意改变的状态转变的"帕累托改进"的过程。

制度是为规范人们相互关系而人为设计的一些游戏规则。作为正式制度，法律对人们的行为具有强制性的规范作用，具有其他制度无可比拟的权威性。法律通过权义设定来实现对社会关系的调整，而权义都只不过是社会的利益配置关系的表征与结果。故法律和利益之间从来就有着不解之缘。马克思早就阐述过法律反映利益要求的思想："法律应该以社会为基础。法律应该是社会共同的、由一定物质生产方式所产生的利益和需要的表现。"[②] 美国社会法学派代表人物庞德等也认为，法律的任务就是确认和保障人们的利益。[③] 特别是，法律在通过法律关系主体之间的利益平衡来协调人们之间的利益冲突方面，作用尤为显著。在利益法学看来，法律命令源于各种利益冲突。[④] 但由于社会资源的稀缺性，任何立法都无法实现每个利益主体的绝对利益最大化，而只能促使相互冲突的利益达至均衡，实现相对利益最大化，故民主的立法实际上追求的是利益均衡。正如博登海默所指出的，法律的主要功能之一在于协调各类相互冲突的利益，不管是个人利益或是社会利益。[⑤] 同理，由于我国当前农业保险制度供给严重滞后于

---

① 李海伟：《论制度变迁中的供给和需求错位》，《生产力研究》2005 年第 3 期，第 18 页。

② 马克思：《对民主主义者莱茵区域委员会的审判（马克思的发言）》，《马克思恩格斯全集》（第 6 卷），人民出版社，1979，第 289 页。

③ 黄辉明：《利益法学的源流及其意义》，《云南社会科学》2007 年第 6 期，第 78 页。

④ Philipp Heck. The Formation of Concepts and the Jurisprudence of Interests Selected from the Jurisprudence of Interests，Magdalena Schooch（translated and edited），Harvard University Press，1948，p. 158.

⑤ E. 博登海默：《法理学——法律哲学与法律方法》，邓正来译，中国政法大学出版社，1999，第 398 页。

农业保险制度需求，表现出典型的供给不足型制度非均衡，因而农业保险利益结构的均衡也主要有赖于法律保障的强化，特别是有赖于法律对农业保险利益关系的有效平衡，[①] 即一方面扩大相关主体的义务和责任，并限制其权利（权力），另一方面相应扩大其交易相对人的相关权利（权力），并限制其义务和责任。

第一节　均衡型利益结构是农业保险利益结构的最佳目标模式

依法经济学的观点，均衡即平衡，意指主体各方均同时达至最大目标而趋于持久存在的互动形式。[②] 以利益结构是否均衡为标准，农业保险利益结构不外乎非均衡型和均衡型两种。在此基础上，又可根据主导因素的不同，进一步将其细分为市场主导的非均衡型、市场主导的均衡型、政府主导的非均衡型和政府主导的均衡型四种。从域外情况来看，不同国家和地区在同一时期所选择的农业保险利益结构目标模式不尽相同。如，澳大利亚、德国和毛里求斯，菲律宾、美国，以及印度目前选择的农业保险利益结构分别属市场主导的非均衡型、市场主导的均衡型、政府主导的非均衡型和政府主导的均衡型。同一国家和地区在不同时期所选择的农业保险利益结构目标模式可能也不同。如，法国在 1900 年以前选择的农业保险利益结构属市场主导的非均衡型，在 1900 年《农业互助保险法》出台后选择的 20 世纪农业保险利益结构属市场主导的均衡型，从 20 世纪 60 年代起随着国家干预和支持力度的加大，其选择的农业保险利益结构转为政府主导的均衡型；美国在 1938 年以前选择的农业保险利益结构属市场主导的非均衡型，在 1938 年《联邦农作物保险法》出台后选择的农业保险利益结构属政府主导的非均衡型，自 20 世纪 80 年代起随着几部新农作物保险法的陆续出台，它选择的农业保险利益结构转为政府主导的均衡型。

在 20 世纪三四十年代的民国时期，我国选择的农业保险利益结构属市

---

① 参见黄亚林《政策性农业保险各主体利益协同研究》，博士学位论文，湖南农业大学，第 1 页。

② 罗伯特·考特、托马斯·尤伦：《法和经济学》，张军等译，上海三联书店，1991，第 22 页。

场主导的非均衡型。新中国成立之初的 20 世纪 50 年代，我国选择的农业保险利益结构属政府主导的非均衡型；1982 年恢复开办农业保险之后的十年中，我国选择的农业保险利益结构属政府主导的均衡型；1994 年之后的十余年，我国选择的农业保险利益结构属市场主导的非均衡型；2007 年至今，我国选择的农业保险利益结构属政府主导或引导的基本均衡型，即政策性基本均衡型。可见，我国农业保险利益结构的目标模式一直处于探索变动之中，在农业保险法律、行政法规出台之前，还不能说已有最终定论。但毋庸置疑的是，2001 年加入世界贸易组织（WTO）对我国政策性基本均衡型农业保险利益结构的形成起到了巨大促进作用。加入 WTO 有利于我国迅速确立政策性农业保险的法律地位。WTO《农业协定》附件 2 中第 1 款所作的"……要求免除削减承诺的所有措施应符合下列基本标准：（a）所涉支持应通过公共基金供资的政府计划提供（包括已放弃的政府税收），而不涉及来自消费者的转让……"、第 7 款所作的"收入保险和收入安全网计划中政府的资金参与……"和第 8 款所作的"自然灾害救济支付（直接提供或以政府对农作物保险计划资金参与的方式提供）……"的规定①，均为各成员方选择政策性农业保险模式提供了国际法依据。正是在此背景下，我国一改以往对政策性农业保险采取正面回避的立法立场，于入世后的第二年即 2002 年修订的《农业法》第 46 条第 2 款，对 1993 年出台的《农业法》第 31 条第 1 款所作"国家鼓励和扶持对农业的保险事业的发展"的规定，进行了重大修改，而明确规定："国家逐步建立和完善政策性农业保险制度。"2012 年出台的《农业保险条例》第 3 条更是明确提出我国要"健全政策性农业保险制度"。这些规定表明，为实现与 WTO 规则接轨，政策性基本均衡型农业保险利益结构也开始成为我国农业保险利益结构目标模式选择的基本方向。②

那么，我国在未来农业保险立法中，选择哪一种农业保险利益结构合适呢？笔者认为，政府主导或引导的基本均衡型农业保险利益结构应为我国农业保险利益结构目标模式的最佳选择，并应被立法确认和保障。除此

① 《农业协定》，https://baike.baidu.com/item/%E5%86%9C%E4%B8%9A%E5%8D%8F%E5%AE%9A/12689768，最后访问日期：2025 年 1 月 24 日。
② 王艳：《论入世对我国农业保险立法的影响》，硕士学位论文，湖南大学，第 29~30 页。

类利益结构已成为域内外农业保险利益结构的主要模式，还有以下两个方面的原因。

　　一方面，农业保险的可持续发展从根本上有赖于均衡型农业保险利益结构的构建。除了事后的灾害救济和国家财政救灾补贴外，农业保险在学界还被广泛地认为是一种最重要的农业风险管理机制，它不但有利于农业风险的事前管理，更重要的是它通过建立保险基金能将农业灾害损失在全体投保人甚至全社会中进行有效分摊。[①]　其实，这种看法还不够全面，它掩盖了农业保险的更广泛的作用。农业保险除了具有通过改善农业生产的资金条件（农村金融深化）、改善农业生产的管理（如农业产业化）与技术条件、改善农业生产的公共基础设施条件来推动农业可持续发展，通过防灾减损、增进农户福利来保障农业生产经营者增收等支农扶农方面的基本功能外，还具有通过缓和或化解农村社会矛盾（促进农村社会事务的民主管理）、促进乡风文明来促进农村和谐，通过发挥双重正外部性效应、保障粮食安全来提高社会福利水平，以及转变政府支农职能等多重功能。此外，农业保险还是WTO《农业协定》所规定的免予削减的绿箱政策之一。正因如此，农业保险是我国农业保护政策的基本发展方向，农业保险的可持续发展是我国和谐社会建设的时代要求。但农业保险涉及投保人、被保险人、农业原保险人、农业再保险人、农业保险中介人、农业大灾保险基金管理人、农业保险优惠贷款的借款人和贷款人、农业保险补贴人、农业保险监管机构等众多主体之间错综复杂的利益关系。如果这些利益关系的某些方面处理不好，就可能影响农业保险的正常发展，特别是其中某些重要利益关系的失调可能直接导致农业保险的严重倒退。可见，农业保险的持久健康发展需要各种利益关系的总体平衡即农业保险利益结构的均衡。

　　另一方面，均衡型农业保险利益结构的构建需要政府主导或引导。政府主导或引导是均衡型农业保险利益结构得以形成和发展的最重要影响因素。究其原因，有以下几点。（1）政府是农业保险产品的关键提供者。农业保险属于准公共产品。对于农村准公共产品的提供，市场机制可发挥一定作用，但由于农村公共产品的基础性、效益的外溢性特征，政府仍应居

[①]　谢家智等：《中国农业保险发展研究》，科学出版社，2009，前言部分第Ⅱ页。

主导地位、发挥主要作用。（2）政府是农业保险的第一需求者。农业是基础性产业，是国民经济的基础。同时，农业又是弱质产业，主要表现为受自然灾害（如天灾以及病虫害等）的影响大。我国农业自然灾害具有发生频率高、影响范围广、突发性强且难以准确预测、持续时间长、动物疫病扩散快等特点，[①] 由此造成的农业经济损失非常严重。而且，由于农业生产的周期长，市场行情可能在生产周期结束时发生了变化，从而使农业生产的市场风险不可避免。所有这些因素使农业经济具有不稳定性特点。农业经济的不稳定性同其在国民经济中所处基础地位产生矛盾，故一些国家的政府一直在探索利用保险方法分散农业风险的可行性。许多国家之所以热衷于使用农业保险的方法来补贴农业和农民，主要是因为农业保险所能动员的补偿灾害损失的资金、对受灾农民的经济补偿水平是任何其他行政的、社会的补偿手段所不能比拟的，也是最有效的。事实上，各国特别是我国这样一个约有 14 亿人口的发展中国家，是非常需要农业保险的。但对于农业生产经营者来说，利用农业保险来分散风险的意识和要求并不强。长期以来，农户通过自己的一些方式来化解农业生产中的风险，如调整家庭收入结构以使农业收入的比重下降、依靠政府救灾、平滑消费或听天由命。而对于农业保险这样一种需要自己付出成本的方式，农户并不是很感兴趣。如，湖南省 2008 年初的冰灾中就出现 1300 万亩油菜被冻死而未投保任何农业保险产品的情形。造成这一窘境的主要原因之一是老百姓对保险的认识不足，缺乏投保意识。[②] 因此，从宏观上，从安全上，从经济结构、社会保障等多个方面考察，政府需要农业保险，是农业保险的第一需求者。（3）政府是农业生产经营者参与农业保险的主要推动者。在没有政府支持的情况下，农业生产经营者对农业保险有效需求严重不足。这会导致农业保险经营的规模小。由于规模过小、覆盖面窄、风险集中，保险额损失率、赔付率必然升高，加上农业保险价格不能定得太高等因素，保险人难以在农业保险经营中获得直接经济利益，从而不能刺激农业保险有效供给的增加。供需双冷的特点严重制约农业保险的发展。而试点经验表明，政府的积极

---

① 王曼：《推进农业保险体系构建，完善我国农业防灾救灾体系》，《调研世界》2010 年第 5 期，第 20 页。

② 高文：《罕见雪灾下的农业保险》，《农家参谋》2008 年第 4 期，第 1 页。

推动能显著提高农业生产经营者对农业保险的参与率。（4）政府是农业保险人开展农业保险的根本保障者。在现代经济与社会背景下，公共利益应成为政府治理的正当性依据和判准。① 由于农业保险属于准公共产品，如果政府对农业保险人经营农业保险不提供政策扶持，则农业保险人的边际私人成本将远高于边际社会成本，而边际私人收益远小于边际社会收益。于是，以利润最大化为目标的商业性农业保险人以及以保本微利为目标的政策性和合作性农业保险人，按照边际成本等于边际收益的原则确定农业保险的均衡量，结果是农业保险人的最佳"生产量"小于社会最佳规模，从而造成农业保险产品的"供给不足"。鉴于此，为实现社会效益最大化、调动各类保险机构经营农业保险业务的积极性，迫切需要政府提供全方位的政策扶持。更恰当地说，政府主导或引导应是防治农业保险产品供给不足的根本出路。②

至于在立法技术上，笔者主张由《农业保险法》以目的性法条形式，对此目标模式予以直接确认和保障。由于农业保险法是介于社会保险法与商险法之间的一种政策性保险法，故可在综合参考相关立法目的性条款的基础上恰当地进行立法表达。《中华人民共和国社会保险法》（以下简称《社会保险法》）第1条规定："为了规范社会保险关系，维护公民参加社会保险和享受社会保险待遇的合法权益，使公民共享发展成果，促进社会和谐稳定……制定本法。"《保险法》第1条规定："为了规范保险活动，保护保险活动当事人的合法权益，加强对保险业的监督管理，维护社会经济秩序和社会公共利益，促进保险事业的健康发展，制定本法。"《农业保险条例》第1条规定："为了规范农业保险活动，保护农业保险活动当事人的合法权益，提高农业生产抗风险能力，促进农业保险事业健康发展……制定本条例。"综上，建议由《农业保险法》第1条作出如下规定："为了规范农业保险活动，保障政府、农业生产经营者与农业保险人等农业保险活动当事人的合法权益，促进农业保险供需平衡，完善农业支持保护体系，增强农业生产抵御自然风险与市场风险等的能力，维护城乡社会经济秩序，实现社会效益最大化……制定本法。"

---

① 冯辉：《公共利益、政府规制与实质法治》，《政法论坛》2024年第2期，第132页。
② 陈运来：《农业保险法原论》，中国检察出版社，2015，第28~34页。

第二节　均衡型农业保险利益结构的基本特征

政府主导型农业保险利益结构不一定都均衡，反之，均衡型农业保险利益结构也不一定都由政府主导。政府主导的均衡型农业保险利益结构是政府主导型农业保险利益结构和均衡型农业保险利益结构的结合，这就决定了它具有以下几个方面的基本特征。

一　政府主导或引导

按社会契约论的观点，政府的权力源自公众的权力让渡。这种权力的让渡要求政府成为公众利益的忠实代表，政府在效率和公平等价值的选择上应体现公众的利益诉求。也就是说，政府应凭借其法定权力对社会经济活动进行必要的激励和制约，以实现社会福利的最大化。[①] 可见，由政府主导或引导我国农业保险利益结构会比较容易使此类利益结构趋于均衡。

综合学界观点并借鉴域内外经验，笔者认为，我国政府对农业保险利益结构的主导或引导作用主要体现为以下几点。（1）充当农业保险制度的主要供给者。基本做法是，由国务院先行制定"农业保险条例"之类的专门性农业保险行政法规；在条件成熟后，再推动全国人大常委会制定"农业保险法"；当然也鼓励有条件的地方适时出台农业保险方面的地方性法规或地方性规章；[②] 在农业保险法律法规、规章出台后，应顺应时势的变化，及时对农业保险法律法规、规章进行修订。从制度建设的内容看，应厘清农业保险中政府与市场的边界，并将重心放在对地方政府行为的规范与约束上。[③]（2）参与政策性农业原保险业务的招标或经营。美国学者莱特（Wright）与休伊特（Hewitt）在 20 世纪 90 年代对美国、加拿大等多个国家的研究发现，历史上利用私营保险机构来开办农作物多重险或一切险的尝

[①] 衡霞、翟柏楼：《乡村治理标准化：理论逻辑·体系框架·实现路径》，《吉首大学学报》（社会科学版）2023 年第 4 期，第 23 页。

[②] 例如，2015 年 1 月 15 日浙江政府颁布并于同年 3 月 1 日起施行了《浙江省实施〈农业保险条例〉办法》。

[③] 何小伟、王京虹、朱俊生：《农业保险市场违法违规行为的特征及其治理——基于法院判决及监管处罚案例的分析》，《保险研究》2022 年第 2 期，第 44~46 页。

试，无一能取得成功。[1] 在《公司法》实施之后的 10 年时间里，我国在农业保险发展中所遇到的问题，也充分表明纯商业化的经营模式在农业保险实践中几乎是行不通的。[2] 鉴于此，为严把农业保险业的市场准入关，建议由地方政府通过招标来精心挑选经营主体，或组建带国资背景的政策性或商业性农业原保险人来经营此类业务。其实质是，政府充当这些农业原保险人靠山或作为它们的经济后盾。相应地，这些农业原保险人乃政府农业部门或财政部门指挥控制下的农业机构的一部分，也是政府农业政策工具的一部分。(3) 对农业保险进行有力的经济扶持。这是政府财税部门在农业保险中重要作用的体现。经济支持主要是指提供农业保险补贴，包括直接补贴类的财政补贴和间接补贴类的税收优惠。(4) 推动建立农业大灾风险保障体系。这包括建立多方参与的全国性农业大灾保险基金，完善多级财政补贴下的农业再保险经营体系，从而形成高效的农业大灾风险转移机制。(5) 对农业保险进行必要的行政支持。这涉及宣教、展业、信息服务和技术服务、人才培养等多方面。其中，地市级和县区级政府在农业保险的市场运作中往往发挥着关键作用。综上，此类农业保险利益结构的政府主导或引导性特征表明，我国应通过相关立法明确选择政府主导或引导型政策性农业保险模式。(6) 对农业保险进行监管。农业保险行政监管部门负责对农业保险各类行为主体及其开展的农业保险活动依法进行监管，配合研究制定农业保险政策，加强对农业保险人业务合规、承保理赔等经营行为的监管检查和处罚，保护农业保险消费者的合法权益等。[3]

二　利益主体多元且分工合作有序

经济转型期的基本特征是利益分化明显，社会分化、阶层分化、地域分化和产业分化并存，并由此导致利益主体、利益需求、利益矛盾等的多元化。[4] 具

---

[1] Wright, B. D., and J. D. Hewitt, *All Risk Crop Insurance: Lessons From Theory and Experience.* Giannini Foundation, California Agricultural Experiment Station, Berkeley, 1990, April.

[2] 舒伟斌、陈运来：《农业保险法定模式的选择》，《江西社会科学》2010 年第 6 期，第 181~182 页。

[3] 谭莉、丁少群：《多主体如何协同推进农业保险高质量发展？——基于市场运作视角的案例研究》，《保险研究》2023 年第 9 期，第 49 页。

[4] 于瑶、李红权：《社会转型期利益分化对政府治理的挑战及应对》，《东北师大学报》（哲学社会科学版）2018 年第 6 期，第 106 页。

体到农业保险领域,虽然《农业保险条例》已颁行了 10 余载,但我国在未来相当长时期内仍将处于农业保险转型期。这就会给农业保险治理尤其是其中的政府治理带来不少的考验和挑战。因此,农业保险利益结构的合理构建需要由政府以微观参与者、宏观调控者与市场管理者的三重身份,来回应多元利益主体的多样性利益诉求,以调节利益矛盾,从而实现良法善治。

政府主导的均衡型农业保险利益结构所涉利益主体众多。为维护利益结构的稳定性,各利益主体既明确分工,又密切合作。其中,分工上的明确性主要表现为:农业生产经营者主要从事初级农产品的生产经营活动,农业保险人从事农业保险业务经营活动;农业原保险人和农业再保险人分别从事农业原保险业务经营活动和农业再保险业务经营活动;农业保险中介关系的委托人从事农业生产经营活动或农业保险业务经营活动,农业保险中介人从事农业保险中介活动;农业保险优惠贷款的借款人从事农业生产经营活动或农业保险业务经营活动,贷款人从事涉农直接放贷活动;政府实施与农业保险的规划、组织与运作有关的抽象行政行为和具体行政行为等。合作上的密切性主要表现为:农业生产经营者是农业原保险合同关系中的投保人和(或)被保险人,农业原保险人是农业原保险合同关系中的承保人;农业原保险人是农业再保险合同关系中的投保人和被保险人,农业再保险人是农业再保险合同关系中的承保人;农业保险中介关系的委托人有义务向农业保险中介人支付约定的佣金,农业保险中介人有义务为委托人提供约定的农业保险中介服务;农业保险优惠贷款的借款人有义务按期还本付息,贷款人有义务按借款合同约定的条件提供农业保险优惠贷款;政府为农业保险市场主体的利益保障提供统一的制度框架,并为相关市场主体提供强有力的经济支持和行政支持等。这种分工上的明确性和合作上的密切性能在很大程度上确保农业保险利益结构的井然有序。

三 利益调整机制科学

如前所述,利益调整机制包括自行性调节机制、政策性平衡机制与强制性干预机制三种。第一种机制通过社会关系一方主体的权利(义务)对另一方主体的权利(义务)来自行制约,即通过"权利(义务)←→权利

（义务）"的关系来实现利益调整的目的，在农业保险领域主要表现为合同机制与自治机制，尤以合同机制为主。第二种机制通过对公理的修正或政策的增加，结合自行性调节和强制性干预的方式，并对某种利益进行一定程度的倾斜性保护，来实现利益的平衡，在农业保险中主要体现为费率机制和补贴机制等。第三种机制则直接运用国家权力并以行政管理和法律制裁之类的强制手段对利益关系作出调整，即通过"权力←→权利"的关系来达到调整利益的目的，在农业保险中主要体现为行政监管机制和公力救济机制。[①]

政府主导或引导的均衡型农业保险利益结构所需要和体现的利益调整机制十分科学。

一是利益调整机制完整。此类农业保险利益结构所涉利益主体众多。政府、投保人（被保险人）和农业保险人之间，各级政府及各政府部门之间，投保人（被保险人）之间，农业保险人之间，投保人（被保险人）、农业保险人同农业保险中介人之间，以及投保人（被保险人）、农业保险人同农业保险优惠贷款人之间的农业保险利益关系各不相同，由此导致农业保险利益结构的内部构成异常复杂。而不同农业保险利益关系所对应的利益调整机制既可能相同，也可能不完全相同或完全不同。一般来说，私-私农业保险利益关系的调整显然主要依赖自行性调节机制和政策性平衡机制，而辅之以强制性干预机制；公-私农业保险利益关系和公-公农业保险利益关系的调整则主要依赖政策性平衡机制和强制性干预机制的密切配合（但允许必要时有所偏重），有时需辅之以自行性调节机制来发挥基础或润滑作用。可见，此类农业保险利益结构的维系依赖上述三类利益调整机制的共同作用。

二是利益表达畅通。利益表达是指利益主体通过一定的渠道和方式，向外界表明己方利益要求，以促使相关部门或人士在知晓后，采取相关措施保障所诉求利益的实现。有学者明确指出，政治过程的运作及利益的综合和实现，均以利益表达为起始。[②] 也就是说，先有利益表达，然后才有诱致性或强制性制度变迁，我国农业保险的强制性制度变迁尤其如此。据此，

---

① 张文显：《法理学》，法律出版社，2004，第221页。
② 刘丽洁、李业顺：《论利益群体的经济法特性》，《商业时代》2012年第6期，第109页。

建立通畅的利益表达渠道是农业保险利益均衡得以实现的十分重要的制度性前提和基础。也就是说，在此类农业保险利益结构中，利益表达渠道，特别是作为弱势利益主体的农业生产经营者对作为强势利益主体的农业原保险人、作为弱势利益主体的农业生产经营者和农业保险人对作为强势利益主体的政府、作为弱势利益主体的地方政府对作为强势利益主体的中央政府的利益表达渠道，需畅通无阻。

三是利益分配合理。利益分配是不同利益主体，依一定的社会规范，对一定的利益（含自然资源、社会资源及其他相关利益）进行配置的动态经济过程。农业保险领域的利益分配始于农业保险诞生之初。当时可供分配的利益总量非常有限，故基本通过市场进行利益分配。随着利益总量的日益增长，包括市场障碍、市场的唯利性、市场调节的被动性和滞后性等在内的市场缺陷不断显现，市场机制在对与农业保险发展相关的利益的分配上已体现出不足。于是，为维护农业保险利益分配的公平性和效率性的平衡，政府介入尤其是政府主导开始成为农业保险领域利益分配的新模式。可见，在经济学意义上，即使将利益分配的合理性视为此类农业保险利益结构的本质特征，也并不为过。

四是监管高效。高效监管是金融监管的一项基本原则。那么，如何评价监管的有效性？学术界一般认为，若在实现监管目标时，对该行业的经营活动带来的附带损失最小，则此种监管被视为是有效率的。农业保险监管当然也不例外。但农业保险较为复杂，要实现高效监管并非易事。事实上，在法制不健全的国家，农业保险监管往往是缺乏效率的。正因如此，此类农业保险利益结构是在农业保险发展到较高阶段才形成的。这一阶段对法治建设的较高要求，既有利于农业保险监管对农业保险利益主体特别是农业保险供需双方合法权益的保护，也有利于农业保险监管机构降低自身的监管成本。

五是法律救济有力。法律救济的作用主要是修正偏差和惩恶扬善。此类农业保险利益结构的形成和发展显然离不开强有力的法律救济机制。原因在于以下两方面。一方面，政府的有限理性决定了政府主导存在可能导致政府失灵的消极性的一面，主要表现为政府的过度干预会导致农业保险市场的效率缺失，从而不利于农业保险的可持续发展。政府这一局限性的克服在一定程度上有赖于农业保险法律救济机制的纠偏功能的发挥。如，为防止政府越权行使农业原保险费率厘定权，应先行修改《中华人民共和国行政复议法》（以下简称《行政复议法》）第7条的抽象行政行为附带审查规定从而确立抽象行政行为独立审查制度，[①] 修改《中华人民共和国行政诉讼法》第12~13条的行政诉讼受案范围规定，从而将此类诉讼的受案范围扩展至部分抽象行政行为——制定规章以下层次的行政规范性文件的抽象行政行为。在此基础上，允许作为农业保险费率厘定权的正当权属主体的农业保险人以政府的上述抽象行政行为侵犯其合法的经营自主权为由，向行政复议机关申请审查该抽象行政行为或直接提起行政诉讼。另一方面，农业保险利益结构的均衡性的实现以农业保险纠纷的及时、合理解决为前提条件，而纠纷的及时、合理解决有赖于强有力的农业保险法律救济机制的建立。

第三节　均衡型农业保险利益结构的立法表达

在立法技术上，笔者主张由《农业保险法》以目的性法条形式，对均衡型农业保险利益结构的目标模式予以直接确认和保障。由于农业保险法是介于社会保险法与商险法之间的一种政策性保险法，故可在综合参考相关立法目的性条款的基础上恰当地进行立法表达。《社会保险法》第1条规定："为了规范社会保险关系，维护公民参加社会保险和享受社会保险待遇的合法权益，使公民共享发展成果，促进社会和谐稳定，根据宪法，制定本法。"《保险法》第1条规定："为了规范保险活动，保护保险活动当事人的合法权益，加强对保险业的监督管理，维护社会经济秩序和社会公共利益，促进保险事业的健康发展，制定本法。"《农业保险条例》第1条规定："为了规范农业保险活动，保护农业保险活动当事人的合法权益，提高农业生产抗风险能力，促进农业保险事业健康发展，根据《中华人民共和国保

[①] 依《行政复议法》第7条规定，公民、法人或其他组织认为作为行政机关具体行政行为依据的抽象行政行为不合法的，可在对具体行政行为申请行政复议的同时，一并提请行政复议机关对该抽象行政行为作出审查。我国目前此类针对抽象行政行为的附带审查制，并未赋予公民、法人或其他组织对违法抽象行政行为的行政复议申请权，难以充分保障行政相对人的合法权益。故应对抽象行政行为附带审查规定作出修改，确立抽象行政行为独立审查制，从而让受违法抽象行政行为侵害的行政相对人能直接对这种违法行政行为提起行政复议。吴江峰：《抽象行政行为的侵权问题研究》，硕士学位论文，吉林大学，第25页。

险法》《中华人民共和国农业法》等法律，制定本条例。"综上，建议由《农业保险法》第 1 条作出如下规定："为了规范农业保险活动，保障政府、农业生产经营者与农业保险人等农业保险活动当事人的合法权益，促进农业保险供需平衡，完善农业支持保护体系，增强农业生产抵御自然风险与市场风险等的能力，维护城乡社会经济秩序，实现社会效益最大化，根据《中华人民共和国保险法》《中华人民共和国农业法》等法律，制定本法。"

第五章　有关利益均衡的农业保险法
基本原则的确立

第一节　农业保险法基本原则的利益协调效应

农业保险法基本原则是贯穿于农业保险法的始终，彰显其基本价值，并规制农业保险的立法、执法、司法和守法活动之根本行为准则。作为农业保险法的三大基本要素之一，[①] 农业保险法基本原则理所当然以平衡农业保险利益关系这种特殊的社会关系为一项重要任务。但与农业保险法律规则相比，农业保险法基本原则在协调农业保险利益关系中具有以下显著效应。（1）根本性。法的价值是法的灵魂，是法基于自身的客观实际而对于人所具有的意义和人关于法的绝对超越指向。[②] 而农业保险法基本原则作为农业保险法价值的概括性宣示和主要载体，在农业保险法律规范体系中，必然具有内容的根本性和效力的最高性，通过它们可推导创设出相配套的农业保险法律规则。从这个意义上说，农业保险法基本原则对农业保险利益关系的协调，最能深刻反映农业保险利益关系处理的本质要求，是对农业保险法公平与效率等价值在农业保险法的制定和实施中的根本性贯彻。（2）正当性。德沃金认为，法律原则之所以应得到遵守，并非在于它的因势利导，而在于它合乎公平、正义或其他道德层面之要求。[③] 也就是说，法律原则的权威性主要不是来源于国家强制力，而是来源于内容的正当性。

[①] 法理学通说认为，法律概念、法律原则和法律规则是法律的三大基本要素。据此，农业保险法的基本要素也应包括上述三个方面。

[②] 卓泽渊：《法的价值的诠释》，《苏州大学学报》（哲学社会科学版）2005 年第 5 期，第 14 页。

[③] Ronald Dworkin, *Taking Rights Seriously*, Mass, Cambridge: Harvard University Press, 1978: 22.

农业保险法基本原则当然也不例外。特别是社会效益至上原则，就典型地体现了工农关系和农业保险关系演进中的公平、正义和道德层面的要求。这就使得农业保险法基本原则在协调农业保险利益关系中，天然地居于道德高地，具有农业保险法律规则难以超越的正当伦理性。（3）全局性。如前所述，农业保险法基本原则往往贯穿于农业保险法的始终，在农业保险法律规范体系中居于统帅地位，并成为各类农业保险相关活动应遵循的根本行为准则。这就要求农业保险法基本原则应具有高度的宏观性，以体现农业保险及其法律制度的发展乃"一盘棋"的系统论思想。如，有学者近年分析指出，《农业保险条例》所规定的"政府引导、市场运作、自主自愿、协同推进"原则是指导我国农业保险发展的基本方针，它也清楚地表明政策性农业保险所建立的是一种由政府和市场共同参与的公私合作模式。正是这一宏观性特征使其对农业保险利益关系的协调高屋建瓴，立足于全局而非局部。这显然十分有利于推动农业保险利益关系的协调能突破有关利益集团的重重束缚。（4）非严格规范性。如其他法的基本原则一样，农业保险法基本原则不预设确定的事实状态，不规定具体的权利义务和确定的法律后果。这使其对农业保险利益关系的协调有赖于人们正确理解、解释或适用农业保险法。（5）强制性。与农业保险法律规则既包括强制性规范又包括任意性规范不同，农业保险法基本原则均为强制性规范。这是因为，农业保险法基本原则体现着农业保险法的核心价值，具有根本性。若允许农业保险法律关系主体对这些原则置之不理，就有可能动摇整个农业保险发展的根基。因此，农业保险法律关系主体不得对这些原则作出自主选择，而应无条件遵循。不过，农业保险法基本原则在农业保险利益关系协调中的强制性，不如农业保险法律规则的强制性表现得那么直接。按基本原则的要求，法官在裁判与特定基本原则有关的具体案件时，应将此原则作为一个考量因素；只有当法律原则被用作裁判之直接依据时，其强制性才会直接表现出来。① 综上，鉴于农业保险法基本原则在农业保险利益关系协调中具有独特而重要的作用，此类基本原则的确立就显得尤为必要。

---

① 董玉庭：《论法律原则》，《法制与社会发展》1999 年第 6 期，第 68 页。

第二节 农业保险法基本原则体系构建的逻辑起点：农业 保险法的实质到底是经济法还是商法？

农业保险法基本原则体系的科学构建以此类法律的部门法归属判定为前提和基础。原因在于，在每个部门法体系内，子部门法基本原则的确立会受到该部门法基本原则的显著影响。比如，证券法的公开原则根源于商法的保障交易安全原则，公平原则根源于商法的维护交易公平原则，公正原则根源于商法的上述两大原则。

根据目的及承办机构等的不同，可在广义上将保险分为商业保险、政策性保险与社会保险三类。① 商业保险是营利保险，政策性保险与社会保险是非营利保险。② 相应地，广义保险法也包括商业保险法、政策性保险法与社会保险法。

在部门法归属上，商业保险法属于商法范畴已成学界和立法界的普遍共识。政策性保险法作为政策性金融法的重要组成部分，显然属于经济法中的宏观调控专项法范畴，但由于政策性保险仍是一种由国有或私营保险机构实施的以合同为媒介的服务性经营行为，具有商业行为的重要形式特征（营业性与实质特征）——市场交易性，故政策性保险法也必然具有商法的某些重要特征，如自治性以及私法与公法结合的二元性等。社会保险法作为社会保障法的主要组成部分，当然属于经济法中的宏观调控相关法③范畴。鉴于此，以《保险法》为核心的一般商业保险法与以未来为核心的政策性保险法之间的关系，④ 不宜将其简单地界定为一般法与特别法的关系，而更宜将其视为分属于商法与经济法的子部门法的并列关系，同为广

---

① 王伟、杨甜甜、刘磊、岳琮第：《论政策性保险的内涵与外延》，《金融理论与实践》2013年第8期，第1~3页。

② 张洪涛、郑功成：《保险学》，中国人民大学出版社，2008，第79~80页。

③ 宏观调控相关法包括会计法、审计法、统计法、环境资源法、社会保障法等，宏观调控专项法包括计划法、财税法、金融法与国有资产投资法。参见王全兴《经济法基础理论专题研究》，中国检察出版社，2002，第625~626页。

④ 国内学界几乎公认农业保险是政策性保险的主要类型之一，因而农业保险法应为政策性保险法的核心组成部分。主要参见冯瑞、李良《保险基础与实务》，北京大学出版社，2012，第303~304页；王伟、杨甜甜、刘磊、岳琮第《论政策性保险的内涵与外延》，《金融理论与实践》2013年第8期，第4页。

义保险法的重要组成部分。这已在相关立法中得到直观体现。《保险法》第
2 条规定："本法所称保险，是指……商业保险行为。"第 184 条第 1 款规
定："国家支持发展为农业生产服务的保险事业。农业保险由法律、行政法
规另行规定。"《农业法》第 46 条规定："国家建立和完善农业保险制度。国
家逐步建立和完善政策性农业保险制度。"《农业保险条例》第 1 条规定：
"……根据《中华人民共和国保险法》、《中华人民共和国农业法》等法律，
制定本条例。"可见，《保险法》并不当然适用于农业保险；农业保险法实
际上已采取与一般商业保险法相并列的单独立法模式；农业保险法立法依
据不限于属于商法范畴的《保险法》，还包括属于经济法范畴的《农业法》
《中华人民共和国粮食安全保障法》等。此外，从《农业保险条例》第 16
条与第 31 条可进一步推知，包括基本原则在内的商业保险法的有关规定只
有在得到农业保险法认可时，才适用于或参照适用于农业保险。

综上，农业保险法与商业保险法之间的并列关系定位，已经、正在
并必将继续对农业保险法基本原则的体系构建产生重大影响。一方面，
具有经济法性质的农业保险法必然在基本原则的体系构建上，深受经济
法基本原则的影响。[①] 比如，《农业保险条例》所规定的"政府引导、市
场运作"原则根源于经济法的国家协调经济运行及市场优先等原则。[②] 另
一方面，带有商法尤其是商业保险法重要特征的农业保险法在基本原则
的体系构建上，也会受到商法基本原则的一定影响。比如，《农业保险
条例》中的"协同推进"原则根源于商法的促进交易效率与保障交易
安全原则等。不过，即使是在部门法体系内一般法与特别法中，各自的
基本原则体系也很有可能是相对独立的。[③] 鉴于此，农业保险法基本原
则的体系构建同经济法与商法的基本原则之间既存在密切联系，也有一定
区别。

[①] 曾艳军：《关于农业保险改革的经济法思考》，《财经理论与实践》2007 年第 5 期，第
126 页。

[②] 谭洁、曹平：《关于中国经济法基本原则的若干问题研究》，《法学杂志》2011 年第 7 期，
第 112 页；刘大洪：《论经济法上的市场优先原则：内涵与适用》，《法商研究》2017 年第
2 期，第 82~83 页。

[③] 比如，有学者指出，商法需构建自身基本原则体系，民法基本原则并非当然取代商法基本
原则。参见李建伟《后〈民法典〉时代商法基本原则的再厘定》，《学术论坛》2021 年第 3
期，第 22 页。

第三节　农业保险法基本原则体系的
争议及主张梳理

在此类基本原则体系的内容上，自 20 世纪 90 年代以来各种主张都有，在 21 世纪头 20 年里争论得尤为激烈，至今仍未有定论。从既有文献看，可概括为下列六类主要主张。（1）一原则类。庹国柱、李军主张，此类基本原则仅指收支平衡、略有结余，以备大灾之年原则。[①] 此外，依《农业法》第 46 条第 3 款规定，此类基本原则只有自愿投保一项。（2）两原则类。邓齐滨主张政府调控与市场调节相结合、自愿投保与强制投保相结合原则。[②]（3）三原则类。李军主张总体报偿、公共选择、国家扶持原则；[③] 张长利主张国家主导与适度扶持、基本保障、多种保险机制相结合原则；[④] 李情民主张政府支持与两种保险机制并举、大灾风险防范、费率分区原则。[⑤]（4）四原则类。于航主张政府引导政策支持同市场运作相结合、统一制度框架同分散决策实施相结合、在央地政府补贴下实现财务平衡、风险区划与费率分区原则；[⑥] 笔者主张在政策性农业大灾保险制度模式下，包括集中力量举办政策性农业保险、政府推动和市场运行相结合、因地制宜、有限竞争原则。[⑦] 此外，依《农业保险条例》第 3 条第 2 款与《浙江省实施〈农业保险条例〉办法》第 5 条规定，还有政府引导、市场运作、自主自愿、协同推进原则。（5）五原则类。谷娟主张社会效益最大化、政府与市场共同调节、政府与全社会共同支持、积极推进组织和产品及科技创新、因地制宜和循

---

① 庹国柱、李军：《农业保险》，中国人民大学出版社，2005，第 367~368 页。
② 邓齐滨：《我国农业保险立法的变革之路》，《人民论坛》2017 年第 11 期（上），第 156 页。
③ 李军：《农业保险的性质、立法原则及发展思路》，《中国农村经济》1996 年第 1 期，第 56~57 页。
④ 张长利：《政策性农业保险法律问题研究》，中国政法大学出版社，2009，第 279 页。
⑤ 李情民：《农业保险亟待国家层面立法的理由及其框架构想》，《宿州学院学报》2018 年第 9 期，第 18 页。
⑥ 于航：《关于我国农业保险法律制度建设的探究》，《吉林广播电视大学学报》2015 年第 2 期，第 45 页。
⑦ 陈运来：《农业保险共保体模式的法律选择与制度展开》，《法商研究》2023 年第 6 期，第 149 页。

序渐进地发展原则。① （6）六原则类。高伟主张，总体补偿、公共强制、政府扶持、试点、相关政策逐步出台、借鉴国外立法经验原则；② 庹国柱与冯文丽主张，政府支持、单独监督、机构代理、统一管理、应保尽保、农户获益原则。③

从逻辑上看，上述主张大致涵盖了下列五类中的全部或数项：第一类包括总体报偿、公共选择、基本保障、保本等原则，强调农业保险的非营利性；第二类包括强制保险、自主自愿、自愿与强制相结合等原则，主要强调农业保险实施方式的强制性；第三类包括政府主导或引导、财政扶持、国营与政府间接支持相结合、市场运作、政府与市场相结合等原则，强调政府和市场主体在农业保险中的各自角色与权义匹配性；第四类包括依据并尊重国情、因地制宜、循序渐进、先试点后推广等原则，强调农业保险发展的稳健性；第五类包括统一制度框架与分散决策实施相结合、集中力量举办政策性农业保险与协同推进等原则，强调农业保险发展的全局性。

第四节　农业保险法基本原则的评判标准

法律原则在立法论和解释论上系一种具有多重法律意义的制度规则。④ 任何法的基本原则均依一定标准确定，标准的混乱或缺失必然造成基本原则的滥设或漏设，进而影响相关规则的制定和实施。由于农业保险法的实质是经济法并兼具商法的某些重要特征，故其基本原则评判标准的确立应综合考量经济法与商法基本原则的评判标准，以作合理取舍。

关于经济法的基本原则，最典型的是有学者提出了三项评判标准：高度标准，即强调此类原则须有其应有的"高度"，以免与宏观社会经济政策原则、经济法的宗旨或价值及具体规则等相混淆；普遍标准，即强调此类

① 谷娟：《农业保险法基本原则研究》，硕士学位论文，湖南大学，第27~31页。
② 高伟：《关于农业保险立法的建议》，《河南金融管理干部学院学报》2006年第4期，第5页。
③ 庹国柱、冯文丽：《对农业保险基本原则的再认识》，《保险理论与实践》2024年第3期，第13页。
④ 肖海军：《商法本体论》，法律出版社，2022，第310页。

原则在法治诸环节中的"全程性",并避免将经济法体系内的子部门法原则上升为此类原则;"特色标准",即强调本身"特色",以免与其他部门法的基本原则或整个法律的共有原则相混同。① 该观点的可取之处在于,十分强调评判标准的确立应有助于显著提升此类原则相对于其他法律原则和法律规则的可区分度,但也暴露出似是而非的隐性逻辑缺陷:第一个标准直接以高度为维度,但因较为抽象而难以把握好不高不低的度;第二个标准实际上是以长度为维度,但全程适用的要求过高,实际上极难做到;第三个标准以宽度为维度,因空洞泛化而难以把握好不宽不窄的度。虽然"特色标准"不宜作为标准,但其所蕴含的特色理念仍可作为厘定此类原则遴选标准的根本指导思想。

关于商法的基本原则,较具代表性的是有学者对其评判标准界定如下:(1)反映商事关系本质特征;(2)体现商法基本内容;(3)统辖商法具体制度;(4)贯穿于商法规范。② 笔者认为,前面三个标准具有相当的合理性:第一,依法理学原理,社会关系的本质和类型化决定法律的部门法归属,亦决定调整商事关系的商法基本原则的特有性;第二,基本原则为相关商事关系主体之间的权义关系设定总体框架,对商法基本内容产生直接或间接影响;第三,内容的概括性和抽象性必然会导致此类原则对具体法律规则的统辖。美中不足的是,第四个为规范上的全程性标准,但在商事立法实践中并非每个基本原则都能完全满足这一点。

综上,笔者基于特色理念,在充分分析和借鉴学界相关研究成果的基础上,拟将农业保险法基本原则之评判标准概括如下。

首先,应反映农业保险法所调整的特定社会关系的本质。农业保险关系乃人们在从事农业保险活动中所产生的社会关系的总和。尽管其所包含的一部分商业性农业保险关系具有一定营利性与明显营业性特征而可被纳入商事关系范畴,但鉴于在总体上以政策性农业保险关系居多,故其本质应为体现政府对农业保险市场进行协调和干预的经济关系,即经济法关系。③ 此类原则的评判标准应能体现这一本质。

---

① 张守文:《经济法基本原则的确立》,《北京大学学报》(哲学社会科学版)2003年第2期,第83~84页。

② 张秀全:《商法基本原则研究》,《现代法学》1999年第5期,第62页。

③ 庹国柱、李军:《农业保险》,中国人民大学出版社,2005,第40~41页。

其次，蕴含农业保险法根本价值。价值取向的选择是否合理，直接决定农业保险资源配置的优劣，因为公平、效率价值取向就其实质而言，是向谁配置资源、配置什么资源及如何配置资源的问题。而农业保险资源配置的状况直接影响到农业保险可持续发展战略目标的实现。从西方发达国家立法例来看，由于重公平轻效率的价值取向极易给财政带来较大压力，也使政府的这部分财政支出难以创造最大保险效益，反而可能有损农业保险的长远、健康发展，因此，向来较为重视经济效率的美国从 20 世纪 80 年代开始，通过修改《联邦农作物保险法》，率先对其原本低效的农业保险模式进行深刻的市场化改革，主要是将政府主办且经营的模式改为政府提供有力的政策支持、私营商险公司经营的模式，以把政府和市场的力量充分调动起来，实现公平与效率的有机结合。[①] 其实，在这方面，我国也可合理借鉴发达国家的上述立法经验。也就是说，我国农业保险法基本原则应具有明显的价值取向性，即在偏重公平、偏重效率、公平与效率并重三种价值模式中，作出理性、动态选择。通常应以公平为优先。

再次，应体现农业保险法的基本内容。农业保险法基本原则虽具有形式的非规范性和不确定性，但在总体上为农业保险关系主体的组织与运作，特别是政府、农业保险人和农业生产经营者三大主体之间的权义关系设定了基本框架，从而也可以说，为农业保险法的内容设定了基本框架。至于未来我国农业保险法的内容，其应大致包括立法目的和立法依据、基本原则、适用范围、用语定义、合同、原保险组织、再保险、中介、基金、费率、优惠贷款、补贴、监督管理、争议的解决、法律责任、立法性授权等。除农业保险基本法应囊括上述全部内容外，其他农业保险单行法可根据自身特点选择规定相关内容。[②]

又次，应统辖农业保险法的具体规则。农业保险法的基本原则与具体法律规则之间应为纲同目的关系。在此意义上，农业保险法的各类具体规则只不过是对农业保险法基本原则的内容展开而已。故此类基本原则应具有高度的统辖性，否则，具体规则将因缺乏总的原则指引而难以细化或展

---

① 陈运来：《发达国家农业保险模式变革的主要特征及启示》，《财经理论与实践》2008 年第 5 期，第 35 页。

② 陈运来：《域外农业保险立法及其启示》，《法商研究》2010 年第 3 期，第 138 页。

开，或将导致其适用上的相互冲突。[①]

最后，凝聚农业保险法国际共识。农业保险已成为世界贸易组织框架下世界农业政策的重要走向之一。[②] 比如，在美国农业支持政策中，2014 年至今是以农业保险为主导的风险管理时期。[③] 故此标准的确立将有力地促进我国农业保险立法，并增强我国在国际农业原保险和再保险服务贸易中的话语权。

第五节　农业保险法基本原则体系的甄别与重构

一　争议的分类甄别

兹结合评判标准对上述五类观点作出甄别。第一类中的基本保障、保本等原则，对农业保险的准公共产品（又称俱乐部产品）属性有相当程度的体现，但均局限于农业保险机构经营宗旨的层面，不能系统反映农业保险法所调整的复杂社会关系，亦难以充分体现该法基本内容，更遑论统率相关具体法律规则了。而总体报偿原则要求农业保险发展以整个国家和社会为核算单位，取之于民，用之于民。此项原则反映出农业保险的正外部性，强调由整个社会来分担农业大灾风险。与公共选择原则相比，更能体现该法的公平价值，也具有更大包容性，故在经必要表达调整后可归入该法基本原则体系。第二类中的强制保险、自主自愿、强制和自愿相结合等原则，主要强调农业保险实行适当强制，但均非该法基本原则范畴。原因在于，强制投保仅为政府干预农业保险手段之一，不能全面而准确反映该法所调整的农业保险关系，也体现不出该法的基本内容。第三类中的财政扶持、国营与政府间接支持相结合等原则，体现了农业保险对政府支持的依赖性，较大程度上反映出该法的基本价值取向，但均不足以全面体现该

---

① 统辖性标准是从农业保险法基本原则相对于具体规则的上位效力层次来说的，不能完全等同于基于效力时空范围考量的全程性标准。考虑到学界对法律基本原则效力的全程性争议较大，笔者在此并不主张将全程性标准作为农业保险法基本原则的遴选标准之一。

② 李军、段志煌：《农业风险管理和政府的作用——中美农业保险交流与考察》，中国金融出版社，2004，第 203 页。

③ 徐轶博：《美国农业支持政策：发展历程与未来趋势》，《世界农业》2017 年第 8 期，第 114~115 页。

法的基本内容。而政府与市场相结合原则在逻辑上具有巨大包容性,应直接归入该法基本原则范畴。第四类中的先行试点后推广、循序渐进等原则,强调遵循农业保险特殊发展规律。试点指全面开展某项工作之前在小范围内先行试验,若以此为原则,则在宏观上无法体现该法的基本内容;循序渐进原则在视角上具有较大包容性,但在"加快建设农业强国"的当下,就不宜归入该法基本原则体系了。第五类中的统一制度框架与分散决策实施相结合、集中力量举办政策性农业保险原则与协同推进等原则涉及政府部门之间的协同、保险业内的协同、保障对象和保险标的的广覆盖以及保险综合功能的发挥等,均强调农业保险发展的整体效应。比较而言,第五类中的前两项适用范围仅限于政策性农业保险领域,不宜归入该法基本原则体系;而后一项适用范围还扩至商业性农业保险领域,显然更具包容性,故应直接归入该法基本原则体系。

二 体系内容的重构

依据上述评判标准,我国农业保险法基本原则应涵盖以下几项。

一是社会效益至上原则(亦称社会效益最大化原则)。其基本含义是,农业保险的开展应以社会效益为第一位,最大限度实现长远的整体社会效益的最大化,[1] 实现农业保险利益在全社会的合理分配,而非追求个人、企业或集团利益(含经济效益)的最大化。它根源于经济法的社会利益最大化与实质公平原则。[2] 此项原则完全符合农业保险法基本原则的诸评判标准。(1)能反映农业保险法所调整的特定社会关系的本质。农业保险关系区别于商业保险关系的主要表现为,农业保险虽有雹灾和火灾等方面的少数保险产品可作为私人产品进行纯商业性经营,但在总体上具有准公共产品属性,是介于私人产品与公共产品之间且偏向于公共产品的一类产品,[3] 故农业保险关系常带明显的经济法关系特征——非营利性。而此项原则恰好体现出农业保险关系较强的伦理性,有利于解决由农业保险准公共产品

① 曾艳军:《关于农业保险改革的经济法思考》,《财经理论与实践》2007年第5期,第127页。
② 冯辉:《紧张与调和:作为经济法基本原则的社会利益最大化和实质公平》,《政治与法律》2016年第12期,第22页。
③ 庹国柱、李军:《农业保险》,中国人民大学出版社,2005,第50~59页。

属性所导致的农业生产经营者、农业保险人、其他社会公众、政府四者之间利益关系的失衡问题。（2）能蕴含农业保险法根本价值。讲求效率但更重视公平是全面深化农村财政金融体制改革、促进农业包容性增长和可持续发展的价值选择。① 相应地，此原则要求农业保险的发展致力于促进整体社会效益的显著增长，而非单个农业保险关系主体的自我经济效益最大化。这恰好可以凸显农业保险关系的经济法关系属性——公平正义性，② 此乃为农业保险法公平价值之根本体现。（3）能体现农业保险法的基本内容。此原则所蕴含的特殊目的性因素，必然要求农业保险立法内容涵盖从政策性农业保险人和合作性农业保险人等方面的基本主体制度到农业保险合同和农业保险补贴等方面的基本行为制度的广泛范围。（4）能统辖农业保险法具体规则。此原则高度的抽象性为具体农业保险法律规则的构建留下了广泛空间，其高度的伦理性为具体农业保险法律规则的构建指明了正确方向。（5）凝聚农业保险法国际共识。从美国、法国、西班牙、日本等国家的立法看，它们均主张农业保险的发展应秉持以整个社会为核算单位的基本理念，③ 而不受民法等价有偿原则与商业保险法损失补偿原则的严格束缚。我国农业保险立法对此项原则的确立，也将带来以确保国家粮食安全与实现整体社会稳定为核心目标的广泛经济福利和政治福利。④

二是政府积极推动与市场有序运作相结合原则。其基本含义是，在农业保险发展中既要发挥政府的主导或引导作用，也要发挥市场机制的自发调节作用，让两者形成合力，以避免"双重失灵"。它根源于经济法的国家协调经济运行及市场优先等原则。此项原则完全符合农业保险法基本原则的诸评判标准。（1）能反映农业保险法所调整特定社会关系的本质。此原则的确立乃农业保险准公共产品属性的必然要求。一方面，此属性在客观

---

① 习近平总书记指出："要完善农业支持保护制度，继续把农业农村作为一般公共预算优先保障领域。"引自习近平《论"三农"工作》，中央文献出版社，2022，第14页。
② 参见王莉萍《经济法如何保障交易公平——从功能视角研究市场规制法》，《法商研究》2003年第2期，第82页；何怀宏《生命原则与法律正义——从长时段看罗尔斯的正义理论》，《哲学动态》2021年第2期，第40页。
③ 陈运来：《域外农业保险立法及其启示》，《法商研究》2010年第3期，第133页。
④ 陈燕、林乐芬：《政策性农业保险的福利效应——基于农民视角的分析》，《中国农村观察》2023年第1期，第118页。

上要求政府积极实施宏观调控尤其要加大财税支持力度,[1] 以对农业保险正外部性所导致的失衡的利益关系作出调整,并在相当程度上防范信息不对称所引发的逆选择与道德风险;另一方面,此属性亦要求市场机制发挥积极作用以减轻政府财政负担。这样,在政府、市场、社会内部及其相互之间必然形成多种利益关系,其中政府与市场之间的关系以及政府内部的关系就多表现为经济法关系。(2)能蕴含农业保险法根本价值。政府宏观调控旨在促进农业保险发展并维护农业稳定,必然蕴含农业保险法的首要价值即公平价值;而市场调节恰好蕴含农业保险法效率价值。(3)能体现农业保险法的基本内容。在基本主体制度上,政府和市场的结合暗含农业保险人的两大来源——由政府出资设立或因应市场基本规律而自民间产生。在基本行为制度上,此原则能准确体现政府和市场在农业保险发展中的主要行为内容。(4)能统辖农业保险法的具体规则。此原则表明农业保险的发展离不开政府和市场两只手的共同作用,从而必然对两者在农业保险中的作用机制提出具体要求。(5)能凝聚农业保险法国际共识。世界农业保险主要举办国在农业保险立法中,都很注重发挥政府与市场的合力作用。我国农业保险立法对此项原则的确立与坚守,也已经、正在并将继续有利于在 WTO《农业协定》框架下,充分而合理地整合这两方面的国内外资源,来构建农业保险高质量发展的长效促进机制。

三是农业大灾风险重点防控原则。其基本含义是,作为农业风险管理工具的农业保险的组织与运作,应主要围绕农业大灾风险的防范和控制这一中心任务而展开。它根源于农业法的农业可持续发展原则、商法的商主体维持与确保营业或交易安全原则以及商业保险法的损失补偿与风险预防相结合原则。[2] 此项原则完全符合农业保险法基本原则的诸评判标准。(1)能反映农业保险法所调整社会关系的本质。农业大灾风险的发生是造成农业保险市场失灵的主要原因之一,而由政府牵头着重构建农业大灾风险分散机制,可有效矫治农业保险市场失灵。由此引发的社会关系也就必然具有经济法关系的属性。(2)能蕴含农业保险法根本价值。它要求在农业大灾风

---

[1] 邹加怡:《完善财政支持的农业大灾风险分散机制 加快推进农业保险高质量发展》,《中国财政》2020 年第 21 期,第 4 页。

[2] 肖海军:《商法本体论》,法律出版社,2022,第 326~331 页;李玉泉:《保险法》,法律出版社,2019,第 50~54 页。

险分散机制的构建与完善中，一方面能有效激发农业保险市场主体和社会主体迎难而上参与农业保险事业的集体主义精神，[①] 另一方面能充分发挥政府尤其是政府财政的作用，从而蕴含农业保险法公平价值。（3）能体现农业保险法基本内容。农业大灾风险分散机制乃政策性农业保险制度建设的核心内容和最大难点，而此项原则的确立必将对我国农业大灾保险法律制度的建立产生巨大推动作用。（4）能统辖农业保险法具体规则。其重点指向性可为具体农业保险法律规则的创设指明主要而正确的方向。（5）能凝聚农业保险法国际共识。农业大灾风险分散机制是各国实现农业保险可持续发展的主要基石。世界主要农业保险举办国的相关立法经验大致可概括为两点：一是十分重视农业再保险与农业大灾保险基金这两大支柱的法律机制建设，尤其是在农业再保险法律机制建设上成果颇丰；二是在农业大灾保险的财政支持法律机制上下足功夫。于此情形，此项原则的确立必将对我国央地多级财政支持型农业大灾保险法律制度的建立，在合理借鉴域外相关有益经验上，产生积极促进作用。

四是协同推进原则。其基本含义是，农业保险发展须契合差异协同律，贯彻整体发展观，立足全局，齐心协力，统筹兼顾。它根源于经济法的国家协调经济运行原则以及商法的促进交易效率、保障交易安全与维护交易公平原则等。此项原则基本符合农业保险法基本原则的诸评判标准。（1）能反映农业保险法所调整特定社会关系的本质。农业保险利益结构极其复杂，参与主体的范围远超农业保险合同当事人。按照此项原则的要求，当政府在与农业保险相关的计划、财税补贴、优惠贷款、国有资产投资、统计与审计等活动中，以宏观调控者身份出现时，由此所形成的农业保险关系就具有经济法关系之性质。（2）能蕴含农业保险法根本价值。我国农业保险发展已呈现区域、主体、标的、管理与制度上的多重复杂性，难以充分兼顾公平与效率，故亟须在集中统一领导下协同推进，以尽量促进公平与效率的有机结合。（3）能体现农业保险法基本内容。农业保险协同推进的终极目标是实现在政府主导或引导下的多层次体系、多渠道支持、多主体经营、多地区共同发展。这就为该法基本主体与行为制度的构建指明了基本方向。

[①] 蔡志强、袁美秀：《从马克思主义中国化"两个结合"的维度审视集体主义价值观》，《思想理论教育》2022年第7期，第39页。

（4）能统辖农业保险法具体规则。农业保险结构性矛盾犹存，地方政府和保险业界对农业保险市场运作的执行性差异已成为制约农业保险发展的重要因素，故把视野转向协同推进无疑就成为一个可行的改革思路。而此项原则的确立可为该法相关具体协同规则的构建与完善指引新方向。（5）能凝聚农业保险法国际共识。鉴于农业保险的建立完善是一项十分浩大的系统性工程，世界主要农业保险设立国多采取协同推进的办法，综合施策。比如，西班牙《农业保险法》规定，该国对农业保险采取公私混合式跨部门协同推进模式。西班牙农业保险由多家私人农业保险公司负责直接经营，并由以下四个职能部门负责监管：经济与财政部为农业保险公司的管理机构，主要负责保障投保人权益，促进农业保险市场健康发展；农业部农业保险局主要行使农业保险管理职责；农业再保险公司受政府委托，为私人农业保险公司提供再保险；农业保险总公司对农业保险发挥行业监督作用。[1] 又如，美国在农业保险中就构建了由业务监管机构、调查和起诉机构以及其他辅助机构组成的完善的反欺诈组织体系。[2] 与他国相比，我国具有集中力量举办农业保险的体制优势，就更有必要在《农业保险条例》业已确立此项原则的基础上，在未来农业保险立法中继续恪守该原则了。

依系统层次性原理，系统内的各要素存在种种差异，使得系统组织在功能上呈现一定的等级秩序性。同理，在农业保险法基本原则体系中，依所起作用的不同，笔者将这些基本原则划分为三大层次：第一项原则为基础性原则，第二项原则为主导性原则，第三项和第四项原则为补充性原则。

第六节　农业保险法基本原则的逻辑展开

一　农业保险法基础性原则的逻辑展开

农业保险法基础性原则是指在该法基本原则体系中起本源性作用的原则。此类原则的准确认定将对该法及相关制度构建产生根本性的深远影响。

---

[1] 黄艳、张广胜、贺煜光：《西班牙农业保险及经验借鉴》，《世界农业》2008年第6期，第29～30页。

[2] 林源、高聪、屠骞阳：《农业保险欺诈治理：美国实践与启示》，《保险理论与实践》2024年第3期，第19页。

（一）农业保险法基础性原则的认定

在农业保险法基本原则体系中，社会效益至上原则应为基础性原则。主要理由如下。

其一，最深刻地蕴含作为该法首要价值的公平价值。在语义上，社会效益是与经济效益相对立的一个概念。全社会的经济效益，是从国民经济全局出发，对社会再生产各领域经济效益的综合考察与全面权衡；社会领域的效益，主要是从社会的角度考察经济活动的综合效益。[①] 在此处为第二种含义。而至上是最高之意。社会效益至上类似于社会效益最大化，但其地位维度的表达显然比后者数量维度的表达，立意更高；大致相当于总体报偿，与后者以整个社会为核算单位的语义极为接近，但在表达上更为直接、鲜明、精准；与公共选择也有相似作用，但跟后者以个人主义作为理解社会选择和公共决策的理论进路相比，[②] 在价值观上高下立判。

上述语义分析表明，此项原则的确立能促使决策者通过理性选择来妥善安排农业保险这一准公共产品的决策活动。[③] 在理想状态下，公共决策应追求社会效益最大化，即政府应选择使社会效益最大限度地超过社会成本的政策，并力避成本高于效益的政策，以充分体现公平价值。[④] 公平价值与效率价值相对应，公平通常指投入、获得等诸要素在所有参与者之间均衡分布。众所周知，农业保险的正外部性极强，从而使其经济效益偏低而社会效益极大。总之，此项原则将长远的整体社会效益置于个人、企业或集团的利益之上，最大限度地蕴含着公平价值。而且，它对公平价值的彰显主要基于农业保险发展宏观目标的视角，立意尤高，具有极为深远的立法指导意义。

其二，在基本原则体系中发挥本源性作用。某一原则对另一原则的干预愈强，表明其原生性愈明显。尽管该法基本原则皆不同程度地蕴含公平、

---

① 王康：《社会学词典》，山东人民出版社，1988，第257~258页。
② 詹姆斯·M. 布坎南、戈登·图洛克：《同意的计算——立宪民主的逻辑基础》，陈光金译，上海人民出版社，2017，第3页。
③ 肖洪泳：《公共决策的合理选择原则——以罗尔斯的生活计划理论为视角》，《中南大学学报》（社会科学版）2021年第6期，第136~143页。
④ 托马斯·R. 戴伊：《理解公共政策》，谢明译，中国人民大学出版社，2011，第13页。

效率价值，但其他原则对农业保险立法、司法、执法、守法活动的准则功能的发挥，从本源上均有赖于此项原则的指引。原因在于，此项原则体现了农业保险发展的终极目的，是目的性原则，理应作为地位居首的原生性原则；而其他原则影响范围主要局限于具体制度构建层面，是工具性原则，理应当作地位稍逊的派生性原则。

（二）社会效益至上原则的具体展开

此项原则直接揭示农业保险发展的根本宗旨——追求社会效益最大化，对农业保险利益均衡起到奠基与促进作用。据此，此项原则的确立将主要产生以下几项具体制度要求。

1. 农业保险政府绩效的评估规则

此类评估系通过一定方法、标准与程序，对政府部门及其官员的职责行使、管理效率、服务质量、公众获得感和信任度等作出评价，以增进政府农业保险绩效。此项原则要求打破政府绩效评估长期偏重经济指标的惯例，而将开办农业保险的业绩纳入此类评估的指标体系，提升各级政府尤其是地方政府对农业保险发展的重视度，使其优化发展农业保险的路线、方针和政策。特别是，此类评估能较为准确地评价政府在农业保险发展中的支出和回报，及时找出政府在农业保险支持和监管等工作中的不足，为后续相关政府决策提供大量真实可靠的基础数据，避免决策失误导致农业保险发展受阻。在实践中，我国许多地方政府已开始尝试将农业保险纳入政府绩效评估的指标体系。为此，笔者提出如下农业保险立法建议：一是首先明文规定将政策性农业保险业绩纳入各级政府绩效评估的指标体系，从而为农业保险政府绩效评估提供直接、基本的法律依据；二是秉持实质法治理念健全此类评估理念，将评估的形式合法合规性与客观公正性有机结合起来；三是规定此类评估的重点考核对象为相关"关键少数"领导干部，以极大增强其实施效果。[①]

2. 非商业性农业保险机构的市场准入规则

在市场交易中，农业保险的非营利性和商险机构的营利性相悖，导致

---

① 刘凯：《实质法治观视域下的法治政府绩效考核制度构建》，《法学》2022 年第 5 期，第 66 页。

商险机构无意介入农业保险市场或介入动力不足，从而出现农业保险供给侧萎靡的不利后果。而政策性与合作性农业保险机构的设立和运作不以营利为目的，能克服商险机构经营农业保险的主观局限性。可见，由这两类非商业性农业保险机构介入政策性农业原保险和再保险业务的经营，具有相当合理性。为此，建议在法规中明文规定政策性和合作性农业保险机构的设立和运作，充分发挥其在促进农业保险利益均衡中的独特、重要作用。

3. 政策性农业保险业务非营利性目的规则

学界通说认为，农业保险多为准公共物品，其承保机构的经营活动不以营利为根本宗旨，而以承担更多企业社会责任为己任。[①] 鉴于此，此项原则要求农业保险机构在举办农业保险业务尤其是政策性农业保险业务时，一般进行非营利性经营。如，新疆农业保险从服务"三农"全局出发，长期以来坚持社会效益至上。2022 年《新疆维吾尔自治区农业保险保费补贴管理实施办法》就明确要求，农业保险费率应按保本微利原则厘定，综合费率不得高于 20%。[②] 究其原因，一方面，农业保险的系统性风险与极强正外部性决定了农业保险经营在整体上难具营利性，而农业保险业务非营利性目标的设定契合农业保险的这一特征。另一方面，出于对特定情境公益损害的考量，农业保险业务非营利性目标的设定有利于将农业保险费率长期维持在较低且基本合理的水平，[③] 从而刺激政策性农业保险产品的有效需求。鉴于此，应明确规定政策性农业保险业务实行保本微利经营。

4. 农业保险人等企业社会责任规则

传统商法学理论认为，基于投资而产生、形成或衍生的资本权在营业领域和商事权利体系中具有初始性、基础性地位。[④] 但从"扩大了的个人"

---

① 吴维锭：《公司法上社会责任条款司法化的逻辑与再塑》，《法学研究》2024 年第 3 期，第 129 页；郝臣、王旭、王励翔：《我国保险公司社会责任状况研究》，《保险研究》2015 年第 5 期，第 100 页。

② 《自治区财政厅印发〈新疆维吾尔自治区农业保险保费补贴管理实施办法〉》，2022 年 6 月 22 日，https://czt.xinjiang.gov.cn/czt/jrr/202206/93dd2c25895a4e49af101d56d145d4dd.shtml。

③ 刘凯：《价格行为规制的法理逻辑——基于整体价格法秩序的视角》，《法学研究》2023 年第 4 期，第 155~157 页。

④ 肖海军：《论资本权——〈民法典〉第 125 条的标志意义》，《湘湘法学评论》2023 年第 4 期，第 64 页。

到"缩小了的社会"的观念转变，是对公司等企业在社会治理体系中的重新定位，是整体主义哲学观的客观要求。① 企业社会责任突破了企业的绝对营利性，强调企业社会影响力的各个方面。此项原则要求农业保险机构等企业组织在农业保险经营中承担相关社会责任。基于我国实行政策性农业保险商业化经营的大势，由商业性农业保险机构而非政策性或合作性农业保险机构来牵头承担相关社会责任似更有利于这一原则的贯彻。如，针对小农户农业保险产品的缺位现象，可在立法和政策上鼓励商业性农业保险机构积极探索家庭财产综合保险、天气指数保险、"互联网+保险"模式等在农村地区的普遍适用性。同时，其他农业保险利益相关者也跟进提供相应产品或服务，形成农业保险发展的合力。如，针对农业企业融资难问题，可在立法上鼓励正规金融机构向参保农业企业提供差异化农业保险优惠贷款。

5. 农业保险违法违规行为的监管与惩治

受农业保险正外部性、信息不对称、参与主体之间的目的性及农业保险认知性差异、过度竞争、农业保险制度不完善等多重因素的影响，虚假承保理赔、恶意套取财政保费补贴资金等农业保险违法违规现象一直屡禁不绝。② 依公共利益理论，对农业保险违法违规活动实施全面监管，③ 并追究相关主体法律责任，可在相当程度上纠正农业保险市场的不公平和无效率等，④ 健全农业保险法治化营商环境的合规机制，⑤ 促进社会效益最大化。

二　农业保险法主导性原则的逻辑展开

农业保险法主导性原则是指在该法基本原则体系中起主要作用的原则。

---

① 冯果：《整体主义视角下公司法的理念调适与体系重塑》，《中国法学》2021 年第 2 期，第 70~72 页。

② 尹会岩等：《防范农业保险合规风险　促进惠农政策落地》，载庹国柱主编《中国农业保险研究 2018》，中国农业出版社，2018，第 438 页。

③ 这种监管的范围应是全方位的。比如，农业保险公司的董事、监事、高管在职务行为和非职务行为中违反注意义务而实质性妨碍公司正常农业保险事务的，应纳入农业保险监管范围。参见吴金水《公司高管非职务行为中言行谨慎义务的认定》，《东方法学》2020 年第 3 期，第 55 页；陈洪磊《公司董事合规义务的制度建构》，《财经法学》2023 年第 6 期，第 33 页。

④ 何文强：《论我国政策性农业保险的法律监管》，《法学评论》2008 年第 3 期，第 37 页。

⑤ 李本灿：《法治化营商环境建设的合规机制——以刑事合规为中心》，《法学研究》2021 年第 1 期，第 187~190 页。

此类原则的准确认定将对该法制度构建产生整体性的、直接与深远的影响。

（一）农业保险法主导性原则的认定

在农业保险法基本原则体系中，政府积极推动与市场有序运作相结合原则应为主导性原则。这主要有以下两方面的原因。

其一，最直观地体现该法公平与效率相结合但偏重公平的价值。价值问题虽是一个难以回答的问题，但它是法律科学所不能回避的。[1] 价值取向选择不但直接影响农业保险资源配置，进而影响农业保险可持续发展，而且直接影响该法的立法质量与实施效果。从实际国情看，我国在农业保险发展中不宜照抄欧美发达国家将公平与效率并重或偏向于效率的做法，但可借鉴日本公平优先、兼顾效率的理念，[2] 由政府采取有力措施主导或引导市场，树立广泛的公信力，并最终形成强大合力。

其二，在基本原则体系中发挥主要作用。经济体制改革是全面深化改革的重点，核心问题是处理好政府和市场的关系。[3] 在宜实行纯商业化经营的少数农业保险领域，让市场在资源配置中起决定性作用，在不宜实行纯商业化经营的多数农业保险领域，让市场在资源配置中起基础性或补充性作用。可见，此项原则虽为该法社会效益至上原则的派生性原则之一，但其恰能直观而准确地体现政府和市场在农业保险尤其是政策性农业保险发展中的辩证关系，契合不断深化经济体制改革的新时代之需；并且与较抽象的社会效益至上原则相比，这一原则具有更强的可操作性。

（二）政府积极推动与市场有序运作相结合原则的具体展开

从世界各国农业保险实践经验看，农业保险发展需要同时适度发挥政府和市场两只手的作用。其中，政府积极推动是指政府干预机制在农业保险发展中起主导或引导作用；市场有序运作是指市场机制在农业保险发展中起基础性和补充性作用。此项原则的确立将主要产生以下几项具体制度

---

① 罗·庞德：《通过法律的社会控制——法律的任务》，沈宗灵、董世忠译，商务印书馆，1984，第 55 页。

② 魏腾达、穆月英、张峭：《日本农业保险法：制度背景、法律框架与镜鉴启示》，《农业现代化研究》2023 年第 4 期，第 599~603 页。

③ 《习近平谈治国理政》，外文出版社，2022，第 116 页。

要求。

1. 政府与市场关系的清晰法律定位

如前所述，此项原则能最直观地体现公平与效率两大价值的结合，而经济学主流观点认为政府乃公平的支点，市场乃效率的主要支点，故在《农业保险条例》第 3 条第 2 款所作政府引导、市场运作、自主自愿和协同推进原则的基础上，有必要由未来农业保险立法正式确立农业保险中政府的主导或引导地位与市场的基础地位等，既不生搬片面市场化机制，也不退回政府大包大揽的"运动式"模式。一方面，允许甚至提倡由财政部门直接出资设立政策性或商业性农业保险机构来经营农业原保险或再保险业务，或规定由政府有关部门提供再保险或财税支持，科学构建农业保险大灾风险分散体系，以维护农业保险机构组织与运作的长期稳定性。另一方面，通过《农业保险法》及其配套法律法规的制定或修改，积极培育以商业性农业保险机构为主、以政策性与合作性农业保险机构为辅的农业保险产品供给主体，以及以家庭农场与农民专业合作社为主、以订单农户为辅的农业保险产品需求主体，并建立健全农业保险订约履约机制等，以分类发挥农业保险市场要素的决定性、基础性或补充性作用。

2. 农业保险规则制定权的分享

此项原则要求农业保险规则的制定主体除包括国家机关外，亦应包括农业保险行业协会与农业保险机构。其中，国家机关应为农业保险规则主要制定者。以职责划分，国家机关包括立法机关、行政机关和司法机关。由于农业保险发展在根本上离不开法律支持，故有关立法机关之农业保险立法权的行使尤为重要；行政机关乃国家权力机关的执行者，在对农业保险的管理和服务中有制定法律和政策规则的强烈需求；司法机关的规则制定权则将主要涉及农业保险司法解释。可见，国家机关在这里不限于行政机关，还包括在政府带动下的其他国家机关。而农业保险行业协会与农业保险机构则可辅助制定农业保险规则，分别负责农业保险行业自治规则和本单位农业保险章程的制定。原因主要在于：农业保险关系本质上是民商事关系，国家应给予它足够自由空间，且由后两者辅助制定农业保险规则还可显著降低规则制定和实施成本；两者对农业保险相关领域涉足较深，由其在职责范围内发挥各自优势制定农业保险规则可更好地促进农业保险精细化发展。

3. 有限竞争制

从供给侧看，农业保险经营难度大，若贸然让无任何农业保险承保经验的农业保险团队的保险人涉足，则可能会带来较大经营风险，无论是对农业保险市场还是对这些主体本身来说都是极不负责任的做法。可见，在一个不完全市场中，农业保险机构的数量并非多多益善，[1] 但也不能让一家独大形成垄断。因此，农业保险经营体制建构的有效策略是在垄断与自由竞争之间寻求最佳利益平衡点，在市场准入上实行有利于控数提质的有限竞争。在相关制度设计上，基于法律人格的相对性原理，[2] 应重点完善地方农业保险机构遴选制度，以确保形成有限竞争市场。[3] 鉴于此，建议未来农业保险立法在总结《农业保险条例》第 17 条第 1 款与 2020 年 6 月 1 日发布的《中国银保监会办公厅关于进一步明确农业保险业务经营条件的通知》等经验的基础上，进一步细化规定农业保险机构的具体类型、组织形式及其设立或准入、变更、终止或退出的条件和程序。

4. 政策性农业保险的商业化经营模式

政策性农业保险可持续发展的奥秘在于农业保险扶持政策的精准设计与有效利用，而非不切实际地奢望专设政策性或合作性农业保险机构就能一劳永逸。相反，鉴于农业保险在性质和归类上属于经营型准公共产品范畴，[4] 通过商险公司经营政策性农业原保险业务是世界各国农业保险经营模式的基本选择，不但能大幅提升经营效率，节约财政补贴支出，而且能有力地促进公平，防止垄断。我国当然也不例外。此模式已在《农业保险条例》第 3 条和第 7 条中有所体现，并应在未来农业保险立法中予以进一步确认和规范。

5. 强制投保和自愿投保的结合

合同当事人合意范围的确定问题，于理论与实务均具有重要意义。[5] 单

---

① 庹国柱：《论农业保险市场的有限竞争》，《保险研究》2017 年第 2 期，第 15 页。

② 屈茂辉、张彪：《法人概念的私法性申辩》，《法律科学》2015 年第 5 期，第 102 页。

③ 谭莉、丁少群：《多主体如何协同推进农业保险高质量发展？——基于市场运作视角的案例研究》，《保险研究》2023 年第 9 期，第 58 页。

④ 以产品消费的匀质性或非匀质性特征与产品的排他性、竞争性的内在关系为依据，准公共产品可分为维持型准公共产品、发展型准公共产品与经营型准公共产品三类。参见陈其林、韩晓婷《准公共产品的性质：定义、分类依据及其类别》，《经济学家》2010 年第 7 期，第 18～21 页。

⑤ 薛军：《论合同当事人合意范围的界定与内容合并条款》，《社会科学辑刊》2022 年第 2 期，第 75 页。

纯自愿投保无法解决农业保险需求不足、逆选择、排斥困难农户等问题；而一味地强制投保既有悖于法理和市场法则，也可能引发甚至激化社会矛盾。鉴于此，未来农业保险立法应改变《农业法》和《农业保险条例》规定的自愿投保方式，实行强制投保与自愿投保相结合方式，尤其是可巧妙地推行附限制条件的自愿保险。其中最有效的做法是，将参保农业保险作为农业生产经营者享受政府某些重要支农政策的法定前置条件。[①]

6. 政府财税支持和农业保险自我财务平衡的统一

由于农业的重要性与弱质性以及农业保险的正外部性，农业保险发展通常离不开政府的经济扶持。财税支持可在相当程度上降低农业保险机构的经营成本，提升农业保险产品和服务供给能力。目前，国外法定财税支持方式包括保费补贴、经营管理费补贴、基金亏空补贴与税收优惠等。我国也很有必要以保障国家粮食安全为重心，突破《农业保险条例》第 7 条和第 9 条第 1 款只规定保费补贴并简单规定税收优惠的做法，在未来农业保险立法中对财税支持的险种、方式和比例等作出优化。当然，立法也应鼓励农业保险机构不断提升经营管理能力，实现自我财务平衡，以减轻财税补贴压力，降低逆选择与道德风险。

三 农业保险法补充性原则的逻辑展开

农业保险法补充性原则是指在该法基本原则体系中起辅助作用的原则。此类原则的准确认定将对该法制度构建产生整体性或局部性的显著影响。

（一）农业保险法补充性原则的认定

在农业保险法基本原则体系中，农业大灾风险重点防控原则和协同推进应为补充性原则。这主要是因为以下几点。

其一，在逻辑上这两项原则根源于社会效益至上原则。绝大多数农业保险产品属于准公共产品，其生产经营不得以营利为目的，而应以社会效益为优先，这已成为国内外农业保险发展的普遍共识。为体现社会效益至上并克服"双重失灵"，农业保险在供给主体、需求激励、保障重点、产品

---

① 陈运来：《从损失补偿到福利保障——发达国家农业保险的福利化转型探析》，《云南师范大学学报》（哲学社会科学版）2011 年第 4 期，第 102~103 页。

开发、科技应用、部门协同、区域布局等方面均具有独特而复杂要求。尤其是在供给主体的准入和设计上，如何处理好政府与市场之间以及政府、企业与社会之间的关系，农业保险产品比其他准公共产品要复杂得多。由此看来，这两项原则都是紧紧围绕社会效益至上原则而确立的，是社会效益至上原则的延伸和发展。

其二，在功能发挥上这一原则受前两项原则的制约。阿列克西的碰撞法则认为，原则之间也会发生碰撞，这就需要确定某项原则优先于其他原则。[①] 具体到农业保险法领域，其基本原则之间也难免发生碰撞。当存在冲突时，作为执行性原则的这两项原则应后于作为目的性原则或体制性原则的前两项原则来使用。

（二）农业大灾风险重点防控原则的具体展开

《农业保险条例》第 8 条明确规定我国要建立央地财政支持的"农业保险大灾风险分散机制"，但此类机制的构建是一个十分复杂的系统工程。为加快农业保险高质量发展，未来农业保险法中此项原则的正式确立将主要产生或增加以下几项具体制度要求。

1. 农业再保险风险分散规则

这主要包括以下几点。（1）业务范围。建议立法要基于风险分散、持续经营、高效运行与合理激励等维度的综合考量，[②] 将各类农业再保险人的业务范围加以区分性规定。规定商业性农业再保险人一般主营国内外商业性农业再保险业务，但在政策性农业再保险人缺位时，还可兼营国内政策性农业再保险业务；规定政策性农业再保险人主营国内政策性农业再保险业务；规定合作性农业再保险人兼营特定行政区域内的商业性与政策性农业再保险业务。（2）赔付义务。在再保险事故发生后，分入人应在再保险合同规定的责任范围内承担损失赔偿责任。规定分入人的赔偿责任是为了补偿分出人的损失，但分出人实际是否已向农业原保险合同中的被保险人（以下简称"原被保险人"）履行赔偿责任，与分入人无关，分入人不得以

---

① 罗伯特·阿列克西：《法律原则的结构》，雷磊译，《公法研究》2009 年第 1 期，第 469~471 页。

② 郑伟、郑豪、贾若、陈广：《农业保险大灾风险分散体系的评估框架及其在国际比较中的应用》，《农业经济问题》2019 年第 9 期，第 123 页。

分出人未向原被保险人履行赔付义务为由，拒绝履行其根据再保险合同应向分出人承担的赔偿责任。原被保险人也无权直接向再保险分入人提出索赔要求。

2. 农业大灾保险基金风险分散规则

这主要包括以下几点。（1）基金模式法定。我国目前仅建立地方性农业大灾保险基金的模式存在资金筹集渠道过窄、管理运作成本过高、监督机制不完善、缺乏有力财政支持等缺陷。故最佳办法是通过立法建立统一的国家农业大灾保险基金，也允许县区级以上地方政府建立和健全地方性农业大灾保险基金，以使此类基金发挥出最大的风险分散功效。（2）基金筹集渠道法定。此类基金的法定筹集渠道应涵盖政府投入、参保农业生产经营者的投入、农业保险人的投入、资本市场筹集、社会捐赠等，但以前四种为主。（3）基金运用方式法定。此类基金的法定运用方式应包括赔偿农业大灾损失、预防农业大灾风险、资助农业大灾风险管理科研活动以及投资等，但以前两种为主。

3. 农业大灾保险产品规则

这主要涉及保险责任与费率问题。关于前者，因为农村居民的很大一部分财产系农、林、牧、渔的初级产品，新型农业经营主体表现尤甚，所以建议通过立法明确地将地震、台风、洪水、干旱、核污染等大灾风险纳入农业保险的保险责任范围。这对于恢复农业生产、维护农村地区稳定以及促进农业生产经营者增收意义重大。关于后者，因农业大灾风险具有明显的地域性特征，此类保险费率的科学厘定就很可能涉及农业保险风险区划问题，故建议在农业保险立法中，应尽快建立与完善此类风险区划法律规则。[①]

（三）协同推进原则的具体展开

习近平同志指出："我国社会主义制度能够集中力量办大事是我们成就事业的重要法宝。"[②]《农业保险条例》将此项原则法定化，是我国集中力量办大事的现代法治理念在农业保险立法中的直接体现，对促进农业保险高

[①] 庹国柱：《巨灾保险不妨从农业保险起步》，《中国保险报》2013年5月13日，第9版。

[②] 《习近平谈治国理政》，外文出版社，2022，第126页。

质量发展大有裨益，因而在将来可直接为《农业保险法》沿用。此项原则的确立将主要产生以下几项具体制度要求。

1. 跨行政部门及政策的协同

基于政府之间尤其是央地政府之间财政、金融事权划分十分复杂等实际国情，农业保险的组织与运作涉及多级、多个政府部门紧密的主体协同、政策协同和技术协同等。① 只要其中一个或几个部门推进不力，就很可能导致运行不畅乃至满盘皆输。这亦是影响农业保险法实施效果的关键因素。鉴于此，未来农业保险立法应在《农业保险条例》有关各级政府及相关部门职责分工较为笼统规定的基础上，进一步做好规定的细化、升级工作，加强农业保险法律制度与其他财政金融法律制度的协同。尤其是针对国务院组织架构内尚无专门的农业保险协同推进机构的情况，② 建议未来农业保险立法予以补充，明确规定在农业农村部设立农业风险管理总局（级别宜定为副部级），由其负责全国农业保险的协同推进工作等。此外，未来农业保险立法还应着力建立基层政府协同推进农业保险发展的激励约束机制。③唯其如此，才能真正将统一制度框架与分散决策实施有机结合起来。

2. 多主体经营

不同农业保险组织形式适应不同农业保险条件，而不同农业保险组织形式又各有利弊。鉴于此，《农业保险条例》第 2 条第 2 款将保险机构明确界定为保险公司及依法设立的农业互助保险等保险组织，以此在立法上正式确认我国农业保险的多主体经营格局。由于这一规定可有效避免在农业保险供给侧形成垄断或出现过度分散化，故在以后制定《农业保险法》时可将其直接纳入。

3. 多层次体系

依地域范围，应立法建立中央和地方相呼应的农业保险体系；依业务性质，应立法建立商业性和政策性相结合的农业保险体系；依业务范围，

---

① 王韧、陈嘉婧、周宇婷、宁威：《农业保险助力农业强国建设：内在逻辑、障碍与推进路径》，《农业经济问题》2023 年第 9 期，第 120 页。

② 冯文丽、苏晓鹏：《农业保险"协同推进、共同引导"管理体系的现状及优化》，《中国保险》2019 年第 4 期，第 21 页。

③ 谭莉、丁少群：《多主体如何协同推进农业保险高质量发展？——基于市场运作视角的案例研究》，《保险研究》2023 年第 9 期，第 58~59 页。

应立法建立两业险和"以险养险"等共存的农业保险体系；依资本来源，应立法建立国资和民资融合、内资和外资互补的农业保险体系；依业务承保方式，应立法建立原保险与再保险相匹配的农业保险体系；依保障水平，应立法建立损失补偿和福利保障共生的农业保险体系。

4. 多渠道支持

未来农业保险立法可规定，对投保人提供保费补贴，对参保的农业生产经营者提供优惠贷款，对农业保险机构提供经营管理费补贴和税收优惠以及再保险等，建立农业大灾保险基金并由财政提供资金支持和必要补贴等。此外，允许市场通过组建共保体等、鼓励社会公众认购农业大灾风险证券等方式，对农业保险进行支持。

5. 多方面受益

未来农业保险立法应多措并举，合理构建具有鲜明中国特色的农业保险利益共同体。构建让小农户和现代农业经营主体共生共荣的农业保险利益分配法律机制，以精诚合作理念促进多主体互利共赢；构建可满足中国式现代化需要的区域性农业保险制度，以求同存异理念促进多地区农业保险共同发展；构建作用于社会治理的 ESG（环境、社会、治理）绿色农业保险法律机制，[①] 秉持"以农为本，改善民生"等理念，在《民法典》第9条等制度框架下，促进多领域利益实现。[②]

---

① 叶榲平：《可持续金融实施范式的转型：从 CSR 到 ESG》，《东方法学》2023 年第 4 期，第125 页。
② 刘长兴：《民法绿色原则解释的方向与路径》，《法学评论》2023 年第 5 期，第 141~142 页。

第六章 农业原保险市场主体的立法塑造

在任何具体法律关系的构成要素中，首先需要关注的是主体。[1] 作为与行使行政管理职责的政府相对而言的一类主体，农业原保险市场主体——农业生产经营者、农业原保险人和农业保险中介人——在农业保险利益群体中，具有十分重要的基础性地位，特别是其中的农业原保险人更是具有重要而独特的地位，其所起的作用无可替代。前述农业保险利益失衡主要就是发生在农业原保险市场主体之间以及农业原保险市场主体与政府之间，而其成因有很大一部分同转型期农业原保险市场主体的发育不足与不规范运作致使交易成本高昂有关。新制度经济学理论认为，制度安排之价值合理性很大程度上系对交易成本的有效控制。[2] 而在传统小农户占投保人绝大多数的我国农业保险中，交易成本的有效控制又在根本上取决于建立一套低成本的组织体系及相应运作机制将农民组织发动起来。[3] 因此，为促进农业保险利益结构的均衡，从立法上积极培育农业原保险市场主体尤其是投保/承保主体就显得非常必要，可起到正本清源的根本性作用。下面，拟从农业原保险市场主体的三个方面展开分析。

第一节 农业生产经营者的立法塑造

一 产业化农户培育的立法建议

以组织形式为标准，现代农业生产经营者大致可分为产业化农户（订

---

[1] 付子堂：《法理学阶梯》，法律出版社，2005，第173页；卫文：《法律关系主体的构成及其法律地位》，《求实》2005年第S2期，第205页。

[2] 科斯、诺思威廉姆森等：《制度、契约与组织——从新制度经济学角度的透视》，刘刚、冯健、杨其静、胡琴等译，经济科学出版社，2003，第426页。

[3] 王海娟：《政策性农业保险的交易成本困境及其优化路径——兼论农村公共服务市场化改革》，《华中农业大学学报》（社会科学版）2016年第4期，第12页。

单农户）和农业企业。域内外实践表明，以家庭为基本单位的农业生产组织形式有着高度的适应性，不只适应主要依靠人力畜力的传统农业，而且适应广泛运用先进科技与生产方式的现代农业。[①] 域外多数发达国家的传统农户已实现了向家庭农场等生产型农业企业的转变。与此形成鲜明对比的是，我国农村实行的是以家庭联产承包经营为基础、统分结合的双层经营体制这一基本经营制度。这一基本经营制度也是我国农村经济体制改革的重要成果，值得我们长期坚持。[②] 依此，在现代农业背景下，农村承包经营户发展成产业化农户的机会比发展成生产型农业企业的机会要大得多。不过，由于我国农户数量众多，经营规模偏小，科技水平不高，故通过立法积极培育产业化农户对深化农村体制改革具有鲜明的时代意义。

进而言之，正如有研究指出的，不管是举办商业性农业保险还是发展政策性农业保险，根本出路在于农业生产方式的转变、农业生产经营者支付能力的提高和农业生产经营者现代风险管理意识的增强。[③] 而这些转变均与产业化农户的培育程度密切相关。可见，通过立法积极培育产业化农户，有利于从根本上解决农业的弱质性给三大主体造成的利益冲突。

一方面，能显著提高农业的比较效益，从根本上消除政府同保险组织和农业生产经营者之间的利益冲突。农业产业化经营能引导分散的农户重新组织，使有组织的农户作为平等主体共同进入社会化大市场，并利用现代企业形态、生产手段和科学技术来发展大规模、有竞争力的产加销（生产、加工、销售）业务，从而大幅提高农业的比较效益。这样，农业会吸引越来越多的政府投资和政府补贴。鉴于农业保险对农业发展的独特而重要的作用，很大一部分财政投入将集中在农业保险领域。这已为发达国家的实践所证明。如，美国 2002 年《农业法案》要求政府在未来 10 年内对农业提供高达 1900 亿美元的补贴，其中大多数是通过农业保险的方式资助农业。因此可以说，通过立法积极培育产业化农户，能从根本上使政府同

---

① 吴玲、杨成乐：《我国农业生产经营组织创新的基本思路与保障体系》，《江西农业大学学报》（社会科学版）2008 年第 3 期，第 51 页。

② 为维护农村社会的稳定，避免出现巨大社会动荡，必须坚持和完善农村土地承包这一基本经营制度，要把重点放在农村土地使用权的合理流转上。

③ 温世扬、姚赛：《我国农业保险及其法律规制》，《江西社会科学》2012 年第 5 期，第 136 页；杨国佐、邹德仁、陈春春、张峰：《农户农业保险需求差异：个体特征还是供给排斥》，《经济问题》2023 年第 7 期，第 92 页。

保险人和农业生产经营者之间的公-私农业保险利益关系、派生性农业保险利益关系、主导性农业保险利益关系从对立走向和谐。

另一方面，能显著改善农业保险的供需条件，从根本上解决保险人同农业生产经营者之间的利益冲突。农业保险供需条件的显著改善主要体现在以下三个方面。(1) 从需求条件的改善角度看，农业产业化经营是现代农业的组织形式，其灾害风险大，一旦受灾，将损失严重，这将促使产业化农户产生日益强烈的保险意识。产业化农户一般在积累了一定的资本，初步具备农业保险保费的一定支付能力后，会把农业保险的保费支出纳入日常的生产成本。① 订单农业的作用之一是，经由订单把农户的市场风险分散转移至农业产业化龙头企业，促进农户稳定增收，从而增强其支付农业保险保费的能力。(2) 从供给条件的改善角度看，农业保险有效需求的增长必然给保险组织带来保费收入的相应增长。由于农业产业化经营能将分散的农户组织起来，在农户之间、农户与保险组织之间形成高效的合作机制，这样就能有效防范逆选择现象和道德风险行为的发生，大幅降低农业保险的经营成本。(3) 从风险可保性的提高角度看，农业产业化所具有的产业一体化、生产专业化等特征，使农业风险逐渐符合同质风险单位的大数性、风险的可测度性等一般可保风险应具备的要件。而农业保险供需条件的整体改善，可使造成保险组织同农业生产经营者之间利益冲突的大部分客观原因和一部分主观原因消失。可见，产业化农户的立法培育能从根本上使保险组织和农业生产经营者之间的私-私农业保险利益关系、原生性农业保险利益关系、基础性农业保险利益关系从对立走向和谐。综上，产业化农户的立法培育是依法推进农业产业化的重要环节，对农业保险利益结构的优化具有整体性、根本性、长期性和潜移默化的特点。

鉴于我国现行农业产业化法律制度极不完善，产业化农户的立法培育应以完善此类法律制度为前提条件和中心环节。

一是完善农业产业化组织法律制度。我国小农生产有几千年的历史，"大国小农"是我国的基本国情农情，小规模家庭经营是农业的本源性制

---

① 虞锡君：《农业保险与农业产业化互动机制探析》，《农业经济问题》2005 年第 8 期，第 54~55 页。

度。① 农业产业化组织是农业产业化经营的直接参与者，在促进小农户与现代农业有机衔接中可起到立竿见影的重要作用，故理所当然地成为各发达国家农业产业化立法调整的重点对象。但我国现行法律中有关农业产业化组织的内容并不多，很有必要予以立法完善。鉴于小农具有数群庞大、类型分化、区域差异显著、农业保险意识普遍不强的特点，为促进小农户与现代农业的有机衔接，应抓住《中华人民共和国农民专业合作社法》（以下简称《农民专业合作社法》）和《中华人民共和国农村集体经济组织法》出台等契机，加快完善相关配套立法，将公司、合作和合同等农业产业化组织模式纳入法律调整范围，并引导农户通过入股、订单等方式融入产业链。②

二是完善农业产业结构指引法律制度。新中国成立后所实行的"村定为界"和"城乡二元分割"治理模式，使农业陷入了被低效的制度和技术双重锁定的路径依赖中，进而造成农业产业结构的一定惰性，难以进行有效调整以实现产业结构的高级化。③ 在促进城乡融合发展的当今，农业保险对农村一体化发展的影响具有农作物种植结构与农业产业等集聚上的异质性，而农业产业结构已成为农业保险推动农村一体化发展的重要媒介。④ 农业产业结构的优化就是不断调整农业产业结构，使其更能满足社会经济发展的新要求。这方面越强，其对农业经济增长和农户增收的助推作用也就越显著。鉴于此，为调整和优化农业产业结构，相关立法应在《农业法》第15~16条和《中华人民共和国乡村振兴促进法》第12条等既有法律规定的基础上，进一步明确规定农业产业结构指引的基本原则，完善农业产业结构指引中各方主体的权利（权力）、义务和责任的法律条款，创设农业产业结构分析和评价及预测、农业产业结构指引程序等方面的法律条款，特别是应规定农户在农业产业结构调整中经济利益受到损害时的权利救济机制。

---

① 习近平：《论"三农"工作》，中央文献出版社，2022，第245页。
② 霍雨佳：《农民合作社主导的农产品供应链：系统构建、协同合作与收益协调》，博士学位论文，东北农业大学，第20~21页。
③ 博沂：《我国农业产业结构调整中的路径依赖研究——一种新政治经济学的视角》，《经济问题》2008年第1期，第82页。
④ 郑军、邓明珠：《农业保险、农业产业结构与农村一体化发展》，《现代财经》2024年第9期，第103页。

　　三是完善农地流转法律制度。农地流转是农业产业化经营的必然要求。鉴于此，应在《农村土地承包法》第 2 章第 5 节及农业部颁布的《农村土地承包经营权流转管理办法》等所作法律规定的基础上，完善农地产权、[①]农地流转利益分配、农地流转方式、农地流转中介、农地流转程序等方面的法律规定。如，应采取有效措施鼓励农户依自愿有偿原则以租赁、转包、土地使用权抵押或入股等方式进行农地流转。

　　四是完善农业产业化资金投入法律制度。现行农业产业化资金投入立法明显滞后于时代发展的实际需要。如，《农业保险条例》第 9 条第 3 款只是规定"国家鼓励金融机构对投保农业保险的农民和农业生产经营组织加大信贷支持力度"，而缺乏针对投保农业原保险的产业化农户的特殊信贷制度设计。这直接导致农业产业化资金投入的严重不足。鉴于此，为科学构建"以财政支农为先导、以金融支农为主体"的农业产业化资金投入体系，应完善农业产业化财政投入和农业产业化信贷方面的法律规定，创设农业产业化投资基金方面的法律条款，让产业化农户获取相关资金支持具有更具可操作性的法律依据。如，应立法鼓励农业政策性银行、农村合作银行和商业银行等，针对"公司+农户"订单型、"公司+基地+农户"联结型、"公司+合作社+农户"带动型、"公司+养殖小区"辐射型等产业化经营模式，采取不同的信贷策略。

　　五是完善农业科技创新法律制度。发达国家农业产业化过程本质上就是现代科技应用于农业的过程。第二次世界大战后，这些国家农业增产中的 20%～30% 依靠科技进步实现；20 世纪 70 年代以后，这一比例已增至 60%～80%。这在很大程度上得益于它们通过立法所确立的市场诱导型的农业教育、科学研究和技术推广相结合的农业科技创新体系。依靠这种体制，它们大多实现了高度发达的机械化、高效的化学化、生物学技术的先进化和信息化。[②]我国应积极借鉴发达国家在农业科技创新领域的立法经验，完善农业机械化促进和农业技术推广法律规定。如，农业机械化发展基金是农机补贴以外的一种补充性农机政策性扶持措施。国家通过此类基金的导

_____

①　农地产权是指以农地作为财产客体的各种权利的总称，包括农地所有权、使用权、收益权和处分权。

②　李轶冰、杨改河、李全武：《发达国家农业产业结构升级及其启示》，《西北农林科技大学学报》（社会科学版）2002 年第 5 期，第 48 页。

向性投入，可极大调动民间资本投资农业机械的积极性，形成多元化、多层次的资金投入机制，促进农业机械化的健康发展。鉴于此，《中华人民共和国农业机械化促进法》（以下简称《农业机械化促进法》）应增设此类基金法律制度。

六是完善农业信息服务法律制度。鉴于农业信息服务对产业化农户的培育起到积极的推动作用，应在《农业法》第 42 条、74 条、96 条，《农业机械化促进法》第 5 条、22 条，《中华人民共和国农业技术推广法》第 10 条、11 条，以及《农民专业合作社法》第 2 条等对农业信息服务、农业机械化信息服务、农业技术信息服务所作原则性规定的基础上，完善农业信息服务主体、农业信息收集处理发布、农业信息服务利益分配等方面的法律规定。

七是完善农业产业化风险管理法律制度。农业产业化经营的风险较大，故应立法完善农业产业化自然风险管理、市场风险管理、信用风险管理和技术风险管理等方面的法律规定。

二 农业生产经营者农业保险意识培育的立法建议

鉴于农业生产经营者的参保意识淡薄是导致农业原保险的投保人和被保险人同政府与农业原保险人之间、社会公众同农业保险的投保人和保险人及补贴者之间利益失衡的重要原因，通过立法积极培育其农业保险意识，已成为大幅提升农业原保险的投保率并抑制逆选择现象和道德风险行为的重要途径之一。

具体言之，农业生产经营者农业保险意识的立法培育可主要从以下两方面入手。

一方面，依法推进农业产业化。有关研究表明，无论保障水平怎么设置，我国农业生产经营者的生产专业化程度和农业保险的支付意愿之间存在显著的正相关关系。农业生产经营者的种养规模越大、家庭年收入相应越高、认为农业保险越重要，其对政策性农业原保险的支付意愿相对就越高，且随着保障水平的提高而不断上升。[①] 究其原因，有多个方面。如，产

---

① 王尔大、于洋：《农户多保障水平下的作物保险支付意愿分析》，《农业经济问题》2010 年第 7 期，第 68 页。

业化农户在实现农业生产规模化和专业化的基础上，必然性地提高了资产专用性程度，进而增加了交易成本。农业生产经营规模的扩大要求生产性投资与之相适应，固定资产存量的扩大也会迫使农业生产经营者进一步追加投资。在资本约束的条件下，这势必降低产业化农户农业生产的灵活性，从而显著增加了其农业生产风险。风险的剧增必定会增强产业化农户的风险防范与规避意识。① 因此，为了切实提高农业生产经营者的农业保险意识以促进农业保险利益均衡，我国相关立法有必要围绕上述农业产业化组织、农业产业结构指引、农地流转、农业产业化资金投入、农业科技创新、农业信息服务等方面的法律制度建设，全面建立和完善农业产业化法律制度。

另一方面，依法规范农业保险宣传。农业保险宣传特别是政府所开展的农业保险宣传，在增强农业生产经营者农业保险意识方面的作用不可替代且有目共睹，故国内有学者建议我国借鉴美国在农业保险宣传方面的经验，即向农业生产经营者灌输"大灾来临时别指望政府将洪水舀出"的思想。② "授人以鱼不如授人以渔。"政府与其发放善款赈灾，不如充分发挥其宏观调控功能，从积极引导群众树立农业保险观念出发，广泛而持久地开展农业保险。但农业保险宣传工作在内容和形式上具有一定的随意性，如果不加以合理规范，则宣传工作会难以推进或宣传效果会大打折扣。因此，有必要通过立法手段对主体、形式、内容和经费作出规范，以保障农业保险宣传工作的顺利进行。《农业保险条例》第6条明确规定："国务院有关部门、机构和地方各级人民政府及其有关部门应当采取多种形式，加强对农业保险的宣传，提高农民和农业生产经营组织的保险意识，组织引导农民和农业生产经营组织积极参加农业保险。"该规定表明政府已对农业保险宣传工作在增强农业生产经营者农业保险意识中的重要意义有了充分认识，但仍比较抽象，可操作性不强，有待进一步细化。细化工作主要体现在以下四个方面。

第一，在主体方面，应明确规定农业保险的宣传机构。建议将农业保险的专门行政监管机构和农业保险行业协会作为法定的农业保险宣传机构。

① 常亮、贾金荣：《需求导向：政策性农业保险试点问题研究》，《贵州社会科学》2010年第8期，第106页。
② 金淑彬：《我国新农村建设中的农业保险问题探析》，《乡镇经济》2008年第1期，第105页。

其中，农业保险的专门行政监管机构除了应内设专门的农业保险宣传部门和专职的农业保险宣传人员，还可外聘保险领域特别是农业保险领域的知名专家、学者、资深律师、新闻媒体资深从业人员、相关基层政府部门的现任或离退休工作人员等作为专职或兼职的农业保险宣传人员。

第二，在形式方面，应鼓励通过广播、电视、报纸等广大群众喜闻乐见的大众传播媒体，特别是通过中央和地方电视台的新闻采访和公益广告栏目，来宣传农业保险。其中，通过电视台的新闻采访和公益广告栏目宣传农业保险的做法，既可大幅节省宣传费用，也可收到立竿见影的宣传效果。况且，此做法亦是全社会关心和支持农业保险发展原则对新闻媒体的必然要求，也有利于协调社会公众同农业保险的投保人和保险人及补贴者之间的利益关系。

第三，在内容方面，应规定农业保险宣传的内容涵盖农业保险基本理论、国家农业保险政策、农业保险基本法律知识、农业原保险人的情况及其标准农业保险合同、典型案例等，以便让农业生产经营者对农业保险有多层次、全方位了解，增强他们对农业保险及其提供者的信赖。尤其要面向种养大户、家庭农场、农业产业化龙头企业、农民专业合作社等新型农业经营主体，加大对与政策性农业保险有关的法律和政策的宣传力度，让其深入理解国家大力发展农业保险的战略意图。

第四，在经费方面，应对政府所开展的农业保险宣传规定专门的经费来源。具体有以下两种方案可供选择：在农业保险人特别是农业原保险人的保费收入中列支；在农业保险发展基金中列支。我国目前实践中采用的是第一种方案。比如，海南省财政厅与中国保监会海南监管局于 2013 年 4 月 3 日印发的《海南省农业保险工作经费管理暂行办法》第 3 条就明确规定，工作经费从每年该省农业保险年度工作方案规定的保险公司（机构）包干经营经费中列支；具体比例根据每年工作推进情况动态调整。[①] 比较而言，第一种方案虽主张将政府开展农业保险宣传所产生的费用列入农业保险人的经营管理费用，再由农业保险人从经营管理费用补贴中予以列支，

---

① 《海南省财政厅 中国保险监督管理委员会海南监管局关于印发〈海南省农业保险工作经费管理暂行办法〉的通知》（琼财债〔2013〕527 号），http://mof. hainan. gov. cn/sczt/nybssd/201306/ed-74dd959e3248cfb716b29111b62152. shtml，最后访问日期：2023 年 6 月 18 日。

但未考虑到政府一般是按保费收入的一定比例而非实际经营管理费用的总量来为农业保险人提供经营管理费用补贴的。即便是按实际经营管理费用的总量来为农业保险人提供经营管理费用补贴，也会因获取补贴的时间滞后而有损农业保险人的资金流动性。故该方案不利于充分调动农业保险人举办农业保险业务的积极性。第二种方案主张以县级以上财政拨款为主建立农业保险发展基金，用于农业保险补贴和农业保险宣传等方面的开支。此方案既考虑到搞好农业保险宣传是政府义不容辞的责任，也明确了财政是农业保险宣传经费的主要来源。只要以法律形式正式规定将对农业保险发展基金的拨款列入政府预算，并明确规定此类基金的用途包括开展农业保险宣传，该方案的采行就可缓解政府同农业保险人之间的利益冲突。当然，鉴于中西部地区不少地方财政较为困难，为减轻其农业保险宣传开支上的负担，应加大上级政府对下级政府的财政转移支付力度，从而切实减少上下级政府之间在农业保险宣传费用开支上的利益失衡。

第二节　农业原保险人的立法塑造

农业保险人的身份非常特殊，它们既是某种意义上的国家（政府）举办农业保险的代理人，又是农业保险合同的当事人，担负着向市场直接供给农业原保险产品和农业再保险产品的历史使命。但目前我国农业保险人存在着类型较为单一、专业性农业保险公司经营规模偏小、产品品种不多、运作不规范等问题，有待通过立法进行合理规制。从《农业保险条例》的内容来看，专门规范农业保险人的条文并不多，主要是第 17～20 条。其中，第 17 条规定了保险机构经营农业保险业务应符合的六个条件：有完善的基层服务网络；有专门的农业保险经营部门并配备相应的专业人员；有完善的农业保险内控制度；有稳健的农业再保险和大灾风险安排和风险应对预案；偿付能力符合国务院保险监督管理机构的规定；国务院保险监督管理机构规定的其他条件。第 18 条规定了农业保险人的自主经营、自负盈亏原则和农业保险业务单独核算原则。第 19 条第 1 款规定了农业保险人的费率拟订权。第 20 条对农业保险人的准备金评估和偿付能力报告的编制、财务管理与会计核算需要采取特殊原则及方法，进行了简单规定。上述规定显然过于简单，缺乏类型化制度设置，可操作性不强，远远不能满足农业保险人营业实践发展的制度需求。可见，在整体主义视角下对各类农业原保险人进行差异化的功能定位与制度设计，[1] 对现行形式意义上和实质意义上的农业保险法中有关农业保险人的准入和运作的内容进行大幅改革与完善，是促进农业保险人健康发展的必由之路。

一　商业性农业原保险人培育的立法建议

商业性农业原保险人在我国农业保险组织体系中的地位特别重要。从目前情况来看，人保财险、中华联合、上海安信、安华、国元等商业性农业原保险人承担着全国性或区域性的主要或全部农业原保险业务的经营。但这类保险人都是按《保险法》和《公司法》的一般规定来设立和运作的。专门法律规范的长期缺失导致其与政府、农业原保险的投保人之间存在一定利益冲突，制约了其进一步发展。鉴于此，建议在专门农业保险立法中，从以下几个主要方面对此类农业保险人进行合理规范。

（一）严格规定市场准入条件

美国商业性农业原保险人之所以运作良好，是因为它们都是经联邦政府精心挑选出来的资信良好的保险业佼佼者。我国可借鉴美国的经验，为挑选商业性农业原保险人设定严格的条件。在章程、注册资本、主要负责人的任职资格、组织机构、主要股东的资质、场所和设施以及服务网点、专业人才、偿付能力等条件中，以注册资本和偿付能力条件最能体现商业性农业原保险人的信用，故应予特别关注。以商业性的专业性农业保险公司为例，《保险法》规定保险公司的最低注册资本额为人民币 2 亿元，上海安信、安华的注册资本均为 2 亿元，符合《保险法》的要求。但农业的高风险性决定了商业性的专业性农业保险公司经营风险更大，一次大灾所造成的欠赔便可能导致失信于民，故建议适当提高其最低注册资本，如提高到 3 亿元。2008 年获批成立的国元的注册资本为人民币 3.05 亿元，显然这更能增强其偿付能力。鉴于《农业保险条例》第 17 条第 1 款中有关农业保

---

[1] 冯果：《整体主义视角下公司法的理念调适与体系重塑》，《中国法学》2021 年第 2 期，第 83 页。

险市场准入的条件只涉及农业保险人的营业条件，而与设立条件未直接相关，故应予以补充。

具体来说，我国综合性商业保险公司经营农业原保险业务，应符合银保监会办公厅于 2020 年 6 月 1 日印发的《关于进一步明确农业保险业务经营条件的通知》第 4 条和第 5 条所规定的有关总公司和省级分公司的条件。而商业性农业保险公司的设立条件则应包括以下方面。

一是有公司章程。章程由发起人负责起草，经股东大会表决通过，目的在于确定公司的设立宗旨（经营宗旨）、注册资本、组织机构、营业范围和利润分配方案等重要事项。

二是有符合法律规定的注册资本。对于综合性商业保险公司，《保险法》规定保险公司注册资本最低限额为人民币 2 亿元。对于商业性农业保险公司，上海安信、安华的注册资本均为 2 亿元，符合《保险法》中有关最低注册资本额的要求。传统理论认为，注册资本乃是保险公司信用的最重要体现。但鉴于农业风险的系统性决定了农业原保险人的经营风险更大，任何一次农业大灾中的不及时或不足额赔付都可能导致信誉受损，故有必要适度提高商业性农业保险公司的法定最低注册资本额，建议将其最低注册资本额提高到 3 亿~5 亿元。

三是有具备任职专业知识和业务工作经验的董事、监事和高级管理人员。综合性商险公司的业务经营均要求管理人员具有专业知识和业务工作经验。如 1996 年《保险管理暂行规定》第 5 条第 1 款第 3 项规定："保险公司从业人员中应有 60% 以上从事过保险工作和大专院校保险专业或相关专业的毕业生。"相对于综合性商险公司，商业性农业保险公司对农业原保险业务的经营，如农业原保险的费率厘定、保费管理和险种研发等，体现出更强的技术性。这必然对公司高层提出更高的职业要求，体现为其任职资格条件与选任程序要更加严格。

四是有专门的组织机构和管理制度。这里的组织机构包括公司的权力机构、决策机构、监督机构以及专门的农业保险管理机构等；管理制度则主要是指工资分配制度、农业原保险的承保和理赔制度以及代理制度等。

五是主要股东具有持续盈利能力，信誉良好，最近三年内无重大违法违规记录，净资产不低于人民币 2 亿元。《保险法》第 68 条第 1 款第 1 项对此作出了明确规定。这一股东资格条件可参照适用于全部或主要由企业投资设立的商业性农业保险公司。

六是有符合要求的营业场所和与经营业务有关的其他设施。就各国农业保险业的设施来看，商务电子化及国际互联网在农业保险业的作用日益明显。伦敦早在 20 世纪 90 年代就开始应用电子承保系统 ESP，极大加快了交易运转速度。因此，加强农业保险业务有关的设施建设实有必要。

七是符合法律和国家农业保险行政监管机构规定的其他条件。根据中国保监会《关于规范政策性农业保险业务管理的通知》（保监发〔2009〕56 号）第 1 条的规定，开办政策性农业原保险业务的保险公司原则上应具备以下条件。(1) 具有比较完善的农村保险服务网络及与业务规模相匹配的专业人才。(2) 具有较完备的政策性农业保险业务管理规章制度，能满足政策性农业保险业务发展、内控管理、理赔服务和防灾防损等需要。(3) 有较为稳健的农业再保险和大灾风险安排规划，以及完备的农业大灾风险应对预案。(4) 原则上上一年度末偿付能力充足率在 100% 以上。

八是符合其他审批条件。比如，在美国，私人保险公司应先提出农业原保险业务的开办申请，经联邦农作物保险公司批准后，方能涉足政府补贴的农作物原保险业务的经营。目前美国仅 19 家私人保险公司具有此资格。[①] 它们同联邦农作物保险公司订立合作协议，承诺执行诸项合同义务。在我国经营农业原保险业务，则应获得国家农业保险行政监管机构颁发的农业保险业务经营许可证。

（二）优化商业性农业保险公司的组织架构

鉴于公司法有关公司组织机构的规范是公司治理制度的主要内容，《公司法》对这方面规范的后续完善便成为提升公司治理效能的关键举措之一。[②] 在没有必要建立全国性的商业性农业保险公司的情况下，省级区域性的商业性农业保险公司的组建是我国农业保险经营模式的可行选择之一。在我国农业保险试点中，上海安信、安华和国元三家商业性农业保险公司都采用股份有限公司这一组织形式。股东会、董事会、经理和监事会等机

---

① 郑军、张航：《美国农业保险的利益相关者分析与成功经验》，《华中农业大学学报》（社会科学版）2018 年第 2 期，第 88 页。

② 赵旭东：《公司组织机构职权规范的制度安排与立法设计》，《政法论坛》2022 年第 4 期，第 88 页。

构设置齐全，分别依《公司法》第 112 条与第 59 条第 1 款和第 2 款、第
120 条第 2 款与第 67 条第 2 款、第 126 条第 2 款、第 131 条第 1 款与第 78
条之规定，行使其各自职权。上述机构设置更多体现出一般商业保险公司
的经营特点，但在农业保险方面的作用发挥得不是很明显。主要表现在，
现行法律规定的机构设置条件使部分主体（如投保农户、龙头企业和银行
等）很难参与到公司治理中来，各方利益无法得到平衡，为此，有必要对
其组织机构进行立法完善。

为有效发挥商业性农业保险公司的组织机构设置在促进农业保险利益
均衡方面的作用，建议相关立法从以下几个方面加强此类组织机构制度建
设。（1）优化董事会的组织机构。其一，规定董事会的成员资格，准许非
股东人士担任。针对董事是否仅限于具有股东身份者的问题，各个国家和
地区的法律规定不尽相同。法国《商事公司法》第 95 条规定，每位董事须
拥有公司章程规定的一定数量的本公司的股份。美国相关法律则未对董事
的股东身份加以规定。我国公司法也没有设置强制性条款。但为方便商业
性农业保险公司在股东以外选拔人才，以满足农业保险业务开展的特殊需
要，不宜规定董事须具备股东资格，可规定董事会成员中应包括一定数量
的具有丰富的农险工作经验的非股东董事。其二，在董事会下设农业保险
风险管理委员会，由其进行风险评估。其三，提高董事的专业化水平，可
通过建立专业培训机制来实现。如，上海安信、安华的董事多由股东单位
派出，且大部分是兼职，对农业保险的政策和发展状况缺乏深入的了解，
缺乏农业保险经营管理知识和缺少从业经历，决策能力有限，水平参差不
齐。这都需要董事会成员不断提高自身专业知识以弥补不足。其四，加强董
事会与监管机构之间的沟通和交流也是董事会建设的重要环节。（2）强化总
经理的职能。目前国外有关公司立法对股份有限公司总经理采取"任意设置
模式"。总经理的设置能使公司的管理活动进一步实现专门化，有效提高公
司的经营水平和竞争能力，因此，强化总经理职能，使总经理的设置实现
法定化刻不容缓。（3）完善监事会的成员组成制度。我国现行商业性农业
保险公司监事会的成员组成存在一定的不合理性。表现之一是，由公司职
工代表担任的监事受董事会和经理的牵制，难以有效行使其监事职权。表
现之二是，股东大会所选任的监事通常由股东单位的人员兼任，因其对农
业保险公司真实经营管理信息了解得不全面和不及时，也无法有效地对董

事会和经理的经营管理活动进行监督。鉴于此，为保证监事、监事会之地位的独立性以及执行职务的有效性和公正性，应完善商业性农业保险公司监事会的成员组成制度。一方面，监事会的成员一部分应来自股东的民主选择，另一部分应来自外部专业人士。外部监事宜负责对公司的财务状况与董事和高级管理人员的履职的合法合规性实施监督，以保证监事会基于客观、公正的立场履行自己的职责。另一方面，监事会成员的酬金应和公司脱钩，转由股东支付，以避免监事出于个人私利的目的而难以客观评判公司运行中的突出问题。

（三）推广以险养险模式

所谓以险养险，是指农业保险人同时经营政策性农业保险业务和其他涉农保险业务，并以其商业性保险项目的盈利来补贴政策性农业保险。其创新之处在于，以商业性保险项目的盈利来补贴政策性农业保险。该运行模式能在不过多增加农业保险人经营成本的同时增强其自我调节能力，从而降低其对政府补贴资金的依赖，而且更能满足农业生产经营者日益多样化的保险需求。国外的以险养险实践很成功，如菲律宾的非作物农业财产保险、墨西哥的农业生产设备保险和农民人身保险等。国内以险养险的试点也进展得很顺利，如江苏人保财险开办的"五小"车辆保险及家庭财产险，上海安信开办的涉农财产损失险和责任险等。故我国农业保险立法可直接对以险养险模式予以确认。但此模式也遭遇如何保证承担保险责任的险种的合理性及保险市场的平衡性和公平性等技术难题，因而在立法时需设计好相关的配套制度。如，中国保监会要求其种养两业保险的保费收入占全部保费收入的比例不得低于60%。这对推动商业性农业保险公司的专业化是有好处的，也是基本合理的，因而应为立法所肯定。当然，为增强此类农业保险公司的以险养险能力，可适度降低这一比例至51%。还可根据其专业化程度实行差异化补贴政策，即专业化程度越高，所享受的补贴率就越高，以引导其增加农业保险产品的供给。

（四）加大税收优惠力度

鉴于我国现行法律主要针对商业性农业保险人的税收优惠制度所存在的缺陷，已成为政府与商业性农业原保险人之间以及商业性农业原保险人与农业原保险的投保人之间的利益冲突的一个重要原因，建议在现行税制基础上，对商业性农业保险人所从事的种养两业的各类农业保险业务及其经营所得免征一切税收，对其所从事的其他涉农保险业务降低营业税和印花税税率，以有力激发其参与政策性农业保险的积极性。

二　政策性农业原保险人培育的立法建议

政策性农业原保险人的设立的非营利性特别有利于缓解商业性农业原保险人设立宗旨的营利性与农业保险经营的高风险性之间的矛盾，其财政兜底性和规模性也有利于解决合作性农业保险人经营模式偏小、偿付能力不足的问题。鉴于此，美国、加拿大、日本、菲律宾等国家十分重视政策性农业保险人的建设。中国保监会于 2003 年正式提出推动设立由地方财政兜底的政策性农业保险公司。遗憾的是，时至今日未取得实质性进展。至于由中央财政兜底的全国性政策性农业保险公司——中国农业保险有限责任公司和中国农业再保险有限责任公司——的组建更是遥遥无期。可见，为促进农业保险利益均衡，通过立法来积极培育此类农业保险人显得颇为必要。

（一）组建政策性农业保险公司

1. 严格规定市场准入条件

在股东人数及身份、注册资本、章程、主要负责人的任职资格、组织机构、场所和设施等条件中，以股东人数及身份、注册资本条件这两个条件最能体现政策性农业保险人的信用，故应予特别关注。以全国性的政策性农业原保险人——中国农业保险有限责任公司为例，在股东人数及身份上，依中国农业保险有限责任公司的政策性农业原保险人的性质，其应由国务院单独出资设立。即应采用国有独资公司形式，属于一人公司范畴。只不过相较一般一人公司，其特殊性在于股东是国家，而不是一般的自然人或法人。可见，中国农业保险有限责任公司的股东人数依法应只有一人。在注册资本最低限额上，它经营的是全国范围内的政策性农业原保险业务，而 2000 年《保险公司管理规定》第 7 条第 1 款第 1 项规定：在全国范围内经营保险业务的保险公司，实收货币资本金不低于人民币 5 亿元；在特定区域内经营业务的保险公司，实收货币资本金不低于人民币 2 亿元。虽然此法条已经失效，但对于中国农业保险有限责任公司来说，这个规定仍具有现实借鉴意义。并且，考虑到其所承保的农业风险往往是大灾风险，5 亿元的最低注册资本额方能较好地保证中国农业保险有限责任公司的运作。

具体而言，作为政策性农业原保险人的未来中国农业保险有限责任公司的设立，应满足以下实质条件。

一是股东符合法定人数。依此公司的政策性农业原保险人的性质，其应由国务院或财政部单独出资设立。即应采用国有独资公司形式，属于一人公司范畴。只不过相较于一般一人公司而言，其特殊性在于其股东为国家，而不是一般的自然人或法人。可见，此公司的股东人数依法应只有一人。

二是股东出资达到法定资本最低限额。《保险法》第 69 条以及 2015 年《保险公司管理规定》第 7 条规定，设立保险公司，其注册资本的最低限额为人民币 2 亿元，且必须为实缴货币资本。这是一般保险公司的最低注册资本额要求。关于此公司的法定注册资本问题，可从两个方面进行阐述。第一，从公司性质看，此公司是国家支农护农的重要政策性工具。农业风险的特殊性要求此公司必须具有雄厚的资本，足以应对农业大灾，及时弥补参保人保险标的的损失，保证农业生产的顺利进行。因此，对其最低注册资本额的要求至少应远高于对一般保险公司所要求的人民币 2 亿元的最低标准。第二，从地域范围看，此公司是央企级国有农业保险公司，经营全国范围内的政策性农业原保险业务，法定注册资本的最低限额宜定为人民币 50 亿元。[①]

三是有符合法律规定的公司章程。此公司属于国有独资公司，而根据《公司法》第 171 条的规定，国有独资公司章程由履行出资人职责的机构制定。因此，此公司的公司章程应由股东制定。

四是有公司名称，有健全的组织机构和管理制度。关于公司名称，根据 2021 年 3 月 1 日起施行的《企业名称登记管理规定》第 12 条的规定，由于此公司是全国性公司，所以它可以冠以"中国"的名号。而农业保险有限责任公司则充分体现了此公司的经营特点和组织形式。至于组织机构，

---

① 相对而言，省级国有农业保险公司主要经营省级行政区域内的政策性农业原保险业务，法定注册资本的最低限额则宜定为人民币 10 亿元。

此公司组织机构的设置也应同国有独资公司。公司一般包括决策机构、执行机构和监督机构。根据《公司法》第 66~70 条的规定，这些机构设置在国有独资公司中表现为不设股东会，而由国有资产监管机构行使股东会职权；董事会成员中的非职工代表由国有资产监管机构委派，职工代表则由职工代表大会选举产生；设经理，由董事会聘任或解聘；监事会成员不得少于 5 人，非职工代表由国有资产监管机构委派，职工代表由职工代表大会选举产生，主席则由国有资产监管机构从成员中指定。就管理制度而言，此公司应体现其公司性质，制定相关管理制度，以保证拥有农业保险公司所应具备的基本运转条件。

五是有具备任职专业知识和业务工作经验的董事、监事和高级管理人员。鉴于《保险公司董事、监事和高级管理人员任职资格管理规定》等对保险经营高级管理人员作出了任职资格要求，此类公司开展的农业原保险业务涉及保险和其他金融领域，从而要求其高级管理人员应熟悉甚至精通保险业务和金融管理等方面的专业知识与业务，并对国家相关政策具有很强的理解力和执行力。只有董事、监事和高级管理人员兼具上述几方面的知识、经验或能力，才能保证政策性农业原保险业务的顺利开展和资产的安全运作。

六是有符合要求的营业场所和与经营业务有关的其他设施。此条件是所有公司成立所应具备的基本条件，此公司也不例外。其中，拥有符合要求的固定经营场所和相关配套设施，能保证公司更好地开展业务活动。

七是符合国家农业保险监管机构规定的其他条件。专营或主营一、二级政策性农业原保险业务的此公司还应符合中国保监会《关于规范政策性农业保险业务管理的通知》（保监发〔2009〕56 号）第 1 条所规定的四项条件等。

八是符合其他审批条件。

2. 合理规定组织形式

政策性农业保险公司组织形式的选择只能是有限责任公司而不是股份有限公司。有限责任公司的设立程序较股份有限公司而言更加简便易行，而且有限责任公司的组织结构简单灵活，便于管理，容易协调，有利于为政策性农业原保险业务的开展节省运营成本。它虽不能像股份有限公司一样发行股票实现融资，但可保证其经营能保持在更为稳定的状态。此外，从政策性农业原保险人本身的性质来看，也只能选择有限责任公司形式。

成立中国农业保险有限责任公司的目的并不是营利，而是实现对农业发展的支持以及达到在整个社会结构中缩小行业收支差距、实现和谐社会的政策目标。如果采用股份有限公司的组织形式，那么就需要满足参与社会化融资的营利性要求，从而与政策性农业原保险人的设立宗旨不符。

3. 明确限定业务范围

因政策性农业保险人是政府依法组建的、不以营利为目的的政策性极强的农业保险经营机构，故此公司的业务范围应是特定而高度集中的，即主要限于政策性农业原保险业务，也可兼营部分商业性农业原保险业务。此外，为维持其财务上收支的基本平衡，还应允许此公司经营一些风险较小的涉农险业务，实现"以险养险"。

4. 明确规定政府的财税支持义务

针对商业性农业保险人的税收优惠制度的缺陷是造成农业保险利益冲突的重要原因。为此，应由法律明确规定由政府向作为政策性农业原保险人的此公司提供经营管理费补贴。并且，规定政府只对其中的政策性农业原保险业务提供此类补贴，以在增强政策性农业原保险人资金积累的前提下，减轻政府的财政负担。同时，相关立法还应加大对此公司的税收优惠力度，建议免除其政策性农业原保险业务的全部税收，以更有力地激发其参与政策性农业保险建设事业的积极性。

（二）组建政策性农业保险共保体

共保体在全球被广泛视为应对风险损失概率不确定的重特大工农业项目与罕见大灾的理想保险组织形式，尤适用于核保险和农业保险。[1] 其中，作为典型类型的政策性农业保险共保体，是指由两家以上保险人依法律、政策、章程等联合组成的，以有效分散农业系统性风险或特殊农业风险为己任、专营或主营政策性农业保险业务的保险组织。以其作为核心组织载体的政策性农业保险共保体模式则是指有关政策性农业保险共保体的组织与运作的具有相对独立性的内在统一的经营要素体系。迄今，已有西班牙、土耳其、澳大利亚等多国采用此模式。作为世界上农业系统性风险最严重

---

[1] 张蕴遐、关恒业：《巨灾保险共保体模式适应性的博弈分析》，《江西财经大学学报》2016年第6期，第71页。

的国家之一，我国尤需在农业再保险手段之外，以此模式从直保层面对农业生产保驾护航。浙江省于 2006 年率先成立了省政策性农业保险共保体。海南省随后于 2007 年成立了 3 家农业保险共保体。再后，云南、陕西、安徽、贵州、甘肃、西藏、江苏等省区，以及辽宁的大连、重庆的合川、山东的烟台等地市，纷纷效仿。目前，具有鲜明政策性的此模式已崛起为跟综合性商险公司独家经营模式齐名且在影响力上远超专业性农险公司独家经营模式的三大主要农险经营模式之一，具有在自然风险多、区域风险差异大的地区予以进一步推广的重要价值。① 但共保体在稳定性、竞争性、订约履约等方面存在一系列问题，亟待以强有力政策和法律手段加以解决。

1. 政策性农业保险共保体组织机制的科学构建

政策性农业保险共保体的组织性是其组织制度构建的逻辑起点。故建议在未来中央农业保险立法中，借鉴《再保险业务管理规定》的经验对其组织性予以确认，从而为此模式推广中的各项组织制度建设提供直接法律指引。

在法律地位上，应依政策性农业保险共保体各自组织形式加以区别对待。未来出于维护组织的稳定性以及经营的规范性和长期性的考虑，可效仿西班牙由多家保险公司共同入股组建农业保险共保体性质的西班牙农险总公司的做法，政策性农业保险共保体实行公司制的，当然要依《公司法》的规定取得法人资格。难点在于对非公司制农业保险共保体的法律地位界定。《民法典》在自然人和法人的基础上，新增了非法人组织这一民事主体类型。其第 102 条规定，非法人组织是不具有法人资格，但能依法以自己名义从事民事活动的组织，包括个人独资企业、合伙企业、不具有法人资格的专业服务机构等。笔者认为，非公司制政策性农业保险共保体具有非法人组织主体资格。理由有三。一是不具有法人资格。此类共保体在组织形式上实行准合伙型联营，但不构成合伙企业。一方面，其确实有合伙的某些重要特征，如共保体章程相当于一种临时性合伙契约，作为合伙人的成员可共同约定较短经营期限，一旦期限届满就散伙。另一方面，其又不符合普通合伙企业、有限合伙企业对无限连带责任、普通合伙人身份限制的一些基本要求。所以笔者在此将其称为准合伙型联营。二是能依法以

---

① 陈运来：《农业保险共保体模式的法律选择与制度展开》，《法商研究》2023 年第 6 期，第 143 页。

自己名义从事民商事活动。首席承保人或主承保人在执行共保体事务时，不管该共保体是否履行过设立登记手续，通常均应以后者名义进行。三是有组织体。此类共保体设共保委员会或执行机构等。鉴于此类共保体均专营或主营政策性农险业务，宜被纳入《民法典》第102条所列上述三种以外的其他非法人组织范畴，并以经营性非法人组织对待。

在组织机构上，现行政策性农业保险共保体的组织机构设置尚不完备，一般只设立共保委员会或执行机构，远远不能满足农险共保体事务处理需要。为此提出如下建议。一方面，未来非公司制政策性农业保险共保体的组织机构设置，可直接沿用中国农业保险再保险共同体设立成员大会和浙江省政策性农业保险共保体设立共保委员会和执行机构的做法，并适当参考航天共保体的相关做法，主要从以下方面着手完善：成立成员大会，作为最高权力机构；保留共保委员会，既作为代表机构和议事协调机构，又作为监督机构，并在其下酌设费用监管委员会等专门委员会；设立执行机构，代理经营农业保险业务。另一方面，未来公司制政策性农业保险共保体的组织机构设置，则可借鉴西班牙的经验，依公司法和农业保险法等规定设立股东大会、董事会、经理与监事会，各司其职。

在股东或成员通道上，应重点贯彻集中力量举办政策性农业保险、有限竞争和农业保险共保体维持三项基本原则，在以下两个方面的制度设计上做文章。为充分发挥作为发起人和"老大"的模范带头作用，有必要深入改革完善第一大股东和首席承保人或主承保人的产生和退出制度。

2. 政策性农业保险共保体经营机制的合理构建

在业务范围上，未来我国政策性农业保险共保体都带有一定政策性，[①] 由它们在自身承保能力范围内，经营政策性种养两业保险业务，能较好地体现有限竞争原则与农业保险共保体维持原则。广义的农业保险包括涉农险，故由其经营政策性涉农保险业务既在法理上无碍，也可在绩效上收到较好的以险养险效果，从而促进其可持续发展。但若让其经营纯商业性以险养险业务，则在理论上超越了"政策性"、"农险"和"涉农险"三个范畴，在实践上也因易与首席承保人或主承保人的自营业务相冲突，而在效

① 刘楚源：《农业巨灾保险共保体模式中市场主体的博弈模型分析》，《青海师范大学学报》（自然科学版）2022年第3期，第74~75页。

果上大打折扣，故应予排除。

在经营期限上，应力求与农业保险新政出台周期相适应。我国现行非公司制政策性农业保险共保体的每届经营期限，实行 1 年、3 年和 5 年的"三分法"。比较而言，1~2 年过短，不利于维持农业保险共保体稳定性；3~5 年适中，可在一定程度上促进农业保险共保体稳定性，并契合各地农险新政周期。至于未来国家级公司制政策性农业保险共保体经营期限的确定，应遵循与中央农险发展新规划出台周期相适应的原则，以 5 年以上为最佳选择。

三 合作性农业原保险人培育的立法建议

合作性农业原保险人通常是指由同一区域内因面临同样风险而具有相同保险需求的从事农业生产活动的农业生产经营者，按合作制原则自发组成的、不以营利为目的的农业风险互助保障组织。此类农业原保险人能有效消除信息不对称问题，从而大幅减少逆选择现象和道德风险行为的发生，并显著降低经营管理成本和费率，因而可有效解决农业原保险人同投保人和被保险人之间甚至农业原保险人同政府之间的利益失衡问题。鉴于此，德国、法国、意大利和日本等国均高度重视其发展。此类保险人制度其实特别适合广泛运用于我国这样小农经济型国家或地区。近年来，以黑龙江阳光为代表的合作性农业原保险人的建设虽取得一定进展，但还存在试点区域偏小、合作性农业再保险人缺失、监管陷两难等问题。造成这些问题的根本原因在于相关立法严重滞后——1985 年的《保险企业管理暂行条例》、2012 年修正的《农业法》、2006 年的《农民专业合作社法》、2015 年修订的《保险法》和《保险公司管理规定》等对合作性农业保险人未作规定，或规定不详而缺乏可操作性。如，由于黑龙江阳光没有资本金，又无法律依据，2007 年 4 月在工商行政管理机关办理年检时，就被拒绝通过。① 可见，通过立法积极培育此类农业保险人，是促进农业保险利益均衡的重要举措之一。具体来说，除了实行与商业性农业保险人一样的以险养险和税收优惠外，还应着重注意以下三个方面。

（1）明确规定市场准入条件。农业保险合作社的设立应依《农民专业合作社法》第 12 条、农业相互保险公司与合作性农业再保险人的设立应参

---

① 谢汪送：《农业合作保险：制度优势和发展路径》，《经济视角》2010 年第 11 期，第 62~63 页。

照《公司法》第 92 条和第 94~95 条与《保险法》第 68 条等的规定，符合成员、成员出资或保证基金、章程、组织机构、名称和住所以及（或）主要负责人的任职资格等方面的条件。

其中，农业保险合作社的设立应同时满足《民法典》第 58 条第 2 款所规定的一般法人设立条件和《农民专业合作社法》第 12 条关于农民专业合作社设立条件的规定，即农业保险合作社的设立需同时满足组织章程、独立财产、成员资格和经营场所等要求。至于"能够独立承担民事责任"，笔者认为它是法人与非法人团体的主要区别，是社会组织体获得法人资格的结果而非获得法人资格的条件。基于以上分析，农业保险合作社的设立条件应主要包括：有一定数量的设立人，即有一些符合社员资格条件的社员；有自己的章程或组织规章；有自己的名称、组织机构和住所；有独立的财产或经费。

对于农业相互保险公司，应根据《公司法》第 92 条和第 94~95 条所规定的股份有限责任公司设立条件并结合其特质来设定其具体的设立条件。一是制定公司章程。公司章程通常由发起人起草，载明公司目的、公司名称、主要办事机构所在地、经营范围、创始基金总额、基金偿还办法、盈余分配方法、发起人姓名及住所、公司组织机构、存续年限等重大事项，由创立大会通过。二是有创始基金。由于相互保险公司没有注册资本，而只有创始基金，因此我国《保险法》关于保险公司注册资本最低限额人民币 2 亿元的规定不适用于农业相互保险公司。国外对相互保险公司创始基金的要求与对股份有限公司注册资本的要求相同。但农业相互保险公司与一般相互保险公司相比有其政策性的一面，故不能照搬国外的规定。并且，由于农业相互保险公司是专营或主营农业保险业务的公司，故建议在农业保险立法中规定农业相互保险公司的创始基金最低限额时，应结合农业相互保险公司的规模和当地农业生产经营者的收入水平来设定。三是有具有任职专业知识和业务工作经验的董事、监事和高级管理人员。由于农业相互保险公司是专业性很强的保险公司，因此要求其管理层不仅应具有一般的管理知识和经验，还应具有农业和农业保险方面的专业知识。四是有公司名称，建立符合农业相互保险公司要求的组织机构。五是有住所以及符合要求的营业场所和与经营业务有关的其他设施。如，建立或配备为实现防灾减损目标的以人工增雨、防雹等为主要内容的防灾减灾设备、设施。六是符合其他审批条件。农业相互保险公司的设立需经国务院同意和国家农业保险监管机构批准。

（2）实行民主管理。在内部治理上，既要防止被政府、公司、龙头企业或内部人员控制，还要把组织成本降至最低。故实行以一人一票为核心的民主管理，是各类合作性农业保险人要遵循的一个基本原则。其民主管理制度应涵盖政府引导、民主选举、民主决策、民主管理和民主监督五个方面。[①] 不过，考虑到筹资难的实际情况，现行相关立法在维护"成员多数决"原则、以一人一票为基本表决权的基础上，创设了附加表决权制度。如，基于实践中出现的"大户"或内部人控制问题，将此类表决权限定在基本表决权总数的20%以内，并规定通过章程可限制此类表决权的行使范围。这些民主管理制度应在农业保险立法中得到进一步细化。唯其如此，合作性农业保险人才能真正代表其成员的利益。[②]

（3）合理规定业务范围。除了农业保险合作社乃专营社员所在区域内的农业原保险业务，农业相互保险公司和合作性农业再保险人的业务范围则复杂得多，有必要在立法上加以详细规制。其中，基于农业相互保险公司的地域性明显和风险自控能力强的特点，农业保险法可将其业务范围规定为本系统内的政策性农业原保险业务和商业性农业原保险业务，以及本系统内的自愿性农业原保险业务和强制性农业原保险业务，以促进合作区域内农业保险利益均衡为己任。在行政许可意义上，由于这类主营业务属于足以决定农业保险交易决策并制约交易安全或市场秩序的核心营业事项，因而建议将其列入法定登记范围或事项。[③]

第三节　农业保险中介人的立法塑造

一　农业保险代理人培育的立法建议

农业保险代理人系指在农业保险市场交易中，接受农业保险人的委托，

---

① 李娟：《山西省建立农业保险合作社制度构建研究》，《山西农业大学学报》（社会科学版）2015年第4期，第368~369页。

② 马跃进：《合作社的法律属性》，《法学研究》2007年第6期，第36~37页。

③ 肖海军：《论商事登记事项的立法确定——兼评〈商事主体登记管理条例（草案）〉》，《法学论坛》2021年第4期，第68页。

向农业保险人收取佣金，而在农业保险人的授权范围内代办农业保险业务的个人或单位。它在农业保险中介人体系中居于核心地位。但目前我国农业保险代理人的组织和运作仍不规范，极易造成其与委托人之间以及农业保险合同当事人之间的利益冲突。故建议相关立法从以下主要方面对此类代理人进行合理规范。

1. 合理规定主体资格条件

一是合理规定农业保险专业代理机构的主体资格条件。2009 年中国保监会颁布了《保险专业代理机构监管规定》。① 根据第 2 条规定，设立此类代理机构应符合第 6 条与第 7 条等规定的股东与发起人、注册资本、章程、法定代表人与高级管理人员的任职资格、组织机构与管理制度、住所以及办公设施等方面的条件。此文件已废止，笔者也认为，其中某些条件适用于此类代理机构并不具有合理性。如，依第 21 条第 4 款规定，此类代理机构的董事长、执行董事和高级管理人员应具有两年以上的经济工作经验。笔者认为，在我国农业保险立法中应强调，此类代理机构的董事长、执行董事与高级管理人员应具有两年以上农业保险或其他农村保险或其他农村经济工作的从业经验。此乃由此类代理市场的特殊性所决定的。一方面，国内城乡人口的分布差异显著，城市人口居住得较为集中，农村人口居住得非常分散。另一方面，我国农业生产经营者靠天吃饭的传统观念根深蒂固，再加之农民的文化水平普遍不高、农业保险宣传少之又少且多流于形式，从而导致广大农业生产经营者依靠购买农业保险来转移农业风险的现代风险管理意识普遍缺失。上述两大特点决定了农村农业保险代理业务的开展同城市保险代理业务的开展相比，在经营策略和经营方式等方面，有明显区别。但由于农业生产经营者的保险意识较为淡薄，如果只是简单地采取媒体宣传的方式，则很难唤醒其保险意识。若通过登门拜访，通过近距离面谈，则更有可能促成农业保险合同的签订。因此，强调此类代理机构的董事长等高级管理人员应具有农业保险或其他农村保险或其他农村经济工作的从业经验，有利于保证其经营决策更切合我国的农村实际，从而促进此类代理机构的健康发展。

二是合理规定农业保险兼业代理机构的主体资格条件。依中国保监会

① 《保险专业代理机构监管规定》现已废止。

2000 年颁布的《保险兼业代理管理暂行办法》第 7 条的规定，主体资格条件包括：具有工商行政管理机关核发的营业执照；有同经营主业直接相关的一定规模的保险代理业务来源；有固定的营业场所；具有在其营业场所直接代理保险业务的便利条件。不过，上述规定显得过于简单、粗糙。又如，第 4 条对便利条件所作的规定在语义上较为模糊，在缺乏权威机构的合理解释的情况下，极易诱发农业保险兼业代理机构的打"擦边球"现象，从而给此类代理机构主体资格的认定造成现实障碍。此外，某些条件也不能满足农业保险兼业代理的现实需要。例如，在我国，以农科院、农业机械部门、畜牧站、农技站为代表的事业单位兼业代理农业保险业务的现象不少。依照《保险兼业代理管理暂行办法》第 5 条和第 7 条的规定，这些机构显然不能取得工商营业执照，达不到农业保险兼业代理机构的法定主体资格条件。这就造成其在农业保险代理上的主体身份尴尬。但若不许其开展农业保险代理业务，实践中又找不到更为恰当的主体。[1] 可见，农业保险兼业代理机构主体资格条件的设置，除根据农业保险兼业代理的特点对某些条件予以具体化外，笔者认为最为重要的是要根据现实需要在条件设置上允许事业单位兼业代理农业保险业务。鉴于《保险兼业代理管理暂行办法》第 5 条所作党政机关及其职能部门、事业单位与社会团体不得从事保险代理业务的否定性规定，不利于农业保险兼业代理业务的发展，《农业保险条例》第 21 条审时度势地规定了保险机构可委托基层农业技术推广等机构协办农业保险业务，从而在立法层面上表明，对于从事经营活动的涉农事业单位，由于兼业代理农业保险业务与其自身的性质并不矛盾，故可允许其开展各类农业保险兼业代理业务。这可称得上是一项农业保险法律制度创举，完全值得肯定和发展。

2. 合理规定业务范围

依《保险专业代理机构监管规定》第 28 条和《保险兼业代理机构管理试点办法》第 51 条所作的规定，保险专业代理机构与保险兼业代理机构的业务范围包括四类：代理销售保险产品；代理收取保费；代理保险的理赔；中国保监会规定的其他业务。个人保险代理人的业务范围则尚无相关法律或政策规定，在实践中通常参照上述规定操作。笔者认为，出于农业保险

---

[1]　杨华柏：《加快农业保险立法进程》，《中国金融》2012 年第 8 期，第 41 页。

的专业性和复杂性、现实中农业保险代理人的素质参差不齐以及促进农业保险代理活动的公平与效率的考量，我国农业保险立法可在改革上述规定的基础上，将农业保险代理人的业务范围规定为基本业务和附加业务两类。其中，基本业务是指如当事人无特别约定，各类农业保险代理人均可从事的业务，包括代销农业保险产品和代收农业保险保费；附加业务是指只有当事人特别约定，农业保险代理人才可从事的业务，包括代理农业保险的理赔，以及当事人特别约定的与法律、行政法规的有关规定和有关监管规定不冲突的其他业务。

3. 合理规定权义

代理权是农业保险代理人开展代理活动的合法依据，同时也是其对抗保险人最好的武器。"代理人的权利拘束着本人，而本人的授权也限制着本人。"[1] 根据代理合同的性质与农业保险代理业务开展的需要，农业保险代理人主要享有以下权利。（1）独立开展业务。农业保险代理人有权以保险人的名义在授权范围内独立自主地开展业务，不受任何外来的干涉。（2）要求保险人提供必要协助。为了保证展业活动的顺利进行，农业保险代理人有权要求保险人提供相应便利。（3）要求保险人支付代理佣金。农业保险代理人在授权范围内完成代理业务后，有权根据代理业务的数量和质量要求保险人支付相应的佣金。

农业保险代理人应履行的义务主要包括以下几点。（1）亲自代理。代理的基本规则之一是，在接受委托人授权后除非出现紧急情况并且是为了保险人的利益，保险代理人不得擅自将代理权转让给他人。（2）及时转交保费。对于所代收的保费，农业保险代理人应及时转交给保险人，不得拖欠、扣留、挪用，否则应承担相应的法律责任。（3）诚实守信。根据诚实信用原则，在农业保险代理活动中，一方面农业保险代理人要将投保人、被保险人、保险标的的情况及时、准确地告知投保人（被保险人），另一方面也应将保险人的基本情况、保险条款的具体内容如实告知投保人、被保险人，对于合同格式条款特别是免责条款更应详加解释。

4. 合理规定佣金

佣金是农业保险代理人的关键利益所在。以支付佣金为激励手段，能

---

[1] Dowrick., *The Relationship of Principle and Agent* （1954）17MLR24 at 36.

最大限度地推动农业保险代理人发展新客户，增加保单业务量，从而有利于增加农业保险人的业绩，迅速拓展其市场份额。但一味追求佣金，也会产生欺诈、服务质量降低、孤儿保单等损害农业保险人或投保人（被保险人）利益的多重负面影响。所以，一方面，有必要改革现行唯业务量是从的农业保险佣金支付标准，在确定农业保险代理佣金时，应综合考量代理人类型、代理业务量、服务质量、服务年限等因素。[①] 另一方面，根据农业保险期限通常较短的特点，应对现行一次性农业保险代理佣金支付方式作出改进。建议依农业保险合同期限的长短采行差异化佣金支付方式。农业保险合同期限在 1 年以内（含）的，代理佣金的支付方式可规定为于农业保险合同订立时先支付一部分，其余则待农业保险合同终止时再予支付；农业保险合同期限在 1 年以上的，可采取平均佣金制。这样，既可切实保障农业保险代理人的利益，也可有效维护农业保险人和投保人（被保险人）的利益。

二　农业保险经纪人培育的立法建议

农业保险经纪人是指在农业保险市场交易活动中，受投保人或被保险人委托，为保险合同双方订约提供介绍、咨询服务或代为订约的机构。我国农业保险经纪人的运作尚不规范。特别是，由农业保险人支付佣金使得农业保险经纪人难以代表投保人和被保险人的利益。故建议相关立法从以下主要方面对此类经纪人进行合理规范。

1. 合理规定主体资格条件

2009 年中国保监会颁布并于 2015 年修订的《保险经纪机构监管规定》第 2 章规定了设立保险经纪人所应具备的包括股东、发起人、注册资本、公司章程、董事长、执行董事、高级管理人员、组织机构、管理制度、住所、硬件设施等在内的基本条件。关于农业保险经纪人的主体资格条件，笔者认为除股东、发起人方面的条件不符合以外，其他条件均符合农业保险经纪人的发展要求，故可为农业保险立法直接借鉴。

根据《保险经纪机构监管规定》第 7 条的规定，保险经纪公司股东、

---

① 袁光林、袁颖明：《"佣金"与"手续费"的差别辨析——兼议强化保险佣金的管理》，《福建金融》2012 年第 6 期，第 17 页。

发起人要求信誉良好，最近 3 年无重大违法记录。同时根据第 9 条第 1 款规定，法律、行政法规规定不能投资企业的单位或个人，不得成为保险经纪公司的发起人或股东。这些条件与我国农业保险经纪人的要求相适应，在以后农业保险立法中可直接沿用。在第 9 条第 2 款对保险公司、保险公司员工、保险中介机构的董事或高级管理人员投资保险经纪企业进行了限制，保险公司员工投资保险经纪公司的，应当书面告知所在保险公司；保险公司、保险中介机构的董事或者高级管理人员投资保险经纪公司的，应当根据《公司法》有关规定取得股东会或者股东大会的同意。虽然对于保险公司投资保险经纪企业在程序上进行了限制，但基于保护投保人和被保险人的利益的考虑，在我国农业保险立法中应对保险公司投资农业保险经纪企业进行进一步限制，禁止其成为农业保险经纪企业的董事及其他高级管理人员。农业保险经纪人接受投保人或被保险人的委托，提供专业的农业保险经纪服务，其职业的基本要求就是忠实维护投保人、被保险人的利益。同时，农业保险经纪人作为农业保险经纪企业的员工，有义务维护企业的利益，在允许保险公司投资农业保险经纪企业，并允许其成为农业保险经纪企业的董事或其他高级管理人员时，其可能利用职权施压保险经纪公司从业人员，从而可能损害投保人或者被保险人的利益。因此，笔者认为在我国农业保险立法中应明确禁止农业保险人的在职工作人员担任农业保险经纪人的董事、监事、经理等高级职务，并禁止其擅自介入保险经纪机构的日常运营，只有这样才有利于保证农业保险经纪人的中立立场。

2. 合理规定权义

作为农业保险经纪人，在接受投保人或被保险人的委托后，其必须根据农业保险经纪合同的约定提供相应的经纪服务。在展业过程中，根据保险经纪合同的规定，农业保险经纪人享有以下权利。（1）收取报酬。农业保险经纪人根据农业保险经纪合同约定提供相应经纪服务后，有权从投保人处获取相应的报酬。（2）要求委托人提供相关协助。为了有效完成农业保险经纪合同约定的事项，农业保险经纪人有权要求投保人提供相应的便利。（3）留置保单。根据保险经纪惯例，当保险经纪人完成约定事项后，在投保人支付报酬前，其有权留置保单。

与享有的权利相对应，农业保险经纪人应履行以下义务。（1）忠诚。农业保险经纪人被称为投保人的盟友，其首要义务便是忠于投保人的利益。（2）及时报告。农业保险经纪人必须将保险合同的情况和保险市场的信息如实告知投保人，便于投保人及时了解经纪业务的进展。（3）协助索赔。当农业风险事故发生后，农业保险经纪人有义务协助投保人进行索赔。

3. 合理规定佣金

鉴于现行由保险人支付佣金的做法可能诱发保险人与保险经纪人之间的暗箱操作，有学者建议采用从客户处直接收取相应的咨询费来取代现行的支付方式。[①] 笔者认为，该建议失之偏颇，因为由保险人向保险经纪人支付佣金具有一定的合理性。如，从其他国家对保险经纪业务的佣金收取方式看，这是主流做法。即便如此，农业保险经纪佣金的支付也没必要完全套用这一方式。较为合理的做法是，根据农业生产经营者经营规模的不同，采取区别对待的灵活策略。即农业生产经营者经营规模较小的，仍然采用由农业保险人向农业保险经纪人支付佣金的方式；农业生产经营者经营规模较大的，则采用由农业保险人和农业生产经营者平均分担佣金的方式。第一种做法有利于满足小规模农业生产经营者的保险经纪需要。第二种做法有利于大幅减轻农业保险人支付此类佣金的压力。从法理上看，农业保险经纪人开展经纪业务的受益对象不仅包括投保人，也包括农业保险人。这是因为，农业保险经纪有利于消除农业保险人与投保人之间的不信任，从而促进农业保险合同的达成。而且，农业保险经纪人提供的防灾减损服务会提高保险标的的抗风险能力，从而降低农业保险的赔付率。因此，由两者平均分担佣金开支的做法，符合"谁受益，谁付费"的原则。何况，经营规模较大的农业生产经营者已具有较强的保险意识和付费能力。当然，还值得强调的是，农业保险立法应在《保险经纪人监管规定》第37条第3款等的基础上，进一步完善农业保险经纪佣金的公开制度和检查制度，以确保农业保险经纪佣金的公开与透明，并有效遏制农业保险经纪人为追求高额佣金而损害投保人利益情形的发生。

三　农业保险公估人培育的立法建议

农业保险公估人是指在农业保险市场交易活动中，接受保险当事人的

---

① 石小航：《对保险经纪佣金支付方式的思考》，《中国保险》2009 年第 2 期，第 29 页。

委托，以中立第三人的身份为保险标的提供评估、鉴定、估损、理算等业务，依法收取一定佣金的单位。我国农业保险公估人的运作还不规范。如，由于农业保险公估从业人员素质参差不齐，所作出的公估结论不一定科学、公正，由此可能导致农业生产经营者的不满。故建议相关立法从以下主要方面对此类公估人进行合理规范。

1. 合理规定主体资格条件

目前，我国农业保险公估人的资格条件遵从 2018 年修订的《保险公估人监管规定》的相关规定。在其第 16 条详细规定了设立保险公估人所必需的诸如股东、合伙人、营运资金、公司章程、董事长和执行董事及高级管理人员任职资格等在内的十一项基本条件。以上条件均与我国农业保险公估发展现状相符，在我国农业保险立法中可以直接借鉴。

对于农业保险公估人的资格取得条件除了以上几项，笔者认为还应增加"具有适量的农业保险公估从业人员"这一项。农业保险公估从业人员具体负责开展公估业务，其专业知识、技能等对确保公估结论的准确、客观具有决定性的作用。根据 2015 年《保险公估机构监管规定》第 29 条规定，保险公估机构及其分支机构的从业人员应当符合中国保监会规定的条件，需持有中国保监会规定的资格证书。但中国保监会并未出台专门的规定对此予以明确。因此，目前我国保险公估从业人员的资格条件取决于是否取得保险公估从业资格证书。从保险公估从业资格考试报名条件看，仅需年满 18 周岁且具有完全民事行为能力，并具有高中以上文化程度。由此可知，目前我国保险公估从业人员的资格条件包括：年满 18 周岁且具有完全民事行为能力；具有高中以上文化程度；持有保险公估从业资格证书。对于第 1 项有关民事行为能力与第 3 项从业资格证书的规定，符合我国保险公估实践，而对于第 2 项关于文化程度的规定，笔者认为其要求过低。保险公估从业人员的文化程度应为大专及以上且以保险、法律等与保险公估相关的专业为宜。对保险公估人的文化程度以及具有的专业知识要求较高，主要是由保险公估人执业特点所决定的。保险公估人主要从事保险理赔、评估业务，不仅要对保险标的进行价值评估，还要进行损失鉴定、分析事故原因等。保险标的的差异性、保险风险发生的多样性等原因，增加了保险公估的难度，为了确保保险公估结论的客观性、科学性，保险公估从业人员只能是具有各种专业背景并熟悉保险业务的专业技术人员。作为一名保险公估从业人员，不仅要精通保险专业知识，通晓相关的法律专业知识，还要了解相关的工程技术领域知识，了解保险标的在各种灾害中可能遇到的损害，以及灾害的预防、损失的计算等。[①] 仅具有高中文化程度的保险公估从业人员，由于缺乏长时间系统的专业技术知识学习，对于理解保险条款、熟练运用相关法律、准确鉴定损失等存在较大困难。由于农业风险和保险标的的特殊性，农业保险公估从业人员与其他领域保险公估从业人员相比，执业难度更大。首先，农业风险种类多，发生极不规律且伴发性强，从而加剧了农业保险防灾减损的难度，也造成农业损失责任难以划分。其次，农业保险的保险标的大多是有生命的动植物，生长周期较长，从而导致保险价值难以确定。最后，农业保险标的多数是有生命的、有生长机能的动植物，其具有一定的自我恢复能力，因此在定损理赔上比一般的保险产品复杂。鉴于《保险公估人监管规定》对保险公估从业人员的从业条件规定得较低，可能不利于其展业，故在农业保险立法中，应提高对农业保险公估从业人员文化水平、技术知识的要求，要求其具有大专及以上文化程度更为合适。

2. 合理规定公估费

《保险法》和《保险公估机构监管规定》均未对保险公估费作出规定。在农业保险实践中，由于我国目前尚无专业的农业保险公估机构，农业保险的查勘定损或由保险公司自行操作，或由农业保险合同当事人一方或双方委托的一般保险公估机构进行，因此并未规定统一的农业保险公估费的计算标准，而公估费收取的失范极易损害农业保险公估人、农业保险人和农业生产经营者的利益。鉴于此，相关立法应在目前保险公估费收取的基础上，借鉴国外公估计费标准的合理因素，明确农业保险公估费的收取标准，保证公估价格的科学、合理。

在国际上，英国、美国等国家没有对农业保险公估设置统一的收费标准，保险公估费通常由委托人与保险公估人自由协商确定。韩国根据付费者身份的不同设置不同标准，当公估费为保险公司支付时，具体费用由保险公估人与保险公司协商确定，当投保人、被保险人、受益人支付保险公估费时，公估费用由保险公估人单独确定，但是其报酬必须事先获

[①] 何惠珍：《保险中介理论与实务》，浙江大学出版社，2009，第 150 页。

得金融监督员的认可。日本保险公估费一般由标准报酬、各项经费、住宿费、日工资构成，其标准报酬是按评估资产额确定为一定数量的固定金额。[①] 笔者认为，日本的做法值得借鉴。日本根据评估标的价值乘以不同的比例作为公估的标准报酬，再加上其他经费的方法，不仅简易，而且可根据保险公估标的的不同、花费的时间等收取不同的费用，较为合理。但是在具体标准的设计上，我国可采用保险公估标的的价值、索赔金额或者定损金额乘以一定的比例作为农业保险公估的标准金额，再综合考虑保险标的的公估技术要求、花费的时间、差旅费等具体确定最后的金额。

---

① 何惠珍：《保险中介理论与实务》，浙江大学出版社，2009，第182页。

◈ 第三编 ◈

农业保险利益失衡法律协调机制的具体构建

第七章　农业保险自行性调节机制的构建

如前所述，自行性调节机制通过农业保险关系主体一方权利（义务）对另一方权利（义务）的自行性制约达到调整利益关系的目的，主要体现为农业保险合同机制。它存在于私法中。农业保险是一种以合同为媒介的保险产品。这使农业保险利益关系的调整离不开以合同机制为核心内容、以自治机制和协商性纠纷解决机制为重要补充的自行性调节机制。这一机制对利益关系的调整具有自由和平等的价值特征，在农业保险利益失衡法律协调机制体系中起基础性作用。其中，自由即强调农业保险民商事关系主体的意思自治，平等即强调这些主体的法律资格及法律地位一律平等。鉴于自行性调节机制的缺陷使农业保险合同主体之间的利益分配失衡，为促进利益均衡，有必要通过立法对此类调节机制进行完善。

第一节　农业原保险合同制度的建立与完善

一　农业原保险合同条款的优化

出于防治逆选择和道德风险以及确保内容易解性的需要，农业保险立法应在总结相关实践经验的基础上，从以下主要方面对农业原保险合同条款进行优化。

一是允许在必要时设置绝对免赔额条款。绝对免赔额条款是指在合同中规定农业原保险人可从损失中扣除预约的固定金额，剩余部分作为保险赔款。即只有当损失超过绝对免赔额时，农业原保险人才承担超过部分的赔付责任。如，在一份甘蔗种植火灾保险合同中可明确规定：保险事故发生后，农业原保险人先按该保单保险面积扣除10%的绝对免赔额，再来计赔。此类条款要求被保险人承担一些小额损失，这样就可以避免频繁理赔，降低保险经营成本，并降低保险费率。而低费率又可以吸引风险水平较低的农业生产经营者参保，减少逆选择现象的发生。绝对免赔比例以 10% ~ 15% 为宜，不应设置太高，也不得重复计算，以免削弱投保人投保的积极性、损害被保险人的利益。

此类条款源于国外实践，旨在抑制农业保险中的道德风险；也曾广泛应用于我国实践，但引起了投保农户的不满。所以农业部、财政部和保监会联合发布了《关于进一步完善中央财政保费补贴型农业保险产品条款拟订工作的通知》，要求农业保险承保机构在种植业保险及能繁母猪、生猪、奶牛等按头（只）保险的大牲畜保险条款中不得设置绝对免赔。① 但对林业保险与水产养殖保险以及中央财政保费补贴以外的其他农业保险产品未作出上述限制。

二是允许设计共保免赔额条款。共保免赔额条款是指在保险事故发生后，对损失超过绝对免赔额的部分，农业原保险人只承担大部分赔偿责任，其余损失由被保险人自负。如，可在上述甘蔗种植火灾保险合同条款中规定：在农业原保险人按该保单保险面积扣除 10% 的绝对免赔额后，对被烧毁的甘蔗按保险金额的 80% 赔付。设计此类条款的目的在于增加被保险人实施道德风险行为的成本。与绝对免赔额条款类似，共保免赔比例以 10% ~ 20% 为宜，不应设置太高，也不得重复计算，以免削弱投保人投保的积极性、损害被保险人的利益。而《农业保险条例》第 15 条第 1 款所作保险机构应按农业保险合同约定依核定的保险标的损失程度足额支付应赔保险金的规定，既回避了绝对免赔额条款问题，也回避了共保免赔额条款问题，似有不妥。故建议未来在"农业保险法"中对上述两项制度予以确认，并规定适用情形，以有效防治农业原保险合同订立、履行中的逆选择和道德风险。

三是提倡设计多档次费率条款。根据产量设计不同档次的费率条款，即产量越高，费率越低；反之，则相反。如，毛里求斯糖业保险基金为防止出现逆选择现象，将保险费率体系设计为与平均产量负相关的 100 个档次，从而激励投保人（被保险人）努力工作、精心管理，以调整自己的费率档次，少交保费却能获得较多保障。② 我国农业保险立法可借鉴这一域外

---

① 《新一波惠农政策：农业保险"不得设置绝对免赔"！》，《山东科技报》2016 年 8 月 10 日。
② 鲍晓娟、原爱娟、张真真：《浅析农业保险与政府作为》，《安徽农学通报》2004 年第 2 期，第 14 页。

经验，鼓励农业原保险人开发多档次农业原保险费率条款，以有效遏制逆选择现象滋生蔓延。鉴于《农业保险条例》对多档次费率制度未作出明确规定，建议未来在"农业保险法"中加以确认。

四是提倡设计无赔款优待条款。此类条款是指投保人或被保险人若在一定保险期间内没有索赔经历，即可获得优惠的保费待遇。如，可在农业原保险合同条款中规定：一年无索赔的，保费减少 10%；三年无索赔的，保费减少 15%；五年无索赔的，保费减少 20%。设计此类条款旨在降低风险较小的农业生产经营者参保的实际费率，激发其参保积极性，从而有效遏制逆选择现象；激励参保的农业生产经营者诚实劳动、高效生产，自觉抵制道德风险。故应在农业保险立法中对无赔款优待制度加以明确规定。

五是提倡设计连续性条款。与一次性合同相比，连续性合同最大的优势在于，有利于避免逆选择行为，并降低交易成本。在国外，菲律宾农作物保险公司就推出两季保单，使单个农业生产经营者可以折扣方式购买连续两季的农作物保单。[①] 鉴于此，我国农业保险立法应提倡设计农业原保险合同的连续性条款，但我国处于典型的季风气候带，这种连续性条款应指年度的连续而非季节的连续。但若因当事人的意思、权利等因素表里不一而导致双方发生利益冲突，则应按外观主义原则进行处理。[②]

六是合理规制赔付责任免除条款。一方面，为避免由道德风险导致的不当损失，应允许在农业原保险合同中规定免责条款，免除农业原保险人因农业生产经营者的故意、过失及其他不当农业生产行为所致损失的全部或部分赔付责任。但应参照《保险法》第 17 条第 2 款，规定农业原保险人对此类条款的明确提示和明确说明义务。违反该义务的，此类条款不产生法律效力。另一方面，农业生产经营者是农业保险关系中的弱势群体，应受到法律的倾斜性保护。因此，针对农业保险实务中普遍存在的保险人所制作的格式合同中免责条款过于宽泛[③]而实际理赔金额偏低严重影响参保积极性的问题，[④] 农业保险立法应对保险人的免责范围作出"概括式+列举式"

① 张长利：《政策性农业保险法律问题研究》，中国政法大学出版社，2009，第 8~9 页。
② 崔建远：《论外观主义的运用边界》，《清华法学》2019 年第 5 期，第 5 页。
③ 李媛媛：《我国农业保险合同制度的反思与优化》，《保险研究》2017 年第 5 期，第 89~90 页。
④ 魏腾达、张峭、王克：《新型农业经营主体的农业保险需求及提升对策——基于全国 11373 个新型农业经营主体的调查》，《保险研究》2022 年第 8 期，第 48 页。

规定。

七是建立创新型条款奖励制度。对于设计新颖、内容利农惠农且具有推广价值的条款，经协会或监管机构认同，可依据创新程度给予分级、分类奖励。

八是提倡条款的通俗化。农业原保险合同的通俗性和可读性会直接影响投保人和被保险人知情权的享有程度。因此，为切实保障参保农业生产经营者的利益，农业保险立法应提倡农业原保险合同条款尽量清楚明了、通俗易懂。国家农业保险监管机构也可制定农业原保险合同通俗化的最低标准，以法律形式加以固定，作为制定、审批各类农业原保险合同条款的依据之一。①

二 指数保险制度的确立

传统农业保险是以农业生产经营者为单位、以农业生产经营者或地块的成本或产量损失为保障程度的保险。近年来，一些国家开始研究推行以地区平均产量或地区天气指数为依据的指数保险。1993 年，美国率先推出区域产量保险产品，接着此类产品在加拿大、西班牙、瑞士等国也得到了广泛推广。墨西哥、尼加拉瓜、厄瓜多尔和印度等一些发展中国家则进行了天气指数保险试验，并取得了一定成效。中国的天气指数保险于 2009 年开始在安徽试点，并在上海、重庆等地广泛推广。与传统农业保险相比，指数保险这种新型农业保险产品更为灵活、更加市场化，具有有效避免逆选择现象和道德风险行为、显著降低经营管理成本等诸多优势。如，格鲁勃（Glauber）的研究表明，因能较好地降低逆选择与道德风险，区域产量保险与天气指数保险产品可作为农业生产经营者个体风险管理的替代手段。② 可见，在我国未来农业保险立法中确立指数保险制度，对促进农作物保险的利益均衡具有不可替代的作用。

区域产量保险简称区域保险，又称区域产量保险合约，是指以地区产量指数为基础，在某一地区的平均产量低于特定水平时，对参保农户进行

---

① 张长利：《政策性农业保险法律问题研究》，中国政法大学出版社，2009，第 117~129 页。

② Joseph W. Glauber, "Crop Insurance Reconsidered," *American Journal of Agricultural Economics* 5 (2004): 1179~1195.

补偿的一种合同运作模式。其创新之处在于，保险赔付不再基于单个农场产量。美国、西班牙、巴西等国的区域产量保险实践很成功。这种模式特别适合发展中国家，原因有三。其一，有利于降低经营管理成本。发展中国家的农场规模小，政府行政管理能力不强、基础设施建设不足，这些因素导致管理成本极高。若发展区域产量保险，则不需要考虑特定地块的产量，有利于降低管理成本。其二，有利于避免逆选择现象和道德风险行为的发生。区域保险所划定的地区通常为县级以上，这样，地区足够大可以避免恶意串通，地区足够小能够代表该地区农场的物质和市场条件，从而有利于避免逆选择现象和道德风险行为的发生。其三，有利于提高单产。在区域产量保险模式下，若某地块产量高于地区的平均产量，则农业生产经营者不仅可获得保险赔付，还能享有单位面积高产带来的收益，这样可激励农业生产经营者努力提高单产。[①] 因此，未来我国农业保险立法应基于效率价值对指数保险创新模式予以正式确认，并基于公平价值防范化解基差风险，即当投保人损失与指数化标准不一致时，其利益得不到保障的情形。

但区域产量保险模式也存在以下不足。(1) 历史数据缺乏。区域产量保险模式需要关于地区产量的准确历史数据来设计保险合约，然而，这些数据在发展中国家通常严重缺乏或积累不足。因此，农业保险立法在确认该模式的同时可确立相配套的农业保险统计制度。(2) 指数评定困难。该模式与地区产量指数有很高的关联度，而这种指数一般需要独立的第三方来评定，有时候会很难落实。

天气指数保险又叫气象指数保险，也称天气指数保险合约。它是以预定的与天气有关的变量（如降水量、气温、季风等）为基础来确定保险赔付额的合同运作模式。其创新之处在于，保险赔付基于与天气有关的变量，这是因为作物产量与天气密切相关。这种运作模式具有以下优点。其一，有效避免逆选择现象和道德风险行为的发生。在该运作模式下，保险赔付基于与天气有关的变量，而不是个人的损失情况。这可以有效控制由信息不对称导致的逆选择现象和道德风险行为。其二，降低交易成本。在该运

---

① 关伟、郑适、马进：《论农业保险的政府支持、产品及制度创新》，《管理世界》2005 年第 6 期，第 156 页。

作模式下，合同标准性较强，核赔技术和程序相对简单，监督管理成本较低，这有利于降低交易成本。其三，转移风险。天气指数保险属于指数保险的一种，而指数保险购买人不限于农业生产经营者，这有利于农业系统性风险通过资本市场进行转移。其四，缓解资金压力。这种运作模式下，所有人都可以购买天气指数保险，资金流动性大，这在一定程度上可以缓解农业保险人的资金压力。其五，促进气象事业的发展。这可以带来极大的社会效益。因此，我国农业保险立法应对该运作模式予以确认。

同时，这一运作模式也存在诸多不足。比如，可能会增加基差风险，即一旦投保农业生产经营者的个人损失与指数化的标准不一致，其利益就得不到保障。故在农业保险立法中应注意防治此类风险。

三　理赔及绿色理赔通道制度的创设

在理赔所涵盖的立案、查勘定损、公示、赔付和争议处理等环节中，查勘定损最为复杂，赔付尤为重要。一旦操作不慎，极易打破农业原保险合同当事人之间的利益均衡。如，协议赔付问题突出有违"小灾小赔、大灾大赔"的理赔原则。[①] 故建议在立法和执法上着重对这两个环节加以必要规范。一方面，明确规定查勘定损的机构、定损员的资质要求、定损的期限并鼓励方法创新。如，在方法创新上，可建立完善粮食作物收获期测产定损机制以替代减产率不明情形下的商议赔付方式，利用遥感系统建立农作物减产大数据图谱等。另一方面，合理建立理赔标准并分摊共保赔付责任份额。如，对政策性农业保险实行分等定级赔偿制，提倡农业原保险人设计多档保险金额以满足不同层次保险的保障需求。

保险中的绿色理赔通道，是指保险事故发生后第一时间，保险人即组织力量对保险标的进行查勘定损，并据此对被保险人进行赔付的快速理赔方式。此处所谓的"第一时间"，可理解为保险人在接到报案后作出合理的最快反应所需的时间。绿色理赔通道在大灾保险和对重要保险标的保险的理赔实务中，运用得相当普遍。它具有程序简便、理赔集中且快速的特点，深受客户欢迎。鉴于农业风险极易形成大灾风险以及农业原保险的许多保

---

① 易福金、陆宇、王克：《大灾小赔，小灾大赔：保费补贴"包干制"模式下的农业生产风险与赔付水平悖论——以政策性玉米保险为例》，《中国农村经济》2022年第3期，第129页。

险标的对国计民生等非常重要，绿色理赔通道特别适合运用于农业原保险的理赔中。如，2023 年 8 月 10~11 日，国家金融监督管理总局局长李云泽带队先后赴北京市门头沟区、房山区和河北省涿州市，主持召开座谈会，会商研究优化加快保险理赔和加强金融支持洪灾后恢复重建的具体举措。8月 12 日，金融监管总局下发《关于加大保险预赔付力度 着力做好防汛救灾保险理赔工作的通知》，要求突出工作重点、加大预赔力度。①

从利益关系的角度来看，绿色理赔通道的开辟显然能在相当程度上满足政府和被保险人对农业原保险人在理赔问题上的要求。不过，仅此还是不够的，如果不能确保农业原保险人利益的相对均衡，那么绿色理赔通道的开辟也不具有可持续性。因此，在农业保险立法上合理创设绿色理赔通道制度，对促进农业保险利益均衡大有裨益。

在制度构建层面，一是应将绿色理赔通道与保费缴纳情况挂钩。只有当投保人足额缴纳了应承担的保费份额时，被保险人才能享有绿色理赔通道的好处，通过代扣代缴的另当别论。一般而言，此类规定会对投保人履行保费缴纳义务形成有效激励。二是应制定参与绿色理赔的一线工作人员的激励措施，包括物质奖励和精神奖励。面对重大紧急灾情，参与绿色理赔的一线工作人员往往特别辛苦，制定专门的奖励措施有利于充分调动他们的工作积极性。三是应规定政府的协助义务。在重大紧急灾情尤其是大灾出现后，对广大地域内的保险标的进行查勘定损是一项十分重要且艰巨的基础性工作，光靠农业原保险人的力量往往是难以胜任的。对于这种情形，建议县、乡级政府派出有关部门负责人同农业原保险人有关工作人员甚至连同村民委员会的负责人，组成联合查勘定损小组，以保证查勘定损工作的效率和公平性。

四 公允条件下政策性农业原保险合同解除制度的创设

作为政策性农业保险蓬勃发展的时代现象之一，政策性农业原保险合同的解除必然会对与此相关的各类法律关系主体的利益产生不同程度的影响。诚如某些学者所言："采用对一般规则例外的立法技术，把继续性合同

---

① 《当前最紧要的任务，金融监管总局三天连发两文！李云泽赴现场督导！》，https://www.chinanews.com.cn/gsztc/2023/08-15/10061262.shtml，最后访问日期：2023 年 8 月 15 日。

的终止制度从合同解除制度中独立出来，并规定与一时性合同不同的法律效力。"① 在专门的农业保险法律法规、规章中规定政策性农业原保险合同解除制度比在合同法或保险法中增设相关规定，更能凸显此类制度设计的技术性。不过，在设计此类制度时，一定要注意维持相关主体之间的利益均衡。

（一）政策性农业原保险合同解除条件的设定

关于法定解除条件，我国现行立法既过于简单，又不尽合理。依《农业保险条例》第 11 条，在农业原保险合同有效期内，当事人不得因保险标的危险程度发生变化而要求增加保费或解除合同。只有此规定涉及农业原保险合同的解除，但即使是这唯一一条有关农业原保险合同解除制度的规定，也容易令人产生误解。其令人产生误解之处在于，从语义学的角度来看，到底是因保险标的危险程度的变化要求增加保费同解除合同系并列结构，还是要求增加保费同解除合同是并列结构而一起作为保险标的危险程度发生变化的预期结果？可见，我国现行农业原保险合同解除制度有待进行大幅的修改与完善。

具体而言，立法时应从以下两个层面考量。

第一个层面，投保人任意解除权的设定可区分为以下两种情形。第一种是自愿投保但享有保费补贴的情形。若一律比照商业性农业原保险合同中投保人行使任意解除权的做法来操作，则明显对投保人有利而对政府不利；若一律不准投保人解除合同，则有悖市场原则，对投保人、被保险人不公。故妥当的解决办法应是，投保人与被保险人不一致的，在被保险人表示接受合同利益或基于对合同的合理信赖作出一定行为前，投保人可任意解除合同；投保人与被保险人为同一人的，在合同订立后至保费补贴款被投保人或保险人接受前，投保人享有任意解除权。第二种是强制投保且享有保费补贴的情形。此类政策性农业原保险所涉及的农产品的生产往往事关国计民生和经济社会发展目标的实现，故出于优先保护政府在政策性农业原保险发展中的政治利益更有利于促进政策性农业原保险健康发展的

---

① 屈茂辉、张红：《继续性合同：基于合同法理与立法技术的多重考量》，《中国法学》2010年第 5 期，第 38~39 页。

考虑，投保人不宜享有任意解除权。

第二个层面，为防止保险人滥用合同解除权，各个国家或地区普遍将保险人对解除权的行使严格限定在投保人、被保险人违反某些法定义务特别是构成毁约性违约的情形：（1）投保人因故意或重大过失未履行如实告知义务，足以影响保险人决定是否同意承保或提高保险费率；（2）因主观原因，保险标的危险程度显著提高；（3）谎称发生或故意制造保险事故；（4）欠交保费。相对而言，《农业保险条例》第 11 条所作当事人在农业原保险合同有效期内不得因保险标的的危险程度发生变化而解除合同的规定失之偏颇。鉴于上述前三项保险人法定解除条件在各国政策性农业原保险合同解除实践中具有相当的普遍性，我国政策性农业保险立法有必要直接将其全部涵盖。[①] 但欠交保费在目前及今后相当长的一段时期内不宜被列为政策性农业原保险的保险人的法定解除条件。原因主要在于，从我国政策性农业保险试点情况来看，保费收取难已成普遍现象，若无视此现实，而理想化地将拖欠保费列为政策性农业原保险的保险人的法定解除条件，不但对解决目前保费收取难问题成效不大，而且对政策性农业保险的稳定发展于事无补。

关于约定解除条件，在政策性农业原保险中，虽然投保人一般没有合同任意解除权，但退保总体上对投保人、被保险人弊大于利，故在合同中不载明投保人解除合同的条件，更有利于保护弱者的权益。这是一方面。另一方面，与商业性农业原保险一样，政策性农业原保险的保险人的约定解除权也应基于公平考量，针对投保人、被保险人违反法定或约定的主要义务设定。在目前我国尚未出台农业保险法的情况下，实务中将前文所述的一种或数种法定解除条件作为约定解除条件在标准合同中加以规定。但这只是一种过渡性做法。农业保险法出台后，法定解除条件不必再作为约定解除条件加以规定。其他条件在不违反法律法规的强制性规定的前提下，可作为约定解除条件在合同中加以明确。

关于协议解除条件，为切实保障有关当事人的合法权益，应主要包括

[①]　在第一种情形下，投保人故意违反如实告知义务的，农业原保险人可不行使解约权，而选择变更合同；投保人因重大过失违反此义务的，农业保险人可行使解约权，但应受单方变更权限制。参见李飞《保险法上如实告知义务之新检视》，《法学研究》2017 年第 1 期，第140 页。

以下三类。（1）当事人对合同某些重要条款的理解出现较大分歧且不能弥合。典型的保险合同是一种复杂的法律文件，大部分消费者很难理解。① 政策性农业原保险合同当然也不例外。若当事人对某些重要条款的理解分歧较大且不能弥合，为维护作为弱势方的投保人、被保险人的合法权益，则应允许当事人协议解除合同。（2）合同某些重要条款的内容显失公允且得不到变更。政策性农业原保险合同一般采用格式条款，这限制了合同订立的对等协商权。这种订立过程的瑕疵使此类保险条款具有对拟定方较有利的天然倾向性。鉴于此，当合同某些重要条款的内容设计对投保人、被保险人明显不利时，应明确赋予投保人合同变更请求权。但在合同变更要求得不到满足时，应允许当事人协议解除合同。（3）当事人一方不履行主要合同义务且该违约行为未被列为法定或约定解除条件。如前所述，当事人一方不履行主要合同义务，有的列为法定解除条件，有的列为约定解除条件。若既未列为法定解除条件，也未列为约定解除条件，则为保证公平，可在实务中作为协议解除条件加以处理。②

（二）政策性农业原保险合同解除的程序安排

从利益均衡的理念出发，政策性农业原保险合同解除的程序尽管会因解除类型的差异而不尽相同，但概括起来，大致包括以下几个环节。

一是必要时事先征得第三人同意。从全球范围看，第三人利益合同尽管在商业性农业保险领域很少出现，但在政策性农业保险实践中是与统保相伴而生的一种较为普遍的现象。关于第三人利益合同的解除是否需经第三人同意，主流观点认为：此类合同的约定解除事关受益第三人的利益，故除非第三人同意或合同所附解除条件成就，否则受诺人（债权人）与允诺人（债务人）不得约定解除。允诺人行使法定解除权无须经第三人同意，因其在受诺人给付迟延或第三人受领迟延的情况下行使法定解除权时，同第三人处于利害关系的对立面，若其解除合同仍需经第三人同意则

---

① Mark S. Dorfman：《当代风险管理与保险教程》（第7版），齐瑞宗等译，清华大学出版社，2002，第112页。
② 舒伟斌、陈运来：《政策性农业保险合同的解除制度——以利益均衡为视角》，《学术界》2016年第4期，第233页。

有悖常理;① 受诺人对合同的法定解除应经第三人同意,原因主要在于,受诺人基于同第三人的对价关系,对第三人承担给付义务,就此内部关系论,受诺人解除合同应征得第三人同意,只有让第三人参与其中,才能兼顾第三人利益。②

笔者认为,对被保险人与投保人不一致而表示接受合同利益或基于对合同的合理信赖作出一定行为后的政策性农业保险合同的解除,具有一定的参考价值,但不宜全部套用。具体来说,投保人(受诺人)行使法定或约定解除权应事先征得被保险人(第三人)同意。但其行使法定解除权应经被保险人同意并非由于两者之间存在对价给付关系,而是由于两者之间往往存在由行政隶属、村民自治或同一农业产业链导致的特殊信赖关系,投保人征得被保险人同意后解除合同有利于维护这种关系。这是其一。保险人(允诺人)因被保险人以外的原因而行使法定或约定解除权应事先征得被保险人同意。之所以主张保险人在所述条件下行使解除权亦需经被保险人同意,是因为这既有利于促使保险人履行其经营政策性农业保险的社会责任,也有利于维护被保险人的经济利益。这是其二。当事人双方协议解除合同应事先征得被保险人同意,主要是出于维护被保险人经济利益的考虑。这是其三。

此外,政策性农业保险合同的解除应事先征得第三人同意还可涵盖政策性农业保险保单被被保险人用作政策性农业保险优惠贷款的抵押物或质押物及政策性农业保险优惠贷款的贷款人被被保险人指定为第一受益人的情形。不言而喻,在这两种情形下,此类贷款的安全性得到了较大程度的提升。而政策性农业保险合同的解除相当于打破了这道安全屏障,直接危及此类贷款人债权的实现。因此,为有效平衡此类贷款人同投保人、被保险人、保险人之间的利益关系,建议政策性农业保险立法赋予上述两种情形下此类贷款人对政策性农业保险合同解除的最终同意权。当然,如果不属于上述两种情形,那么此类贷款人不宜享有该项权利,以防止对政策性农业保险合同解除程序的不当干扰。

二是一般应通知相关利益主体。合同解除的通知,是指解除权人将其

---

① 吴文嫔:《论第三人利益合同法律关系之变动》,《法学杂志》2008 年第 6 期,第 133 页。
② 王泽鉴:《民法学说与判例研究》(第 7 册),三民书局,1996,第 176 页。

解除合同的意思表示或事实，通过一定的方式让相关利益主体知道。政策性农业保险合同中法定解除权和约定解除权的行使是一种单方民事法律行为，其法律效力的产生并不依赖于相对人的意思表示。但这并不意味着解除权人可不让相对人知晓其解除合同的意思。恰恰相反，这两类解除权的行使能否产生解除合同的法律效力，往往取决于解除通知对相对人是否送达。具言之，在解除事由出现时，解除权人主张解除合同的，应通知相对人，解除的意思表示生效。若为对话的意思表示，则采用了解主义；若为非对话的意思表示，则采用到达主义。① 若通知的对象并非相对人本人，则应肯定保险代理人和保险经纪人在授权范围内具有解除通知的受领权。解除权人不通知相对人的，解除行为无效。其中，投保人行使非任意解除权解除合同及保险人解除合同的，除了应向相对人作出解除合同的意思表示，还需向相对人陈述其解除合同的理由。

对于在政策性农业保险合同解除中不享有最终同意权的政策性农业保险优惠贷款贷款人，为切实保障其知情权，以便其及时采取补救措施，立法应赋予解除权人对此类贷款人的通知义务。基于权利均衡的制度设计要求，该通知义务履行与否，虽然并不影响合同解除的法律效力，但应对相关主体的权义关系产生影响，即义务人无正当理由不履行该项义务或履行该项义务存在重大瑕疵的，应对被保险人的相关借款合同之债承担连带责任。贷款人在借款合同期限届满后，有权向被保险人（借款人）和通知义务人（与被保险人不一致时）的任何一方提出索赔请求。

三是办理退保手续并在必要时支付退保手续费。政策性农业保险合同的退保与其他类型的退保一样，包括投保人行使法定解除权或约定解除权而单方解除合同和由投保人提出解除合同意愿后与保险人达成解约协议而解除合同两种情形。投保人在上述两种情形下解除合同均应申请办理退保手续。在此，需指出的是，办理退保手续仅仅是一个程序的履行，除非解除权人明示以手续的办理完毕为解除时间，它并不影响合同关系的解除与否。除了法律另有规定或当事人另有约定的，合同自解除通知送达保险人或双方达成解除合同的合意之日起解除。但也应赋予退保手续一定的程序约束力，如，政策性农业保险立法可规定政策性农业保险的投保人在作出

---

① 李新天、汤薇：《试论我国保险合同的解除制度》，《法学评论》2005 年第 4 期，第 148 页。

解除合同的意思表示或双方达成解除合同的合意后未申请办理退保手续的，则丧失保费返还请求权。

在欧美发达国家，法制的相对健全以及农民利益集团巨大的政治影响力使政策性农业保险退保手续费的收取较为合理。但发展中国家的情况迥异，法制的不健全和农民集体谈判能力的缺失使政策性农业保险退保手续费的收取严重失范。在我国，对政策性农业保险投保人退保的手续费标准至今未有任何专门法律规定，而参照普通财产保险的做法实行报备制，则无疑为保险人故意提高退保的手续费标准打开了方便之门。特别是，当保险人违约导致投保人退保时，仍适用退保手续费制度不能体现违约自负的契约精神，更不利于维护投保人的利益。① 可见，我国政策性农业保险立法应对退保手续费制度设计采取确保公平的谨慎态度，对不该收取退保手续费的情形予以明确规定，对该收取退保手续费的则以少收为原则制定全国统一的标准。

四是必要时履行备案手续。备案意指存档备查，即有义务让上级主管机关或有关机构知道某件事，但无须其批准同意。政策性农业保险合同解除程序中的备案制度的功能在于，让农业保险监管部门及时掌握报送文件所载的有关政策性农业保险合同解除的情况，以便实施必要监督。有研究发现，农户参加农作物保险的主要动力来自保费补贴带来的预期收益，规避风险则是次要原因；而且，即使风险中性的农户也倾向于从投保中获得足够的预期利益。② 因此，为防止当事人单方或恶意串通利用政策性农业保险合同套取数额较大的保费补贴资金，对于保费补贴超过一定额度的政策性农业保险合同的解除，解除方应向农业保险监管部门或其委托机构备案。在此基础上，还应赋予备案程序法律效力，以使备案具有真正的程序约束力。但为避免对政策性农业保险合同的解除造成不必要的阻碍，相关立法应规定"合同解除行为自备案登记之日起生效"，而不宜规定"合同解除行为于备案登记××日后生效"。③

---

① 董成惠：《投保人退保的法律探讨》，《海南金融》2008 年第 3 期，第 64 页。

② Richard E. Just, Linda Calvin, & John Quiggin, "Adverse Selection in Crop Insurance Actuarial and Asymmetric Information Incentives," *American Journal Agriculture Economics* 4 (1999): 838-849.

③ 舒伟斌、陈运来：《政策性农业保险合同的解除制度——以利益均衡为视角》，《学术界》2016 年第 4 期，第 234 页。

（三） 政策性农业原保险合同解除的溯及力

有无溯及力即保费和保险金是否应返还及保险事故在合同解除前发生的保险金是否应赔付，是政策性农业保险合同解除效力的集中体现。若有溯及力，则合同视为自始未成立；反之，则合同解除仅对将来发生法律效力，解除前的合同关系仍然有效。与当然终止一律无溯及力的情况大为不同，政策性农业保险合同由解除导致的任意终止有无溯及力则是一个较为复杂的问题。

在对政策性农业原保险合同的约定解除和协议解除的效力进行认定时，应优先适用当事人双方的约定；无约定时，才比照法定解除权行使的情形处理。比较而言，依约定来确定有无溯及力易于操作，只要此类约定不违反法律法规的强制性规定即可，而比照法定解除权行使的情形来处理则是一个复杂的问题。这样，如何科学界定法定解除权行使有无溯及力的具体情形，对合理解决政策性农业原保险合同解除的溯及力问题尤为重要。

域外立法未对包括政策性农业保险合同在内的农业保险合同解除的溯及力作出专门法律规定，而是准用保险法或保险合同法或商法典中有关保险合同解除的溯及力的一般性规定。从这些规定看，有的对法定解除和约定解除的溯及力持肯定态度。比如，依英国保险合同法，如果基于事实基础解除合同，则应把当事人及有关事宜恢复到合同订立前的状态。[①] 有的则持否定态度。比如，依《日本商法典》第 645 条第 1 款，保险人因投保人违反告知义务而解除合同时，其解除只对将来发生效力。但多数持肯定态度。关于政策性农业保险合同协议解除的溯及力，依英美法系国家的立法例，原则上应取决于当事人的约定，无约定时由法院或仲裁机构根据具体情况确定。但大陆法系并不认可协议解除为一种独立的合同解除类型，更遑论对协议解除的溯及力作出规定了。

笔者认为，就我国政策性农业原保险合同的法定解除而言，宜借鉴域外同类立法的主流做法，在总体上确认政策性农业保险合同法定解除的溯及力。[②] 但并不排除以下无溯及力的特殊例外情形。（1）一方因另一方故意毁

---

① Malcolm A. Clark：《保险合同法》，何美欢、吴志攀等译，北京大学出版社，2002，第 620~621 页。

② 舒伟斌、陈运来：《政策性农业保险合同的解除制度——以利益均衡为视角》，《学术界》2016 年第 4 期，第 235 页。

约性违约而行使法定或约定解除权解除政策性农业保险合同，该解除行为无溯及力在经济上对解除权人有利但对违约方不利。在这种情形下，解除权人所收利益的全部或部分不返还可被视为对违约方的经济惩罚，有利于农业保险中道德风险等的防治。（2）保险人在保险事故发生后解除保险合同，而告知义务的违反并不影响保险事故的发生或保险人应负责任的范围。一些大陆法系国家为防止保险人借口投保人、被保险人违反告知义务而滥用合同解除权，以逃避履行保险金赔付义务，在相关立法中明确规定，在此情形下解除合同无溯及力。此类规定能凸显公平性，故宜被我国政策性农业保险立法引入。（3）政策性农业保险合同部分解除的溯及力不及其他已履行的部分。长期合同（连续性合同）及投保人与被保险人不一致的统保合同，可能存在部分解除的情况。前述合同是分期分批履行的，每期每批履行的合同均可被视为一个独立的分合同；在后种合同的一个保单下有多类截然不同的财产，彼此明显独立，各自成为一个独立的保险标的，分别投保特定的保险金额。因而，对上述两类合同的部分解除并不必然影响其他部分的正常履行。如，美国法院曾认定后种合同是可分割的，可解除合同的一部分而不影响其他部分的效力。① 基于这一认识，笔者认为，不赋予上述两类合同的解除以溯及力，更有利于促进政策性农业保险的稳健发展。

第二节　农业保险自治机制的创设

从域外情况看，鉴于农业保险与商业财产保险有着很大不同，美国、西班牙、日本等国家成立了农业保险行业协会，作为专门的农业保险行业自律组织。从非营利性、民间性、自律性和法人性等特征来看，农业保险行业协会是一种准商会组织。而商会的产生直接同市场交易与营业利益有关。② 更确切地说，商会作为一种典型的社团性中间层主体，具有鲜明的互益性。③ 这种互益性及于会员之间、会员与政府之间以及会员与消费者之

---

① Malcolm A. Clark：《保险合同法》，何美欢、吴志攀等译，北京大学出版社，2002，第621页。
② 肖海军：《商会法律制度研究》，中国人民大学出版社，2010，第231页。
③ 王全兴：《经济法基础理论专题研究》，中国检察出版社，2002，第551~552页。

间。农业保险行业协会当然也不例外。可见，农业保险行业协会完全可被作为协调农业保险利益冲突的一个重要平台。下面，笔者拟从农业保险利益均衡的视角，专门谈谈构建我国农业保险自治机制的核心即中国农业保险行业协会的若干设想。

一　中国农业保险行业协会的机构设置

关于中国农业保险行业协会的机构设置，未来相关立法可在借鉴现行商会和准商会特别是中国保险行业协会的章程以及有关地方性立法的规定的基础上，作出体现利益均衡理念的合理规定。目前除中华全国工商业联合会、中国国际贸易促进委员会等有官方背景的商会仍实行会员代表大会（或会员代表会议）下的委员会制度外，绝大多数商会和准商会实行会员大会或会员代表大会下的理事会制度。[①] 鉴于此，中国农业保险行业协会应实行会员代表大会下的理事会制度。具言之，由全体会员组成的会员代表大会为最高权力机构；由会员代表大会选举产生的理事会为执行机构，对前者负责，在前者闭会期间领导协会开展日常工作；理事会选举产生由会长、副会长、秘书长和常务理事组成的常务理事会，常务理事会对前者负责，在前者闭会期间代行前者的职责；秘书处为理事会的办事机构；设专职会长1名，名誉会长和副会长若干名，其中，专职会长为协会的法定代表人，不得兼任其他团体的法定代表人；由会员代表大会选举产生的监事会为专门的监督机构。此种类似于公司治理的分权制衡的机构设置，只要在实践中操作规范，就可有效解决协会与会员之间、会员与会员之间、会员与政府之间以及会员与消费者之间的利益失衡问题。

二　中国农业保险行业协会的会员构成

在我国诸多行业协会中，有的行业协会（如中国煤炭工业协会）既有单位会员，也有个人会员；有的行业协会（如中国银行业协会、中国证券业协会、中国保险行业协会）只有单位会员，没有个人会员。笔者认为，中国农业保险行业协会可借鉴金融领域的其他行业协会的做法，只设单位会员即可。为维护利益均衡，单位会员应由农业保险法规定为农业原保险

---

① 肖海军：《商会法律制度研究》，中国人民大学出版社，2010，第204页。

人、农业再保险人、农业保险中介机构和地方农业保险行业协会等。至于农业生产经营者，只宜作为农业协会之类的农村自治服务组织的会员，而不宜作为该协会的会员。① 主张不设个人会员，主要是考虑到若设此类会员，则会因入会资格不好获取而增加选择的难度，而且其对协会的发展也并非必不可少。不设此类会员既可节省管理成本，又可通过设立特聘顾问制度（如可聘全国知名的农业保险研究领域的专家作为协会的高级顾问）予以弥补。至于该协会单位会员的资格条件与权利义务，可由农业保险法授权该协会在章程中加以规定。至于该协会单位会员的具体构成，应从维护农业保险利益均衡的理念出发，由农业保险法规定为农业原保险人、农业再保险人、农业保险中介机构和地方农业保险行业协会等。其中，农业原保险人和农业再保险人是农业保险业务的经营者，直接承担农业保险风险，是农业保险行业发展的主力军和主要利益相关者，因而理应成为中国农业保险行业协会的主体会员；包括农业保险代理机构、农业保险经纪机构和农业保险公估机构在内的农业保险中介机构，是农业保险中介业务的经营者，是农业保险行业发展的重要补充力量和重要利益相关者，因而可申请成为中国农业保险行业协会的会员；地方农业保险行业协会与中国农业保险行业协会之间以及各协会相互之间无行政隶属关系，所以地方农业保险行业协会申请入会可极大地促进农业保险行业协会的体系完善。此外，还值得说明的是，农业生产经营者所从事的是第一产业的生产经营活动，与农业原保险人、农业再保险人和农业保险中介机构所从事的第三产业的服务活动有着本质区别，且农业生产经营者与后三者之间往往存在消费者与经营者之间的关系，所以农业生产经营者只宜作为相关农业协会的会员，而不宜作为中国农业保险行业协会的会员。总之，为增进农业保险服务主体之间的交流和合作，规定上述四类机构为中国农业保险行业协会的会员，是十分必要的。

三　中国农业保险行业协会职责的界定

中国农业保险行业协会职责的界定，实质上是如何划分农业保险行业

---

① 李媛媛：《我国农业保险立法模式重构困境及其突破路径》，《法商研究》2017 年第 2 期，第 48 页。

自治权和政府监管权之间边界的问题，因此事关众多农业保险市场服务主体与政府之间利益关系的分类处理，甚至还可能涉及农业保险市场服务主体与农业生产经营者之间利益关系的协调。笔者认为，学界将行业协会的职责定位为行业代表、行业自律、行业服务和行业协调的观点，[1] 对中国农业保险行业协会职责的界定具有较大的借鉴意义。

首先，顾名思义，中国农业保险行业协会是一种特殊的行业组织，所代表的是整个农业保险行业的利益，这一身份决定了它具有行业代表类职责。这类职责大致包括：积极参与国家立法机关、国家农业保险监管机构和其他政府部门的立法或政策论证，提出农业保险立法或政策方面的建议；积极开展市场调研，及时准确地向国家农业保险监管机构和其他政府部门反映农业保险市场存在的突出问题，并提出解决问题的建议；代表其全体会员就农业保险的费率、经营管理费补贴、税收优惠和监管等方面的问题与政府进行谈判；[2] 教育会员及其从业人员遵守农业保险法律、行政法规和部门规章。

其次，中国农业保险行业协会是农业保险行业的自律性组织，当然具有自律类职责。所谓自律，是指组织群体行为的自我管制、有关规则自我制定、行为自我监管、制度自我执行，很少涉及甚至根本没有政府的因素。[3] 这类职责大致包括：制定会员及其从业人员应遵守或符合的规则、标准，尤其是有关两业保险的承保理赔服务规范、标准；[4] 组织会员商定指导性条款或标准化条款（如佣金标准条款），报国家农业保险监管机构审查同意后发布；推进行业信用体系建设，优化信用评价机制，加强诚信检查与监督，弘扬诚信风尚；对会员与会员、会员与客户之间发生的农业保险纠纷进行调查、调解；监督、检查会员行为，对违反法律、行政法规、协会章程、自律公约的，按规定给予纪律处分。

---

① 浦文昌：《政府行政体制改革和行业组织发展——民间商会论坛 2006 年年会专家观点综述》，《中国改革》2006 年第 10 期，第 34 页。

② 袁光林、袁颖明：《"佣金"与"手续费"的差别辨析——兼议强化保险佣金的管理》，《福建金融》2012 年第 6 期，第 17 页。

③ Ian Bartle and Peter Vass, "Self-regulation Within the Regulatory State: Towards a New Regulatory Paradigm," *Public Administration* 4（2007）.

④ 李美丽：《保险行业协会首次发布种植业、养殖业、森林保险承保理赔服务规范》，《农村金融时报》2023 年 1 月 2 日，第 A5 版。

　　最后，鉴于商会和行业协会履行服务职责只能基于维护全体会员的共同利益这一逻辑起点，中国农业保险行业协会必然具有行业服务类职责。这类职责大致包括：组织会员对农业保险行业的发展和运作情况进行研究；收集、整理、分析农业保险信息，为会员提供信息服务；组织会员从业人员的业务培训，开展会员之间的业务交流和合作；维护会员的合法权益，向农业保险监管机构反映会员的建议与要求；独立或协助政府有关部门开展农业保险宣传活动。

　　总之，笔者认为，农业保险在总体性质上属准公共物品，它在全国的统筹发展是一项十分浩大的系统性工程，涉及的利益关系特别复杂，因此农业保险的行业协调工作只有国家农业保险行政监管机构才能胜任。这表明，经由立法赋予中国农业保险行业协会行业协调职责的做法是难以行得通的。

第三节　协商性农业保险纠纷解决机制的构建

　　协商性纠纷解决机制的构建是圆满解决农业保险纠纷、实现各主体间利益均衡的有力保障。协商性农业保险纠纷解决机制的实质是农业保险当事人之间通过合意解决纠纷，当事人的自主权是纠纷解决的基础。[①] 在纠纷解决过程中，可能没有第三方的参与，也可能有第三方的参与。前者是指和解，后者是指诉讼外调解。无论是和解还是诉讼外调解，协商性纠纷解决机制的处理结果都表现为对当事人意思的尊重。在农业保险利益冲突多元化的情况下，有限的资源时常难以满足纠纷解决的需求，协商性纠纷解决机制作为一种在平等协商基础上追求正义与效率价值，并能有效消除纷争、建立双赢和谐关系的手段，已得到社会的普遍认同。但是由于缺乏农业保险立法的支持，我国现行协商性农业保险纠纷解决机制缺乏规范性和体系性，且与对抗式纠纷解决机制衔接不顺，因此协商性农业保险纠纷解决机制的构建势在必行。

　　和解建立在沟通理解和自身权利自由处分的基础上，它使冲突和对抗不仅在形式上、行为上，而且在心理上得到消除。相对来说，和解是减少

---

　　① 尹伟民：《协商性纠纷解决机制之反思》，《学术界》2010 年第 8 期，第 53 页。

农业保险纠纷主体间对抗的最好方式，也是社会冲突振荡最小的纠纷解决方式。在此意义上，和解应当在解决各类农业保险主体之间的纠纷（包括农业原保险合同纠纷、农业再保险合同纠纷、农业保险中介服务纠纷）中得到充分的肯定、倡导和运用。然而，和解作为一种纯粹的协商性纠纷解决方式，主要通过农业保险纠纷主体间自主协商和妥协解决纠纷，并不要求纠纷双方明确依据一定的规则，只要利用市场经济的一般原理，贯彻意思自治、诚实信用等原则加以推进即可，因而不存在制度构建之说。而诉讼外调解有第三方参与，超越了纯粹意思自治的范畴，与和解相比更为复杂，所以相关立法应对其进行独立构建，笔者将从调解机构和调解效力的视角对此进行探讨。

1. 应确立农业保险诉讼外调解机构

农业保险诉讼外调解主要包括人民调解委员会调解、消费者协会调解和农业保险行业协会调解。

第一，人民调解委员会调解。《中华人民共和国人民调解法》（以下简称《人民调解法》）第8条第1款规定，"村民委员会、居民委员会设立人民调解委员会。企业事业单位根据需要设立人民调解委员会"。以此为基础，在农业保险诉讼外调解机制中，农业保险相关立法可建议由开展了农业保险试点的村的村民委员会、设立了农业保险合作社的乡镇的乡镇政府、从事农业保险业务的企业单位及农业保险合作社这四类主体设立人民调解委员会用于调解农业保险纠纷，并报相关司法行政机关备案。首先，村民委员会设立人民调解委员会。其适用于调解农业原保险人和农业保险中介人与本村范围内的农业保险投保人、被保险人之间争议较小的农业原保险合同纠纷及农业保险中介服务纠纷，并可邀请家族或村落中享有威信的长者或官员担任调解员。这对维持村民间和睦关系、劝导农业保险纠纷主体消除对抗并提出纠纷解决办法具有积极作用，且一旦达成合意，当事人也愿意执行。其次，乡镇所辖的有关涉农事业单位成立人民调解委员会。乡镇一级的涉农事业单位与农民之间有着十分紧密的地缘联系。由此类涉农事业单位联合成立人民调解委员会来调解简单的农业保险纠纷，既易赢得农民的信任，又能大幅降低纠纷解决成本。再次，从事农业保险业务的企业单位设立的人民调解委员会。这是调解农业原保险人同农业保险的投保人、被保险人之间，以及农业原保险人同再保险人之间纠纷的最佳途径。

如，基于农业保险合作社设在乡镇为宜的学界主流观点，在乡镇一级成立
的农业保险合作社设立人民调解委员会来处理本合作社内部的农业保险纠
纷是较好选择。企业单位自设的人民调解委员会在调解过程中，除了应保
持独立地位并作为居中调解的第三人对农业保险原理向投保人、被保险人
进行详细的解释，使其明白法律赋予合同双方的权利与义务，为了实现调
解工作的公平性，还应对自己所涉及的合同纠纷进行回避，形成一道促成
调解的内部防线。最后，少数规模较大的农业保险合作社成立人民调解委
员会。为了克服保险标的的风险同质化弊端，实现大数法则以分散风险，
农业保险人往往需要跨村发展大范围的农业保险业务或以乡镇为单位成立
农业保险合作社来经营农业原保险。在调解此类跨区域、涉及人数较多的
农业保险纠纷时，村委会设立的人民调解委员会鞭长莫及，企业单位自设
的人民调解委员会又显得中立性不够，这时除了可由乡镇政府设立的人民
调解委员会进行调解，还可由农业保险合作社中的人民调解委员会进行调
解，以保证专业性和及时性。

　　第二，消费者协会调解。《中华人民共和国消费者权益保护法》（以下简
称《消费者权益保护法》）第37条第1款第（5）项规定，消费者协会要履
行"受理消费者的投诉，并对投诉事项进行调查、调解"的职能；第39条
也规定，消费者和经营者发生消费者权益争议的，可请求消费者协会或依
法成立的其他调解组织调解。这是消费者协会参与调解一般消费者权益纠
纷的法律基础，也是消费者协会作为农业保险诉讼外调解机构的法律依据。
在农业原保险合同法律关系和农业保险中介服务法律关系中，作为投保人、
被保险人的农业生产经营者当然享有消费者的身份。因此，消费者协会应
当为其选择理性维权的方式提供专业化的参考建议，促成农业保险纠纷当
事人之间的理解和沟通。此外，调解员还应对农业保险相关法律法规进行
详细的解释，使农业生产经营者明白法律赋予合同双方的权利与义务，了
解农业保险公司和中介人的工作流程，起到答疑解惑的作用，并提出正确、
理智的维权方式。

　　第三，农业保险行业协会调解。农业保险行业协会作为诉讼外调解机
构中的一员，主要负责调解农业保险行业协会内各成员之间，即农业保险
经营者之间的纠纷，如农业原保险人之间、农业保险人同农业保险中介人
之间以及农业原保险人同农业再保险人之间的纠纷。立法可建议由农业保

险行业协会成立专门的农业保险纠纷调解委员会，作为行业内纠纷调解工作的领导决策机构，所有会员单位共同参与，调解员由各会员单位推荐，协会审查确定。这对以较低成本便捷地化解同行企业之间的纠纷具有重要意义。

2. 应明确诉讼外调解的法律效力

《最高人民法院关于审理涉及人民调解协议的民事案件的若干规定》第1条赋予人民调解法律效力。该条规定，经人民调解委员会调解达成的载有民事权利义务内容且由双方当事人签字或盖章的调解协议，在性质上属民事合同；当事人应按约定履行自己的义务，不得擅自变更或解除调解协议。由此观之，人民调解委员会调解达成的协议在本质上是民事合同，如果当事人违反调解协议或者要求变更、撤销协议或者请求确认协议无效的，均有权以调解协议为诉因向法院起诉，法院均应受理，并依《民法典》第三编"合同"第577条、第583~584条等有关违约责任的规定进行处理。并且，根据《人民调解法》第33条的规定，当事人双方达成调解协议之后如认为必要，还可自此类协议生效之日起30日内共同向法院提出司法确认的申请，法院应及时审查，依法确认此类协议的效力；法院依法确认调解协议有效，一方当事人拒绝履行或未全部履行的，对方当事人可向法院申请强制执行。该规定标志着人民调解协议效力的司法确认得到了法律认可，从而在立法上实现了人民调解与司法的衔接。[①] 人民调解效力的稳定性奠定了人民调解在农业保险纠纷解决中的重要地位，有利于调解协议的履行以及对农业生产经营者权益的维护。

与人民调解委员会调解不同的是，消费者协会调解和农业保险行业协会调解这两种调解方式所达成的协议本身具有什么样的法定效力，一直没有明确的法律规定，这使其丧失了本应具有的程序安定和确定实体结果的作用。如此一来，农业保险当事人经过消费者协会调解或农业保险行业协会调解后，即使在达成调解协议的情况下，也需经过诉讼程序才能使权利义务关系最终得以确定，这增加了解决纠纷和维护权利的成本，不利于农业保险人和农业保险中介及时消除影响，也不利于农业生产经营者迅速恢复生产，更不符合程序效益的价值要求。鉴于此，考虑到农业生产经营者的弱势地位及其诉诸司法的现实困难，以法律形式明确消费者协会和农

---

① 刘敏：《论诉讼外调解协议的司法确认》，《江海学刊》2011年第4期，第142页。

业保险行业协会在农业保险纠纷调解中的效力显得尤为必要，这对调动当事人调解的积极性，使其尊重并履行调解协议具有重要意义。借鉴最高人民法院关于人民调解的司法解释和《人民调解法》的制度设计，将消费者协会调解协议和农业保险行业协会调解协议的性质界定为一种特殊的民事合同，通过与民事诉讼机制的对接确保调解协议的法律约束力，并通过人民法院的强制执行力保障当事人合法权益的实现，有其必要性和可行性。并且，对于农业保险行业协会在受法院委托情况下达成的调解协议，可直接申请法院对其赋予法律效力、出具民商事调解书或申请支付令强制执行。

通过上述方式明确诉讼外调解的法律效力，有利于彰显诉讼外调解作为"类法律式"冲突解决手段在农业保险纠纷解决中的作用，是协商性农业保险纠纷解决机制的法律构建中的重要内容，也是解决农业保险利益失衡问题的有效方式。此外，法律还应当规定农业保险的投保人和被保险人不承担调解工作所产生的任何费用，且双方如果拒绝接受调解委员会的调解意见，或者在签署调解协议书后反悔，仍然可以选择申请仲裁或向法院提起诉讼，以此保障协商性纠纷解决机制和对抗式纠纷解决机制的衔接与互动。

第八章 农业保险政策性平衡机制的构建

政策性平衡机制对农业保险中各种利益的重要性进行估价或衡量，并为化解利益冲突提供标准，主要体现为利益表达机制、费率机制、农业保险大灾风险管理机制和补贴机制等。由于农业保险在总体上具有准公共物品属性，对绝大多数公-公农业保险利益关系、私-私农业保险利益关系和公-私农业保险利益关系的调整，既需要市场机制发挥基础性作用，又需要政府的必要干预和社会力量的介入，并发挥其主导性或补充性作用。简言之，需要构建政策性平衡机制。这一机制对利益关系的调整呈现社会妥协性价值特征，在农业保险利益失衡法律协调机制体系中起重要甚至主导性作用。此处的社会妥协性即强调用中和或让步的方法来避免或化解矛盾。鉴于政策性平衡机制的缺陷使众多农业保险关系主体之间的利益分配严重失衡，为促进利益均衡，有必要通过立法对此类机制进行重构。

第一节 农业保险立法的民主化

宪法是国家的根本大法，是国家意志的最高表现形式。《中华人民共和国宪法》（以下简称《宪法》）第 15 条第 2 款规定："国家加强经济立法，完善宏观调控。"根据《保险法》第 184 条第 1 款所作"农业保险由法律、行政法规另行规定"的规定，农业保险立法即属于经济立法的范畴。包括经济立法在内的现代立法的一个基本要求是，立法者负有反映宪法的义务[1]，应在实质上和形式上发挥其作为民意代表机关维护人民主权的功能[2]。

---

① 吕克·J. 温特根斯主编《立法法理学——立法研究的新路径》，朱书龙译，商务印书馆，2022，第 42 页。

② 任喜荣：《立法主体宪法说理义务的法律化》，《中国法学》2024 年第 3 期，第 5 页。

而民主立法是人民行使国家立法权力的必然要求。对此，习近平总书记指出，要完善立法体制，深入推进科学立法、民主立法，抓住提高立法质量这个关键。[①] 这里所称民主立法，是指立法过程中要注重民众的参与性，创新公众参与立法的方式，广泛听取广大人民群众的意见，核心是为了人民、依靠人民。[②] 民主立法能通过确保对社会资源的公正分配来缓和与化解不同社会群体之间的利益矛盾，因而是《立法法》第6条所确立的立法的基本原则之一，亦为立法效力的渊源与法律得以遵守的法理基础。据此，为促进农业保险利益均衡，我国农业保险立法应充分体现民主立法的两大基本要求——立法参与主体的广泛性和代表性以及立法程序的正义性。

一　立法参与主体的广泛性和代表性

按照党的二十大报告"坚持党的领导、人民当家作主、依法治国有机统一"[③] 的要求，参与主体的广泛性是党的领导下全过程人民民主立法的基本特征之一。[④] 而农业保险立法参与主体的广泛性更是深深根植于农业保险利益的多元性之中。如前所述，我国正处于农业保险转型期，利益分化导致利益主体、利益需求、利益矛盾的多元化，给农业保险治理带来新的考验和挑战。具体来说，农业保险利益的多元性主要表现在以下三个方面。一是利益主体的多元化。农业保险利益主体并不局限于作为农业原保险合同主体的投保人和被保险人（农业生产经营者）以及农业原保险人，还涉及中央和地方政府、农业再保险人、农业保险中介人、农业保险监管部门、农业部门和其他行业部门、社会公众等多类主体。此外，农业保险人还存在不同形式的主体，农业保险人内部可能存在不同利益主体，消费者当中也有不同形式的主体等。二是利益客体的多元化。不同利益主体的利益诉

---

① 中共中央宣传部：《习近平总书记系列重要讲话读本》（2016年版），学习出版社、人民出版社，2016，第91页。

② 胡晓霞：《习近平法治思想中的程序法治理论研究》，《广西社会科学》2021年第12期，第4页。

③ 习近平：《高举中国特色社会主义伟大旗帜　为全面建设社会主义现代化国家而团结奋斗——在中国共产党第二十次全国代表大会上的报告》，人民出版社，2022，第37页。

④ 封丽霞：《党领导立法的规范原理与构造》，《中国法学》2024年第1期，第37页；林彦：《全过程人民民主的法治保障》，《东方法学》2021年第5期，第23页。

求各异，即便同一利益主体，其所追求的利益也可能是多种利益的综合体。① 三是利益矛盾的多元化。如本书第二章和第三章所述，在农业保险中，受诸多主客观因素的影响，不同类型的利益主体之间以及同一类型利益主体的内部，可能存在利益失衡（甚至表现为十分激烈的利益冲突）现象。可见，我国农业保险立法要想协调好如此多利益主体错综复杂的利益关系，就必须动员全社会广泛参与，以公众参与真正实现良法善治。②

随着我国公民权利意识的觉醒，利益表达在社会治理过程中的作用日益突出，能最大限度地化解分歧、减少冲突，维护社会稳定。③ 鉴于我国公民大众和弱势群体在立法特别是行政立法博弈过程中"既无确切代言之声，亦缺有效申言之制"的失声现象异常严重，④ 并在农业保险行政立法中已有明显表露，⑤ 为防止农业保险立法重蹈覆辙，有必要采取措施确保此类立法参与主体的代表性。可行之策是，应尽快组建区域性乃至全国性的综合性农业协会，以代表广大农业生产经营者参与农业保险立法；尽快组建区域性乃至全国性的农业保险行业协会，以代表各类农业保险市场服务主体参与农业保险立法；淡化有关行业协会、消费者协会等社会中介组织的行政色彩，加快其市场化改造，以使其能真正代表各类民间农业保险利益主体充分参与农业保险立法。

二 立法程序的正义性

程序正义是民主立法的基本特征之一。⑥ 农业保险立法程序的正义性

---

① 李轶男：《对农业保险利益属性的再探讨》，《财经科学》2012 年第 1 期，第 37 页。

② 李步云、赵迅：《什么是良法》，《法学研究》2005 年第 6 期，第 134~135 页。

③ 董新宇、王媛、马林妍：《政府制度供给视角下的公众利益表达研究》，《西安交通大学学报》（社会科学版）2017 年第 6 期，第 121 页。

④ 许章润：《从政策博弈到立法博弈——关于当代中国立法民主化进程的省察》，《政治与法律》2008 年第 3 期，第 7 页。

⑤ 2007 年由中国保监会牵头起草的《政策性农业保险条例（草案）》，在缺少民众参与的情况下无疾而终。2012 年 5 月由中国保监会起草的《农业保险条例（征求意见稿）》及其说明在网上全文公布，征求社会各界意见。但到底会在多大程度上采纳民意，不得而知。不过，从法律名称的变更以及在《农业保险条例（征求意见稿）》中将农业保险的性质定位为"有国家补贴的商业保险"而非政策性保险可以看出，上述两个法律草案的起草，从一开始就未经过缜密的立法论证。

⑥ 冯祥武：《民主立法是立法与社会资源分配的理性路径》，《东方法学》2010 年第 4 期，第 149~151 页。

主要体现在以下五个方面：一是立法公开，使农业保险立法活动向社会公众开放，以保障公民对立法活动的知情权和参与机会，尤其是在地方性农业保险立法中，要严防"暗箱操作"；①二是立法论证，在农业保险法草案起草前广泛听取有关政府部门、人大代表、政协委员、专家学者、社会团体和人民群众的意见，以提高农业保险立法项目的可接受度；三是立法听证，使农业保险立法活动为不同利益群体提供平等交流的平台；四是立法回避，通过建立非人格化的立法机构来保障农业保险立法的公平性；五是立法辩论，使人们在明辨是非曲直的基础上形成多数意见。特别值得指出的是，在《立法法》的制度框架下，一定要严把农业保险立法听证关，确保参与此类立法听证的主体的代表性，尽量避免立法机关只让由其直接或变相指定的同意其意见的人充当民意代表，垄断此类立法听证，从而真正实现习近平总书记所要求的"立法和改革决策相衔接"。②

第二节　农业保险实施方式的多元选择

农业保险的实施方式包括自愿保险和强制保险两种。其中，自愿保险充分尊重投保人的自主选择权，但极易诱发逆选择风险，导致农业保险经营的恶性循环；强制保险会剥夺投保人的自主选择权，但能有效防范逆选择风险，保障农业保险经营的稳定性。虽然全世界在农业保险项目是实行自愿保险还是强制保险问题上存在不少分歧，但总的趋势是强调两者的结合。从我国情况来看，一方面，出于尊重农业生产经营者意愿的考虑，《农业法》第 46 条第 3 款规定，农业保险实行自愿原则，任何组织与个人均不得强制农业生产经营者参加农业保险；另一方面，出于开展业务的需要，农业保险实践中又不乏强制保险的试验。如，吉林省安华农业保险股份有限公司在部分试点地区实行了一定程度的强制保险，要求凡是参与了政策性种植业保险的农业生产经营者，必须将种植此类作物的所有地块参保。

---

① 立法活动是我国全过程人民民主实践的重要领域。为推进民主立法，我国地方立法日益重视公众参与。参见邓佑文、张恒《地方立法的公众参与：功能、困境及其突破》，《浙江师范大学学报》（社会科学版）2023 年第 4 期，第 78~79 页。

② 习近平：《运用法治思维和法治方式推进改革》，《人民日报》2014 年 10 月 28 日，第 1 版。

公司相应制定了包括参保地块名称和面积等在内的种植业保险投保明细表，便于承保和理赔。[①] 从法治的角度来说，诸如吉林省安华农业保险股份有限公司的这种突破了法律强制性规定的做法，虽在客观上有利于农业保险逆选择风险的防治，但有损于法律的权威性。鉴于此，相关立法应因势利导，对农业保险的实施方式作出多元化安排。

（1）对部分农业保险实行纯粹的自愿保险原则。依据政府不应干预市场能有效发挥作用的领域的经济学观点，对于能实行纯商业化经营的险种，应实行纯粹的自愿保险原则，以充分发挥市场机制的调节作用。有研究指出，不符合政策性农业保险项目特征和条件的保险项目与产品主要包括以下方面。①某些单风险农作物保险。如，农作物雹灾险或某些地区（如新疆、甘肃、山东等省区）的农作物洪水险，麦场、稻场火灾险以及烤烟火灾险。②范围较小、价值较高的设施农业、精细农业的单风险保险或某些综合风险保险。③特种养殖保险。[②] 此外，对于那些本应实行政策性经营但因政治或经济原因政府不愿将其纳入政策性保险范畴的险种，也应实行此类保险原则，以发挥市场机制的基础性或决定性调节作用。

（2）对部分农业保险实行附限制条件的自愿保险原则。西班牙、美国的农业保险分别在 1978 年和 1996 年以前实行纯粹的自愿保险原则，但后来两国都通过立法规定，不参加农业保险，将得不到其他农业援助计划的好处。意大利也在 2004 年对政府公布的投保地区的应投保作物的农业保险实施方式实行了类似变革。[③] 这些发达国家之所以对农业保险的实施方式进行上述变革，是因为它们看到附限制条件的自愿保险的独特优势——既具有自愿保险的性质，又带有强制保险的特征，是一种介于自愿保险和强制保险之间的新的保险实施方式（有学者称之为变相的强制保险或准强制保险）。它能将市场和政府双重因素巧妙结合起来，在不违反投保人意愿的情

---

① 庹国柱、王德宝、梁叶：《一切为了国家粮食安全——安华农业保险公司调查报告》，《中国保险》2010 年第 8 期，第 28 页。

② 庹国柱、朱俊生：《关于我国农业保险制度建设几个重要问题的探讨》，《中国农村经济》2005 年第 6 期，第 47 页。

③ 陈运来：《从损失补偿到福利保障——发达国家农业保险的福利化转型探析》，《云南师范大学学报》（哲学社会科学版）2011 年第 4 期，第 100 页。

况下确保农业保险投保率显著提高。可见,这一新的农业保险实施方式值得我国借鉴利用。

为此,我国农业保险立法可规定,对国家农业保险监管机构确定的二级政策性农业保险险种和省级农业保险监管机构确定的三级政策性农业保险险种,实行附限制条件的自愿保险原则,即将政策性农业保险与财政、金融等方面的其他强农惠农政策结合起来。如,可将是否参加农业保险作为养殖户(场)享受优质后备母牛补贴政策的前提;对政策性农业保险参保率较高的地区,优先安排支农项目资金;等等。① 究其原因,二级和三级政策性农业保险险种不属于商业性农业保险险种,因而不宜实行纯粹的自愿保险原则,且其对国计民生和经济社会发展重要目标的影响不大,故不适合直接实行强制保险原则。

(3)对部分农业保险实行强制保险原则。有学者研究指出,社会本位理念是实行强制性农业保险的伦理基础。② 《农业法》第 46 条第 3 款所体现的私法自治未考虑到权利主体的个体差异。其实,我国农业生产经营者购买农业保险的积极性受到农业产出效益、个体收入水平、收入来源多样化以及农业保险意识等的影响,总体有效需求明显不足,参保率极低。只有实行一定程度的强制投保,才能提高农业保险的参保率,从而保证农业风险能在时间和空间上进行有效分散,以实现社会效益最大化。但为防止强制保险滥用对投保人的自主选择权造成侵害,应在借鉴法国、日本、印度、菲律宾、巴西等国经验的基础上,将强制性农业保险的范围严格限定在以下三个方面。①关系国计民生和经济社会发展重要目标的重要农作物保险和畜禽保险。将这部分农业保险列为强制性保险有利于保障国计民生和经济社会发展重要目标的实现。并且,鉴于保险标的的重要性,这部分强制性农业保险应涵盖原保险和再保险两个层次。②在正规金融机构借贷的农业生产项目的保险。将这部分农业保险列为强制性保险有利于保障农业生产融资的安全,促进银保结合。③达到一定规模的农业生产项目的保险。将这部分农业保险列为强制性保险有利于促进农业生产的规模化、集约化

---

① 李海军:《山东省政策性农业保险调研报告》,《保险研究》2008 年第 10 期,第 83 页。

② 刘凡:《论我国农业保险法之规定意向及价值决定》,《科教导刊》(中旬刊)2010 年第 22 期,第 168 页。

经营。

第三节　农业原保险费率厘定权归属的区别安排

我国普遍存在的情况是，中国保监会与有关政府部门或完全包揽农业原保险定价权，或对农业原保险定价有很大的影响力，而农业原保险人在定价上的话语权较弱。导致农业原保险费率厘定行政化色彩较浓的原因主要有二：一是为使农业原保险费率让农业生产经营者负担得起，政府必须保证较低费率；二是在不完全竞争的农业原保险市场上，为避免给商业性农业原保险人厘定的畸高费率买单，政府必须介入费率厘定环节。[①]

政府在享有农业原保险产品的大部分定价权后，理应承担农业保险标的损失发生后的大部分赔偿分担义务。然而，现实情况刚好相反。损失赔偿责任过分集中于农业原保险人，许多政府文件未记载超赔责任发生后政府如何分摊损失的规定。

综合国内外情况看，农业原保险费率厘定中政府与市场的关系不外乎以下五种模式：归属于政府（又称政府垄断模式）、归属于农业保险人（又称市场垄断模式）、由政府决定基准费率及其浮动区间而由农业保险人决定实际执行费率（政府与市场合作模式之一）、一部分险种费率厘定权归政府而另一部分险种费率厘定权归农业保险人（政府与市场合作模式之二）以及政府或企业联合会与农业保险人商定（政府与市场合作模式之三）。[②] 这五种费率厘定模式利弊兼有，应辩证看待，而不能简单地予以肯定或否定。比如，在商业性农业保险的实际运作中，若按市场规则厘定保险费率，则许多农业生产经营者将无力承担大额保费；但若将保险费率设定在农业生产经营者可承受范围内，则农业保险人难以承担高额赔付，从而导致保障程度较低等问题。

鉴于此，我国应通过立法从以下两个方面改革和完善现行农业原保险费率厘定模式。一方面，合理分配各级相关政府部门与农业原保险人之间

---

① 田辉、张承惠：《农业保险立法时机已经成熟》（上），《中国城乡金融报》2010 年 8 月 25 日，第 2 版。

② 陈运来：《农业保险法原论》，中国检察出版社，2015，第 303~305 页。

的农业原保险费率厘定权限。政策性农业原保险是以稳定农业生产、稳定农民收入及稳定国民经济为宗旨的，这就要求此类保险能在尽可能大的范围内推行，而政府主导或引导下的行政推动和财政补贴具有明显的制度优势。于此情形，如果此类保险的执行费率厘定得过高，那么很可能对公共财政资源的利用造成浪费。[①] 因此，根据权责利相统一原则，此类保险的费率应由政府直接厘定或由委托的第三方代为厘定，而不能由农业保险人自行厘定。而商业性农业原保险的经营宗旨是追求利润最大化，并且没有承担政策性损失的义务，这就决定了其费率厘定应考虑目标利润因素。故此类保险的费率应由农业原保险人根据自身的利润要求进行厘定。从现行立法来看，依《农业保险条例》第 19 条，农业原保险人应公平、合理地拟订农业原保险费率；属财政予以保费补贴的险种的保险费率，应在充分听取省级政府财政、农业、林业部门与农业生产经营者代表意见的基础上拟订；农业原保险费率应依法报保险监督管理机构审批或备案。此条规定对保险监督管理机构与农业原保险人之间的农业原保险费率厘定权限的划分，体现出政策性农业原保险与商业性农业原保险之间的区别，显得颇为合理。另一方面，科学划分各级相关政府部门之间的农业保险费率厘定权限。实行"谁补贴，谁厘定"的原则，如果补贴义务主体有多级政府部门，就由与最高级别补贴义务主体相对应的农业保险监督管理机构厘定费率。具体来说，对于一级和二级政策性农业原保险，应由国家农业保险监督管理机构厘定费率；对于三级政策性农业原保险，应由省级农业保险监督管理机构厘定费率；对于四级政策性农业原保险，应由地市级农业保险监督管理机构厘定费率。相关政府部门在厘定政策性农业原保险费率时，既应维护好农业生产经营者的利益，也应确保保险公司基本的财务稳定性。[②]

值得注意的是，从现行立法看，《农业保险条例》第 19 条将费率的直接厘定权授予农业原保险人，农业保险监督管理机构只享有一定的建议权、审批权或备案要求权。至于监督管理机构应如何履行这些职责，如行政审批的范围是否仅限于政策性农业保险品种，以及如何干预费率

---

① 郭文萱：《农业保险的三大困惑》，《中国金融家》2009 年第 6 期，第 73 页。

② 陈运来：《农业保险法原论》，中国检察出版社，2015，第 328~329 页。

调整，则语焉不详。故建议未来"农业保险法"细化规定，增加政策性与商业性农业保险险种在费率厘定权属上的区分度。对于由农业原保险人直接厘定费率的，应强化政府会计监督，以降低审计定价的风险。[①]当然，无论由谁厘定费率，均应做好农业保险区划及费率分区工作，从根本上解决逆选择问题。[②]

第四节　政策性农业原保险保费代扣代缴机制的设计

在政策性农业保险中，农业原保险人直接从传统小农户那里收取保费相当困难。为化解它们之间的这一利益冲突，除了对投保人提供保费补贴，还建议农业保险立法通过以下四个层面的制度创新构建比较完善的农业原保险保费代扣代缴机制。

首先，由财政部门代扣代缴。现行做法是，在财政向农业生产经营者发放粮食直补、良种补贴、能繁母猪补贴和农资综合补贴等补贴的同时，农业保险政策又要求农业原保险人从农业生产经营者手中收取保费。若能将这一发一收有机结合起来，统筹考虑，则既可确保政府支农惠农政策落实到位，又可大幅降低农业原保险运行成本，还可提高资金支付透明度，确保资金安全。故建议在农业原保险保费收取环节，通过公开透明和严格规范的程序，推动涉农直接补贴与保费收缴政策相结合，将部分直接补贴置换、替代为农业生产经营者缴纳的保费。这种做法能有效降低农业原保险的保费收取成本，切实解决保费收取难问题。至于有种观点认为只有在农业生产经营者签字同意或由村组统一决定直接从农业补贴中支付农业生产经营者应予承担的保费的情况下，才可由相关政府部门代扣代缴，[③] 笔者认为没有设置这个前提的必要，因为出于自身现实利益的考虑，总会有相当一部分农业生产经营者或村组不同意由财政部门代扣代缴，从而妨碍这一机制的全面构建。合理的做法应是，在法律直接规定财政部门代扣代缴

---

① 郑国坚、陈巧、马新啸：《政府会计监督与审计定价："治理效应"还是"标签效应"》，《审计研究》2023 年第 4 期，第 101 页。

② 魏建、王慧敏、严晓东：《农业保险高质量发展与农民风险防范——基于费率区划的视角》，《宏观质量研究》2023 年第 1 期，第 39 页。

③ 湖南省农业保险联席会议调研组：《2009 年湖南省农业保险工作调研报告》，第 12 页。

义务的前提下，确保代扣代缴的程序透明、信息公开，如法律应规定财政部门在履行代扣代缴义务的同时，以便捷的方式履行通知义务，以确保涉农补贴资金不被非法克扣或挪用等。

其次，由贷款金融机构、农业产业化龙头企业或村民委员会代扣代缴。

众所周知，贷款金融机构是作为借款人的农业生产经营者的重要利益相关者。在由财政部门代扣代缴还不能足额支付农业原保险保费的情况下，法律应规定向投保人发放贷款的正规金融机构作为第二顺序的保费代扣代缴义务人。即直接从投保人所借的贷款中扣除应支付的保费欠缴额，这部分保费（包括利息）在农业保险事故发生后，由农业原保险人直接支付给贷款金融机构。由贷款人代扣代缴的好处是，既能像由财政部门代扣代缴那样显著降低保费收取成本，又能在相当程度上发挥农业原保险人在贷款催收中的安全保障作用。

农业产业化龙头企业也是作为其下游客户的农业生产经营者的重要利益相关者。对于未在正规金融机构进行贷款的农业生产项目，在由财政部门代扣代缴还不能足额支付农业原保险保费的情况下，法律应规定农业产业化龙头企业作为第二顺序的保费代扣代缴义务人。即由农业产业化龙头企业为作为其下游客户的农业生产经营者先行垫付保费欠缴额，这部分保费（包括利息）在其向农业生产经营者收购原料时，从原料款中扣减。由农业产业化龙头企业代扣代缴的好处在于，既能大幅降低保费收取成本，又能确保企业的原料供应。

村民委员会与作为农业生产经营者的村民之间存在复杂利益关系。对于未在正规金融机构进行贷款的非产业化农业生产项目，在由财政部门代扣代缴还不能足额支付农业原保险保费的情况下，法律应规定在村民和村民委员会签订代扣代缴保费协议的前提下，由村民委员会作为第二顺序的保费代扣代缴义务人。由村民委员会代扣代缴也能显著降低保费收取成本。之所以主张对由村民委员会代扣代缴进行必要限制，是因为在经由财政部门、贷款金融机构、农业产业化龙头企业代扣代缴后，对于小农户来说，一般不存在拖欠保费的问题。即使存在，所欠保费额也不大。所以村民委员会对这部分保费一般有足够的实际支付能力。由此不难看出，实践中由村民委员会垫付全部保费的做法显然不妥。

第五节　农业大灾保险风险管理制度的构建

　　早在 20 世纪 50 年代，诺贝尔经济学奖获得者库普曼斯就指出，社会经济制度的核心问题是如何处理不确定性，而重大自然灾害等突发事件是国民经济运行和社会发展过程中最为不确定的事件。[①] 农业作为弱质产业，极易发生大灾风险并蒙受巨大损失，而严重的损失会激化农业保险利益冲突，甚至可能导致农业原保险体系崩溃。有关研究表明，农业保险的经营风险为一般财产保险经营风险的十倍。[②] 于是，各国纷纷构建农业再保险机制，在空间上分散农业大灾风险。此外，由于在时间上较为分散，农业大灾风险往往能取得良好的减灾效果，故大灾保险体系较完善的国家也多依赖大灾保险基金的支持。[③] 而我国农业保险大灾风险管理业务尚起步不久。2006年初，浙江省政策性农业保险共保体由人保财险浙江省分公司牵头成立，率先构建起直保层面的农业保险体制。2009 年 7 月，北京市农委代表北京市政府作为投保人，同瑞士再保险、中国再保集团签署了政策性农业再保险合作协议，将该市农业保险业务作为统一整体，直接出资向后两者购买再保险，从而在全国首创了政府主导、市场化运作的政策性农业再保险新模式。2014 年 11 月，中国农业保险再保险共同体在北京由人保财险牵头成立，并于 2019 年正式运行。[④] 2020 年 11 月，由财政部控股的中国农业再保险股份有限公司在北京成立。江苏省在建立省、市、县三级农业大灾风险准备金的基础上，建立了省级农业大灾风险准备金制度，一旦局部地区遭遇特大自然灾害，省财政就有权部分调用其他地区农业大灾风险准备金，以实现更大范围地分散风险。[⑤] 相应地，在制度规范上，从 2007 年起中央一号文件连年对农业大灾风险分散制度（实质上就是农业大灾保险风险管理制度）进行了宏观规定。《农业保险条例》第 8 条也规定，国家构建财政

---

① 谢家智等：《中国农业保险发展研究》，科学出版社，2009，前言第 I 页。
② 庹国柱：《农业巨灾风险亟待转移分摊》，《金融时报》2013 年 5 月 8 日，第 9 版。
③ Johannes Skylstad Tynes, "Catastrophe Risk Securitization," *Journal of Insurance Regulation* 1 (2000): 3-27.
④ 《中国农业保险再保险共同体基本实现制度设计初衷》，http://www.shenlanbao.com/zhishi/10-315806，最后访问日期：2025 年 2 月 1 日。
⑤ 高嵩：《我国农业再保险亟须经验和数据积累》，《中国保险报》2012 年 2 月 14 日，第 1 版。

扶持的农业保险大灾风险分散机制,鼓励地方政府构建地方财政扶持的农业保险大灾风险转移机制。为配合《农业保险条例》的实施,2013 年 12 月财政部发布了《农业保险大灾风险准备金管理办法》。但从总体上看,这方面的具体法律制度建设仍为一片空白。鉴于此,为从根本上化解农业保险利益冲突,有必要通过农业保险立法对此类制度作出具体且合理的安排。下面,笔者着重从农业再保险和农业大灾保险基金两个层面的制度建设展开论述。

一 农业再保险制度的合理构建

为适应农业大灾保险风险管理的要求,我国农业再保险组织体系不能仅包含某个单一的经营主体,而应是以国家农业再保险公司为主导、以其他多种形式农业再保险人为补充的多种经营主体的有机组合。

一方面,应以国家农业再保险公司为主导。从域外经验来看,政府更愿意直接或经由其独资/控股的国有保险公司经办业务较为单一与集中的农业再保险,以分散农业大灾风险为主要指向,而不关注或较少关注营利问题。[①] 此做法显然有利于充分发挥政府在应对大灾风险方面的财力优势,故值得我国借鉴。具体设想是,我国通过完善立法加快设立中国农业再保险股份有限公司,并将中国农业保险再保险共同体吸收并入其中以大幅降低组织成本。它是由国家农业保险监管机构批准设立的、由财政部控股的依法登记注册的专门经营农业再保险业务的公司,业务范围主要包括境内的农业再保险业务和境内的农业转分保业务。该公司自主经营、自负盈亏,但国家给予其必要的经营管理费补贴和税收优惠,以鼓励其对农业再保险承保;在全国范围内适当建立分支机构,以方便各地农业原保险人购买农业再保险,北京总部应对各分公司和国际业务部的经营活动进行统一管理和监督,以确保农业再保险产品能在全国各地开花结果;建立经营亏损时的外部资金补偿机制等。[②]

另一方面,应以其他多种形式农业再保险人为补充。我国是世界上遭

---

① 陈运来:《域外农业保险立法及其启示》,《法商研究》2010 年第 3 期,第 132~133 页。

② 吕晓英、庹国柱、蒲应燕:《我国农业保险和再保险应对大灾风险能力的模拟研究》,《保险研究》2022 年第 3 期,第 55 页。

受农业大灾损失最严重的国家之一，尤以气象灾损为甚。有关资料显示，随着全球气候变暖，极端气象事件发生的概率进一步增加，强度更大，影响范围更广，持续时间更长，致损更巨。[①] 于此情形，仅靠中国农业再保险公司包揽农业再保险业务，不仅会因信息不对称而造成交易成本过高，而且会因经营管理费补贴的支出而带来过重的财政负担。较为合理的立法建议是，鼓励一般商业性再保险人经营农业再保险业务，发展合作性农业再保险人，组建农业再保险共保体，还可适度吸引外国再保险公司来华开展农业再保险业务。具体而言，在实践中，由于政策性中国农业再保险公司尚未组建，作为唯一一家一般商业性再保险人的中国再保险集团近年来一直充当经营农业再保险业务的主力军。但由于农业保险立法的缺位，中国再保险集团实际上是依《保险法》《再保险业务管理规定》的有关规定，将农业再保险业务完全按商业性原则而非准公共物品原则来操作的，这当然不利于此类业务的广泛、纵深开展。鉴于此，农业保险立法应明确规定符合条件的一般商业性再保险人可开展农业再保险业务（一级政策性农业再保险业务除外），并对其给予税收优惠。关于合作性农业再保险人，其对解决合作性农业原保险人的农业大灾保险风险管理问题具有难以替代的重要制度价值，因而宜由农业保险立法直接加以规定和扶持（如实行税收和贷款方面的优惠政策），以便依法组建并促进其发展壮大。关于农业再保险共保体，在理论上，其设立和运作乃农业保险组织制度的重要创新，无疑有利于分散农业大灾保险风险。但鉴于此类组织体是众多非政策性农业再保险人的特殊联合，而目前我国非政策性农业再保险体系还不健全，故农业保险立法近期尚不宜对这一农业再保险组织形式直接作出规定。比较可行的办法是，等中国农业再保险股份有限责任公司正式成立之后，再将中国农业保险再保险共同体并入其中。[②] 至于外国再保险公司，如果它们能以较合理的价格在境外接受从我国分出的农业再保险业务，那当然是最为理想的。而实际情况是，作为谋求利润最大化的理性经济人，它们在境外接受从我国分出的农业再保险业务，往往是以畸高的价格条件为基础的。这损

---

① 刘玮：《2012年全球灾害回顾与应对》，《中国保险报》2012年12月31日，第5版。
② 《中国农业再保险公司成立！农共体会消亡吗？》，《中国银行保险报》2020年8月25日，第1版。

害了我国农业再保险业务分出人的经济利益。因此，我们可另谋新策，那就是通过农业保险立法优化价格形成机制，并给予必要的税收优惠等，在确保国家经济安全的前提下，逐渐吸引外国再保险公司来华直接开展农业再保险业务。

二　农业大灾保险基金制度的科学构建

农业大灾保险基金是为应对农业大灾发生而积累的专项基金，主要用于大灾发生后的超额保险赔付，是一种有别于一般保险责任准备金的特殊保险基金。此类基金通常被视为农业再保险之外的应对农业大灾保险风险的一道"防火墙"。在包括《农业保险条例》在内的现行农业保险立法对其未作制度安排的情况下，笔者拟从利益均衡视角出发，对此类基金的模式选择、筹集、管理和运用等，提出初步设想。

在基金的模式选择方面，从法国、意大利、葡萄牙、美国、日本等国的做法来看，由于各国国情不同，基金的制度模式安排也不同，或由中央政府（联邦政府）与地方政府分别设置保障范围和服务功能不同的两级农业大灾保险基金，或由中央政府（联邦政府）单独出资/与地方政府按照不同的比例共同出资组建全国性的农业大灾保险基金。我国农业保险采取的是纯地方基金模式。其中，上海早在20世纪90年代初就率先建立了市级农业大灾保险基金，且一直运作良好。江苏、山东、江西、浙江等地则直到中央财政补贴农业保险保费后，才于最近几年尝试建立。此外，一些地区还建立了地市级农业大灾保险基金。这在国内学界的争议也很大，主要有主张建立省级农业大灾保险基金、主张建立全国性农业大灾保险基金与主张在中央和地方分别建立农业大灾保险基金三种观点。其实，对上述诸做法或观点不可简单地持肯定或否定态度，而应积极借鉴国外经验，并立足现实国情，在权衡利弊后作出效益最大化的理性选择。由于农业是一个具有全社会公共福利的基础产业，扶持和推动农业保险发展的财政支出，应充分体现中央财政和地方财政之间的合理分工关系，唯其如此，才有利于财政投入的真正到位。因此，我国在构建农业大灾保险基金制度的过程中要兼顾农业的稳定与发展、全局利益与局部利益的平衡。中央财政具有调节全社会利益分配的功能，在农业大灾保险基金的统筹运作中可发挥主导作用。对此，有学者研究指出，针对近年来气象灾害频发、公司层面因准备金捉襟见肘而难以为继的不利现状，应结合我国国情，探索建立全国统筹的农业保险大灾基金。[①] 同时，笔者认为，应注意充分调动全社会支持农业大灾保险基金发展的积极性。综上，最可行的办法应是：由中央统筹安排建立中央一级的综合农业大灾保险基金——国家农业大灾保险基金，由省级财政牵头建立省级农业大灾保险基金或农业保险超赔风险补偿基金，以前者为主，以后者为辅。只有两级基金密切配合、取长补短，才能使农业大灾保险基金制度发挥出最大功效。

在基金的筹集方面，西方经济学中近年兴起的经济机制设计理论认为，假定国家或主代理者有一个社会目标要实现，要求每个人都参与，而每个人都是自利的，那么国家或主代理者就有可能制定一种行为规则，使个人的利己行为的实际结果与给定的社会目标相一致。也就是说，有可能制定一种机制使每个社会成员在追求自利目标的同时，都不知不觉地达到既定的社会目标。这一理论实际上是对利益相关者理论的发展。当今世界上许多国家以此理论为指导来处理农业大灾保险基金的筹集问题。依据这一理论，我国应通过立法建立由财政投入、参保农业生产经营者投入、农业保险人等企业投入、资本市场募集、社会捐赠、发行农业大灾彩票等要素构成的国家农业大灾保险基金筹集的多元化渠道。其中，财政投入所占比重应最高，具体包括：中央财政从每年的预算中单列部分资金或每年征收一定比例的农产品销售税，还可从国家支农资金中适度安排一部分，用于建立与壮大农业大灾保险基金；县级以上地方各级政府也应依当地实际需要对农业大灾风险状况进行评估，按比例每年从财政预算、支农资金与救灾款中划拨部分资金，以充实农业大灾保险基金。同时，应明确农业大灾风险事故发生后该基金不足赔付时的融资方式：由中央财政支付，或由中央财政担保从金融机构贷款，或由中央财政担保发行债券，等等。这种由中央财政主导的多级财政分担机制既能确保农业大灾保险基金的主要资金来源，又能在更大范围内分散农业大灾风险。当发生巨大特大灾情时，中央政府和省级政府的救灾责任可因此得到有效减轻。而多元社会性要素的有

---

① 朱铭、宋建国：《公司层面大灾准备金对农业保险承保风险的影响研究》，《保险研究》2024 年第 6 期，第 89 页；李彦、陈盛伟：《我国农业巨灾风险基金制度构建设想》，《东岳论丛》2016 年第 12 期，第 22 页。

序介入，更有利于促进社会成员追求经济效益或效用最大化的自利行为与国家发展农业大灾保险基金以分散农业大灾保险风险的社会目标之间的高度契合。

在基金的管理方面，为确保农业大灾保险基金运行的安全，有必要在立法上明确此类基金的管理机构。实践中的做法一直是由特定政府部门扮演这一角色。如，北京市农业大灾保险基金由农业保险工作协调机构——北京市政策性农业保险工作协调小组——进行管理。该机构由主管副市长牵头，市政府秘书长具体负责，市农委、财政局、发改委、保监局、国税局、地税局、国资委、气象局、法制办等部门派员组成，办公室设在市农委。① 鉴于由政府进行管理具有无可比拟的权威性，也有利于此类基金的统筹运作，这一模式应在立法中予以确立，即由国家农业保险行政监管机构作为国家农业大灾保险基金的管理机构，内设农业保险基金司专司其职。此外，为提高管理效率，立法还应授权国家农业保险行政监管机构可根据需要委托一个信誉良好的金融机构，如四大国有商业银行之一，作为该基金的托管人，为该基金账户的日常管理提供专业服务，并定期向农业保险基金司提供书面的账户管理报告。

在基金的运用方面，由于直接牵涉农业保险多类主体特别是农业生产经营者、农业保险人和政府这三大主体的利益，应充分服务于该基金的设立宗旨——农业大灾保险风险管理，实现专款专用。专款专用原则体现为以下几个方面。一是法律应明确规定该基金的给付对象。在农业大灾风险事故发生后，只有参保农业生产经营者才能申请从该基金中获得赔付，只有法定主体才能申请从该基金中获得除保险赔付以外的其他资助。二是法律应对该基金的用途加以必要限制。农业大灾保险基金主要用于灾后的超额保险金赔付，除法律另有规定外，不得转作他用。三是法律应明确规定该基金的投资方向，杜绝盲目投资，以降低投资风险，实现保值增值。根据专款专用原则的要求，该基金的运用可归纳为赔偿农业大灾损失、预防农业大灾保险风险、资助农业大灾保险风险管理科研活动和合理投资四个方面。其中，赔偿农业大灾损失显然应被列为首要用途。建议在充分调研

---

① 庹国柱、赵乐、朱俊生等：《政策性农业保险巨灾风险管理研究——以北京市为例》，中国财政经济出版社，2010，第84页。

的基础上，通过立法与政策组合大力推动开发保障程度高、赔付率不封顶的农业大灾保险新品种。有学者认为，应建立赔付率 150% 以下由农业原保险人自负、赔付率 150%~300% 由农业再保险人承担、赔付率 300% 及以上由中央和省级财政建立农业大灾风险准备金承担的三级大灾风险分散制度。[①] 笔者认为，从我国政策性农业保险试点的成功经验和学界主流观点来看，将超额赔付比例达到 300% 作为该基金的启用条件是较为适宜的。一般来说，当超额赔付比例为 150%~300% 时，农业原保险人可通过再保险方式分散风险；当超额赔付比例为 300% 及以上时，则可动用该基金来帮助农业原保险人渡过赔付难关，同时也维护了被保险人的经济利益。具体而言，主张建立四级农业大灾保险基金制度，即构建对应于 150% 以下、150%~300%、300%~600%、600% 及以上四个赔付率区间的四级大灾风险分散机制。赔付率150% 以下由农业原保险人自负，赔付率 150%~300% 由农业再保险人承担，赔付率 300%~600% 由省级财政建立的省级农业大灾风险准备金承担，赔付率600% 及以上由财政部建立的中央农业大灾风险准备金承担。这种制度安排清晰地划分出农业原保险人、农业再保险人、地方农业大灾风险准备金和中央农业大灾风险准备金的责任边界，在实践上具有很强的可操作性。[②] 而预防农业大灾保险风险和资助农业大灾保险风险管理科研活动都是为了有效降低农业大灾损失赔付率，合理投资则是为了通过保值增值增强该基金对农业大灾保险赔付的承受能力。可见，后三种用途相对于第一种用途而言为次要用途。

第六节　农业保险优惠贷款制度的构建

政策性农业保险的发展，需要国家利用农业保险优惠贷款这一特殊宏观信贷政策，对农业实体经济予以有力金融支持。为此，2012 年《农业保险条例》第 9 条第 3 款明确规定："国家鼓励金融机构对投保农业保险的农民和农业生产经营组织加大信贷支持力度。"但此类贷款试点存在借贷双方

---

① 龙文军等：《健全农业保险制度研究》，中国农业出版社，2016，第 176 页。
② 陈运来、舒伟斌：《我国农险共保体模式的创新经验及其制度启示——以浙江和海南两省为例》，《北京联合大学学报》（人文社会科学版）2020 年第 2 期，第 112 页。

主体范围分别局限于参保人与农村信用社或农村商业银行或村镇银行、利率优惠力度不够、财政利差补贴缺位等突出问题，从而制约了此类贷款支农效应的发挥。故在农村金融改革风起云涌之际，应加快构建农业保险优惠贷款制度的步伐，以有力促进农业保险优惠贷款对农业信贷和农业保险的双向支持功能的发挥，又确保其安全性和盈利性，从而实现"农业保险+信贷"融资增信模式中的利益均衡。

一 农业保险优惠贷款主体的严格筛选

在农业保险优惠贷款法律制度建设中，对借贷双方主体资格的规制首先应予以关注，这方面工作的成败会直接且显著地影响此类立法的质量与实施效果。鉴于此，农业保险立法应基于对此类贷款的主体多元化趋势与准公共产品属性的双重考量，对借贷双方的主体资格条件作出宽严适度的明确规定，以便在实务中能从众多备选主体中准确地遴选出合格资质者。

（一）农业保险优惠贷款主体资格条件的设定

1. 贷款人的主体资格条件

农业保险优惠贷款的贷款人主体资格的认定可以准公共产品的多元化供给理论为依据，综合考量政府和市场两方面因素，以充分体现此类贷款的正规性、涉农支农性和利率优惠性。具体而言，此类贷款人一般应同时满足以下三个条件。

（1）是法定贷款人

贷款人首先应是盈余资金的所有人或管理人。而盈余资金的所有人或管理人不仅包括财政机构等政府机构及金融机构，还包括金融机构以外的企业和个人。当然，需要强调指出的是，政府享有征税权和货币印刷权，具有任何私人机构都无法比拟的权威性和超级信用等级，[1] 财政机构则是政府盈余资金的管理人。但并非上述各类盈余资金的所有人或管理人均能成为贷款人。从域内外贷款业务实践看，财政机构以外的其

---

① David A. Moss, *When All Else: Government as the Ultimate Risk Manager*（Harvard University Press, 2002）, pp. 49–52.

他政府部门和金融机构以外的企业是不能以贷款人身份出现的。进言之，在各类正规和非正规贷款人中，只有依法设立的贷款机构才能成为此类贷款人。

（2）具有提供特定涉农直接贷款的职责或业务权限

受农业保险外延界定的影响，贷款人只有能提供特定的涉农直接贷款，才能成为此类贷款人。关于农业保险的外延，少数国家将其界定为农业生产对象所提供的保险，与农业生产资料、农产品初加工和储运及销售等相关的保险，甚至农业生产中的雇主责任保险和人身意外伤害保险等；多数国家则只认同种养两业保险。① 而农业保险外延的大小对涉农直接贷款的性质产生直接影响。我国农业保险基本属于种养两业生产性保险，这就决定了能提供农业生产性或农业风险管理服务性直接贷款是我国贷款人取得此类贷款人主体资格的一个必备条件。

（3）能提供优惠贷款利率

作为一种典型的政策性涉农贷款，农业保险优惠贷款的最重要特征是利率的优惠性。如，印尼银行所发放的此类贷款的利率比一般商业银行低一半多。这就要求此类贷款人依所在部门或行业性质，能在其职责或业务范围内，为特定农业保险合同主体提供低息或无息贷款。值得注意的是，此类贷款的作用范围并不囿于政策性农业保险而可及于商业性农业保险领域，故应要求此类贷款人能为各类农业保险贷款对象提供利率优惠。

2. 借款人的主体资格条件

农业保险优惠贷款借款人，首先应满足与民事行为能力、财务状况、贷款用途等有关的一般条件，在我国主要指应符合《贷款通则》第 17 条所规定的一般借款人条件。在此基础上，为体现此类贷款的涉农支农性并回应其安全性和盈利性要求，除非法律另有规定，还应同时满足以下三个特殊条件。

（1）是农业风险的承受者

初级农产品生产的自然再生产和社会再生产的双重性使农业不仅面临自然灾害，还面临巨大的市场风险。高风险性则在很大程度上造成农业的

---

① 陈运来：《域外农业保险立法及其启示》，《法商研究》2010 年第 3 期，第 135 页。

比较效益差和农业生产经营者的低收入，进而导致初级农产品生产的自有资金严重短缺。进言之，农业生产和农业风险管理的融资需要必然对农业保险优惠贷款主体制度的设计产生深刻影响。主要表现之一为，农业保险合同主体只有实际承受了或按职责/业务范围的规定必然承受农业风险，才能取得此类借款人主体资格。

（2）参与农业保险合同法律关系

既然此类借款人必须是农业保险合同主体，那么它们应具有农业保险合同主体的根本特征——农业保险合同法律关系的参与者。易言之，它们亦应以实际参与或有资格参与农业保险合同法律关系为取得其主体资格的先决条件。

（3）能提供必要的担保

银行贷款一是强调风险性，要求贷款本金能按期足额偿还；二是追求盈利性，要求借款人能按期付息，用以补偿银行吸储而支付的利息及其他成本，并获得盈利。为此，几乎所有金融机构在经营贷款业务时都要求借款人提供保证、抵押、质押等担保。此类贷款人对借款人通常也有这方面的要求（对小额信贷的借款人免除担保义务的除外）。

（二）农业保险优惠贷款贷款人主体资格的具体分析

如前所述，农业保险优惠贷款贷款人应是法定贷款人，具有提供特定的涉农直接贷款的职责或业务权限，且能提供优惠贷款利率。下文拟主要结合这三个条件，对我国财政机构和各类金融机构等是否具有此类贷款人主体资格作出具体分析（见表2）。

1. 财政机构

我国财政体系以财政部为国家财政领导机构，下设地方各级财政厅、局等机构。依《贷款通则》第2条所作"本通则所称贷款人，系指在中国境内依法设立的经营贷款业务的中资金融机构"的规定，我国财政机构不属于法定贷款人之列，不能成为此类贷款人。虽最高人民法院在有关司法解释中有条件地承认财政、扶贫办等非金融机构可通过签订借款合同发放支农款、扶贫金等，但这并不表明财政机构具有法定贷款人身份，而只应被视为一种过渡性的变通做法。其实，Jensen通过实证分析就已得出，发展中国家的农业信贷投资来自国家财政是缺乏效率的。[①] 故财政职能同金融职能的分离符合效率原则。

2. 正规金融机构

正规金融机构是指受一国金融法律法规调整的金融机构，包括中央银行、政策性银行、商业银行、保险机构、证券机构等。其中，有些能取得农业保险优惠贷款贷款人主体资格，有些则不能。

首先，看看中央银行。从各国中央银行法的规定来看，中央银行既是不同于一般政策性银行和商业银行的特殊金融机构，又是不同于一般政府机关的国家管理机关；中央银行不以营利为目的，其任务是统筹管理全国的金融机构，制定宏观的金融政策方针，指导、监督金融机构的发展规划与业务活动。这种独特的地位、性质和任务决定了中央银行的贷款人身份是受到严格限制的。以中国人民银行为例，根据《中华人民共和国中国人民银行法》（以下简称《中国人民银行法》）的有关规定，中国人民银行在向金融机构提供再贷款和向出现流动性困难的金融机构提供紧急资金救助时，扮演着最后贷款人角色。根据学界通说，各国中央银行提供的最后贷款均应实行罚息原则。这表明中国人民银行所发放的最后贷款既非直接贷款，也与农业保险优惠贷款在利率特征上迥异，因而中国人民银行不能取得此类贷款人主体资格。

其次，考察政策性银行。并非所有政策性银行均理所当然地取得此类贷款人主体资格，只有那些服务于农业政策目标的政策性银行才能取得此类贷款人主体资格。在我国三家政策性银行中，中国进出口银行的业务范围现已涵盖农产品进出口贷款，但该项涉农直接贷款属有别于农业生产性和农业风险管理服务性贷款的农业流通性贷款，故该行不符合此类贷款人的业务权限条件。中国国家开发银行和中国农业发展银行则均能取得此类贷款人主体资格。除了是法定贷款人，它们还符合此类贷款人的业务权限条件和利率条件。从业务范围看，前者主要职责包含为"三农"等社会发展瓶颈领域提供资金支持，后者主要职责是承担国家规定的农业政策性金融业务。两者的职责范围皆涵盖农业生产性直接贷款业务。从利率看，两

---

① Farrell E. Jensen, "The Farm Credit System as a Government-Sponsored Enterprise," *Review of Agricultural Economics* 2（2000）：326-335.

者均可依法发放无息或低息贷款，由此导致的经营亏损由政府以利差补贴或亏损补贴的形式予以弥补。尤其是中国农业发展银行由财政兜底，在涉农金融机构和政策性金融机构中具有特殊重要地位，故宜作为此类贷款业务的主要承办行。

再次，剖析商业银行。作为我国涉农商业银行的中国农业银行、农村商业银行、农村合作银行、村镇银行和中国邮政储蓄银行以及其他几大国有商业银行，均能取得此类贷款人主体资格。究其原因，除因银行业监管机构颁发金融业经营许可证而符合法定贷款人条件外，还符合业务权限条件与利率条件。从业务权限条件看，中国农业银行自恢复成立之日起就主要为农业生产提供融资服务；依《商业银行法》第34条以及第93~94条规定，并参照原《农村商业银行管理暂行规定》第46条、原《农村合作银行管理暂行规定》第48条、原《村镇银行管理暂行规定》第39条等规定，农村商业银行、农村合作银行、村镇银行、中国邮政储蓄银行应承担向特定或不特定地域内的对象提供农业生产性直接贷款的主要义务；中国工商银行成立伊始就承担起原由中国人民银行办理的贷款业务，具有提供农业生产性和农业风险管理服务性直接贷款的职责；中国建设银行经济建设类贷款项目包括支农贷款业务；中国银行原经营外币业务，后经政策调整，可经营包括农业生产性和农业风险管理服务性直接贷款业务在内的人民币贷款业务。从利率条件看，上述各类商业银行针对农村市场除主要提供较高利率的商业性涉农直接贷款外，还可受政府的委托和支持提供部分无息或低息政策性涉农直接贷款。当然，相对来说，中国农业银行、农村商业银行、农村合作银行和中国邮政储蓄银行在提供农业保险优惠贷款方面较具优势，并各有千秋。

最后，区分非银行金融机构。（1）不能取得资格。证券机构、保险机构、融资租赁机构和信托投资机构属此情形，原因是它们不符合此类贷款人的全部或部分主体资格条件。比如，证券机构、保险机构、金融租赁机构的职责或业务范围均未包含直接贷款业务；依《信托投资公司管理办法》第3条规定，信托投资机构的宗旨在于受人之托、代人理财，故不管其直接贷款的利率如何，为保障委托人的财产利益，不宜涉足风险高的涉农直接贷款业务。（2）能取得资格。非银行合作金融机构（包括农村信用社和农村资金互助社）、小额贷款机构和财务公司属此情形。依据《农村信用合作社管理规定》、《农村资金互助社管理暂行规定》、《贷款公司管理暂行规定》和《企业集团财务公司管理办法》关于农村信用社、农村资金互助社、小额贷款机构、财务公司的开业登记的规定，这些组织均为法定贷款人，具有提供农业生产性直接贷款的业务权限。在利率方面，这些组织均可在政府推动下提供部分政策性优惠利率涉农直接贷款。值得强调指出的是，在非银行合作金融机构中，农村信用社在农业保险优惠贷款供给中最具地缘优势和经验优势。

3. 非正规金融部门

非正规金融部门是指那些游离于国家金融监管当局有效监管范围之外，一般由市场主体自发创造，服务于正规金融难以有效满足金融需求的市场主体的金融载体。依 Tsai 的观点，我国非正规金融可分为合法、半合法以及非法三类。①

我国非正规金融部门不能取得农业保险优惠贷款贷款人主体资格，原因如下。其一，不符合身份条件。无论是依法设立的典当行，还是民间自发产生的其他非正规金融部门，均无须以持有中国人民银行颁发的《金融机构法人许可证》《金融机构营业许可证》或由银行业监管机构颁发的金融业经营许可证为发放贷款的前提条件，因而不是法定贷款人。其二，不符合业务权限条件。如前所述，非正规金融部门不是依法设立的，因而事实上其所从事的贷款业务经营或非持续性的贷款活动或典当融资业务经营，均不能被视为法律意义上的贷款活动。这样就更谈不上具有提供特定涉农直接贷款的业务权限条件了。其三，不符合利率条件。相对于正规金融来说，高利率已成为农村非正规金融的典型特征（个人间友情借贷除外）。究其原因，非正规金融多为私人契约关系，游离于官方金融监管之外，极少会要求实物抵押。贷款人根据自己对借款人及其项目的了解辨别各种借款需求，借款合同的有效执行不是依靠国家的法律体系，而是依靠当地的某种社会机制和自律机制。这种情况下，贷款人就面临比正规金融机构更大的风险，因而会要求借款人支付更多的风险补偿。以典当行和高利贷者的贷款最为典型。

① K. Tsai, Beyond Banks: Informal Finance and Private Sector Development in Cont-emporary China (Presented at the Conference on Financial Sector Reform in China, September 2001), pp. 11-13.

表 2　我国农业保险优惠贷款贷款人主体资格

	财政机构	中央银行	政策性银行		商业银行		非银行金融机构		非正规金融部门	
能否取得农业保险优惠贷款贷款人主体资格	否	否	中国进出口银行	否	中国农业银行	能	证券机构	否	个人间直接贷款人	否
					农村商业银行	能	保险机构	否	典当行	否
			中国农业发展银行	能	农村合作银行	能	融资租赁机构	否	合会	否
					村镇银行	能	信托投资机构	否		
					中国邮政储蓄银行	能	非银行合作金融机构	能	高利贷者	否
			中国国家开发银行	能	中国工商银行	能	小额贷款机构	能	地下钱庄	否
					中国建设银行	能				
					中国银行	能	财务公司	能		

（三）农业保险优惠贷款借款人主体资格的具体分析

前文研究表明，农业保险优惠贷款借款人应符合与国籍、民事行为能力、财务状况、资产负债率、开户和贷款用途等有关的一般条件，以及是农业风险的承受者、参与农业保险合同法律关系、能提供必要的担保等与风险类型、农险合同权义承受及担保有关的特殊条件。其中，一般条件为各类借款人所共有，只有特殊条件才是真正体现此类借款人特质的关键要素。鉴于此，下面拟结合上述三个特殊条件，对农业生产经营者和农业保险人能否取得此类借款人主体资格（见表3）作出具体分析。

1. 农业生产经营者

农业生产经营者是指从事农业生产经营活动的经济组织。依组织形式和规模，可划分为农户和农业企业两大类。其中，有些能取得农业保险优惠贷款借款人主体资格，有些则不能。

首先考察农户。与农业生产的其他组织形式相比，农户的本质特征在于以家庭关系为基础及家庭与农业生产的相互作用。就此而论，发达国家的家庭农场与发展中国家的个体农户无任何区别，均属农户经济组织。[①] 但在农户群体中，只有参加了农业原保险的农户（以下简称"参保农户"）

---

① 孟全省：《中国农户融资机制创新研究》，中国农业出版社，2008，第30页。

才能取得此类借款人主体资格。如，巴西政府将农户参加农业原保险作为优惠利率农业贷款发放的条件之一。从生产经营风险类型看，参保农户主要从事初级农产品生产，是农业风险的承受者。从合同权义承受情况看，参保农户因为自己投保或他人为其投保而成为农业原保险合同权义关系的实际参与者。从担保能力看，不可否认，我国目前已有几种农贷担保形式存在这样或那样的问题。[1] 但可采取引进无担保贷款和无追索权贷款制度、允许存在直系亲属关系的农户参加联保小组、由农村集体经济组织为农户提供担保、积极推动农业保险保单的长期化等创新措施，改善农户担保条件。所以从发展的意义上说，参保农户能提供一定担保。综上，作为初级农产品生产者，农户只要成为农业原保险的被保险人，并能提供一定担保，就可取得此类借款人主体资格。为此，国内有学者曾分析指出，在我国农业信贷和农业保险联动机制的初创阶段，即可对参保农户在贷款额度和利率等方面给予一定的优惠，以鼓励农户参加农业原保险。[2]

接着评析农业企业。结合域内外情况看，在经营广义农业保险业务的国家中，各类农业企业作为农业风险的承受者，只要为自己购买了农业原保险或他人为其购买了农业原保险，且能提供贷款人所要求的担保，就均可取得此类借款人主体资格。与此不同的是，包括我国在内的经营狭义农业保险业务的多数国家中，不从事初级农产品生产业务的农业企业虽是农业风险的承受者，也具有一定担保能力，但因不能参与农业保险合同法律关系而不能取得此类借款人主体资格。不过，初级农产品生产型农业企业和产、供、加、销联合型农业企业，只要购买了农业原保险且能提供贷款人所需的担保，就可取得此类借款人主体资格。何况与农户相比，农业企业在经营组织、经营对象方面具有明显的规模化经营特点，故其所承受的农业风险更为集中，担保能力也更强。

2. 农业保险人

国内有学者呼吁，当农业保险经营机构出现流动性不足时，中国农业发展银行可为其提供一定额度的无息或低息贷款。[3] 笔者也赞同该观点。

① 王子柱、张玉梅：《从农户视角看制约小额农贷发展的因素》，《农村经济》2010 年第 6 期，第 64 页。

② 冯文丽：《探索发展农业信贷的保险支持机制》，《农村金融研究》2008 年第 9 期，第 57 页。

③ 彭钢：《对促进农业保险快速发展的建议》，《中国保险》2011 年第 1 期，第 33 页。

主张农业保险人可取得此类借款人主体资格，除了基于适度拓展此类借款人的外延以进一步发挥此类贷款政策效应的政治考量，还基于三个法理原因。

其一，符合农业风险的承受者条件。农业保险业务的经营使农业保险人变成了农业风险的实际承受者。从其三种业务经营方式看，[①] 采用专营方式的农业保险人所承受的农业风险通常最大，采用主营方式的次之，采用兼营方式的最小。

其二，符合农业保险合同法律关系的参与者身份条件。农业保险人一经依法成立，就是农业保险合同法律关系的资格参与者。一旦与投保人签订农业原保险或再保险合同，即成为农业保险合同法律关系的实际参与者——具体承保人了。若在合同约定的保险期内发生保险事故，就要依法承担对被保险人的赔付责任。

其三，符合担保条件。商业性和政策性农业原保险人及多数农业再保险人具有雄厚的经济实力，可用作担保物的动产与不动产众多，愿提供保证的商业伙伴为数不少。至于合作性农业原保险人，一些发达国家的这类组织经过多年发展，经济实力已相当强大。我国黑龙江阳光农业相互保险公司目前虽在经济实力方面与一些发达国家的同类组织（如法国安盟保险集团）相比仍存在较大差距，但发展势头强劲，业已具备相当强的担保能力。国内其他合作性农业原保险人也拥有各自的独立财产，具备一定的担保能力。

表 3　我国农业保险优惠贷款借款人主体资格

	农户		农业企业			农业保险人	
能否取得农业保险优惠贷款借款人主体资格	参保	能	生产型农业企业	参保	能	农业原保险人	能
				未参保	否		
	未参保	否	加工型农业企业		否		
			销售型农业企业		否	农业再保险人	能

---

① 比如，为突出以农业保险为主业的特点，黑龙江阳光农业相互保险公司的农业保险与非农业保险的保费结构由 2009 年的 7∶3 调整到 2010 年的 9∶1。参见杨庆华、赵修彬《风雨过后有阳光——阳光农业相互保险公司合规经营发展纪实》，《中国保险报》2011 年 4 月 28 日，第 5 版。

二 农业保险优惠贷款资金来源的多渠道保证

从世界范围看，农业保险优惠贷款的资金来源具有政府与金融机构相结合的特点。对于政府来说，对农业保险优惠贷款提供资金上的扶持不仅符合国家产业政策，而且能促进财政部门职责的转变；对于金融机构来说，对农业保险给予优惠贷款一方面可贯彻国家产业政策，承担自身应负的社会责任，另一方面可拓宽业务范围。具体而言，农业保险优惠贷款的资金来源主要有以下几种渠道。

（一）政府财政部门专项资金

这是在政府财政部门可作为农业保险优惠贷款贷款人的国家，政府财政部门发放贷款的唯一资金来源。政府财政部门专项资金可分为中央财政专项资金和地方各级财政专项资金，由三种资金来源渠道构成，即政府的直接拨款、集中的国家财政后备基金和农业财政补贴。其中，政府的直接拨款是政府部门对所支持产业给予的直接经济资助。如，巴西水产养殖和渔业特别秘书处于 2007 年宣布为《加强家庭农业国家计划》拨款 5 亿雷亚尔（1 美元约合 1.95 雷亚尔），通过低息贷款的方式，用于支持家庭水产养殖和手工捕鱼业的发展。① 政府的直接拨款具有极高的信誉度，可成为农业保险优惠贷款的一项重要资金来源。集中的国家财政后备基金是国家预算中设置的一种货币资金，专门用于应付意外支出和国民经济计划中的特殊需要，如特大自然灾害的救济、外敌入侵、国民经济计划的失误等。许多国家农业自然灾害频发，灾损极为严重，集中的国家财政后备基金的主要用途是补救灾后的经济损失。因此，若将此类资金的一部分转化为农业保险优惠贷款，则可有效地将灾后救济与预先保障有机结合起来，从而有利于大幅提高资金使用效率。农业财政补贴专门用于对农业基础设施、农业灾后救济和农业保险等的补贴，在性质上与贷款存在显著差别，因而作农业保险优惠贷款的利差补贴是可以的，但不宜直接作农业保险优惠贷款之用。

---

① 《巴西财政拨款支持家庭水产养殖和手工捕鱼业》，http://www.ahnw.gov.cn/2006nwkx/html/世纪 200707/{F2755501-25B4-48A8-80F1-75CBCFF9083B}.shtml，最后访问日期：2010 年 8 月 16 日。此为笔者在主持国家社科基金项目"农业保险法的理论与制度构建"期间查阅的文献资料，现在已打不开。

（二）吸收存款

一般而言，吸收存款是农业政策性金融机构、商业性金融机构、非银行合作金融机构提供农业保险优惠贷款的主要资金来源之一。吸收存款是各国商业性和合作性金融机构的普遍特征。但在政策性金融机构中，这一普遍惯例并非当然适用，因为有许多国家禁止政策性金融机构吸收存款。在农业政策性金融机构领域，这一限制有所放松。[①] 在发达国家中，日本农林中央金库的主要资金来源是存款。在发展中国家中，摩洛哥国家农业信贷银行、泰国农业和农业合作社银行可吸收存款。在中国，以商业银行为主的相关正规金融机构可依法吸收存款，并将其作为主要资金来源用于经营农业保险优惠贷款业务。不过，随着利率市场化改革的深入推进与"互联网+"新型金融模式的不断涌现，商业银行等金融机构之间的市场竞争日益激烈，零售存款业务面临着严峻考验，对其揽储和服务能力的提升提出了极高要求。

（三）借款

借款是银行与非银行金融机构提供农业保险优惠贷款的又一主要资金来源。借款依期限的长短可分为短期借款与中长期借款。其中，短期借款包括同业拆借、回购协议、国际金融市场借款等。此类借款期限短的特点决定了其只能用于银行头寸的调剂，解决银行临时性资金不足和周转困难的资金问题，而不能用作中长期贷款资金。小农户的生产规模较小，所需贷款较少、期限较短，此类借款刚好可用于向其发放农业保险优惠贷款。中长期借款主要是指向中央银行借款（再贷款）和发行债券。向中央银行借款是中央银行为实现货币政策目标而给予各类金融机构的直接资金支持，一般数额较大、成本较低、期限特别长，具有突出的安全性与稳定性，非常适合作为农业保险优惠贷款资金。金融债券包括资本性金融债券、一般性金融债券和国际性金融债券等，具有筹资效率高、资金稳定性强、债券流动性强的特点。农业政策性金融机构发行债券一般比商业性和合作性金

---

① 白钦先、徐爱田、王小兴：《各国农业政策性金融体制比较》，中国金融出版社，2006，第257、260页。

融机构具有得天独厚的优势。农业政策性金融机构常由政府设立，且其金融业务大多由政府担保，故信用级别高、融资成本低。如，在美国农场信贷系统和加拿大农业信贷公司的贷款资金结构中，债券融资是一个重要方面。金融机构的这类中长期借款比较适合为大农户和农业保险人提供农业保险优惠贷款。

（四） 发行股份

中介功能是金融最基本的功能，而通过证券市场直接融资无疑是成本最低而效率最高的企业融资方式。由于具有农业保险优惠贷款贷款人主体资格的许多金融机构已经或将成为股份有限公司特别是上市公司等，发行股份是此类贷款的重要资金来源。甚至很多国家尤其是一些发达国家的农业政策性金融机构（如法国农业信贷银行、日本农林中央金库等）已演变为一种具有政策性底蕴而商业性相当浓厚的特殊机构，[①] 在这种情况下，可通过公开或非公开发行股份的方式募集所需农业保险优惠贷款资金。

三 农业保险优惠贷款担保方式的合理选择

农业保险优惠贷款与其他贷款一样，也需要提供担保，以此来规避借款人获得贷款后的经营风险，保障贷款归还的安全性。我国在农业保险优惠贷款中可使用保证、抵押、质押这三种主要担保方式。

首先，谈谈保证。从国内外经验来看，以下几种保证方式适用于农业保险优惠贷款。（1）联户保证担保。我国农村信用社的联保贷款即实行这种担保方式，若农户满足居住在农村信用社的营业区域内、自愿签订并遵守联保协议等条件，则可申请办理联保贷款。联保小组的农户相互之间承担连带还款责任。（2）农业生产经营者与其上中游收购、加工企业联为一体，互为保证。在我国，这一保证方式已开始出现。（3）由专业性的担保基金或担保机构提供保证。一是政府引导型担保基金保证模式。以从中央和上级政府下拨给农村的扶持资金中划出一部分、地方政府从财政收入中挤出一部分的办法，建立县、乡（镇）两级农贷担保基金。比如，在日本，

---

① 白钦先、徐爱田、王小兴：《各国农业政策性金融体制比较》，中国金融出版社，2006，第257、260页。

当投保农业生产经营者申请贷款时，就由农业信用基金协会为其提供信贷担保，农协提供贷款，用于农业生产经营者购买必需的生产资料。[①] 二是商业运作型担保基金保证模式。政府通过税收等优惠政策鼓励、引导民间资金建立股份合作制的农贷担保公司，参照中小企业信用担保公司的模式，按照市场化原则运作和管理。三是互助担保基金保证模式。即由农业生产经营者在自愿的基础上，建立互助性质的担保基金，为成员贷款提供担保。四是"龙头企业+担保公司+银行+农户"保证模式。即由龙头企业联合起来成立具有独立法人资格的商业性担保公司，银行根据龙头企业建立高产、高效、优质农产品原料基地的需要，将贷款发放给农户，然后由龙头企业用收购农产品的价款归还银行贷款，担保公司为银行向农户发放贷款的安全性提供担保。[②] 五是"政策性农业担保公司+大数据+银行+农户"保证模式。以贵州省铜仁市农业信贷担保有限责任公司为例，该公司对大数据信息在保证中的应用进行了颇为积极的探索，扩大了信贷规模，降低了交易成本，控制了信贷风险，也为政府参与农业信贷积累了有益经验，因而值得进一步推广。[③]

其次，分析抵押。有学者认为，农业贷款人要求提供抵押物可提高贷款人的预期收益，并降低借款人的违约风险；如果借款人不能提供抵押物，那么小规模农户的信贷市场将会消失。[④] 在实践中，陕西省杨凌农业高新技术产业示范区针对广大农户、农业经济合作组织和涉农企业，开展农村土地承包经营权、农村房屋、农业生产设施、生物资产等多种形式的抵押贷款试点工作。陕西省财政部门已连续多年安排专项资金，用于支持杨凌农业保险创新试验区试点工作。抵押这一担保方式在农业保险贷款中的地位由此可见一斑。依《民法典》第 395 条和第 399 条规定，农户自有的房屋、生产工具、保单等可作为贷款的抵押物；经营农业保险的保险机构自身所有的国有土地使用权、房屋等财产可作为贷款的抵押物。

---

① 王胜、朱宏：《创新"农业保险+信贷"模式 强化粮油生产金融支持》，《现代金融导刊》2023 年第 6 期，第 32 页。

② 林全玲：《政策性担保法律制度研究》，法律出版社，2007，第 209 页。

③ 谢玉梅、梁志丹：《基于大数据的政策性农担创新模式研究——以铜仁农担为例》，《贵州社会科学》2021 年第 11 期，第 161~168 页。

④ Binswanger P. Hans, *Crop Insurance for Agriculture Development* (London: The Johns Hopkins University Press, 1996), pp.71-76.

不过，有几点值得进一步思考。一是不建议将作为主要或唯一居所的房屋作为农户获得农业保险优惠贷款的抵押物，因为农户一旦失去该房屋，就无法再继续维持基本的生活条件，甚至会影响社会的稳定。且根据"地随房走、房随地走"原则，如果农户的房屋被抵押，那么该房屋占用的集体土地也同样被抵押，而农户并没有将集体土地使用权进行抵押的权利。二是土地承包经营权抵押涉及能否兼顾社会保障功能与融资功能的问题，且已有研究表明，农地抵押贷款政策同农业保险和农业补贴政策之间存在事实上的替代作用，[1] 因而此类抵押贷款方式应在以后对《民法典》进行修改时明文禁止。

最后，看看质押。依《民法典》第 440 条规定，农业保险优惠贷款的借款人可将其所有的汇票、本票、支票、债券、存款单、仓单、提单、可转让的基金份额和股权、可转让的注册商标专用权、专利权、著作权等知识产权中的财产权、应收账款以及法律、行政法规规定的可出质的其他财产权利作为贷款的质物。其中，应收账款的让与即指应收账款质押，乃应收账款融资方式的一种。该规定扩大了可用于担保的财产范围，明确了在应收账款上可设立质权，用于担保融资，而农业保险优惠贷款的借款人同样也可将应收账款作为质物，到期未偿还借款则贷款人有权对该应收账款行使权利。这样就提升了中小型农业企业的融资能力，是解决其贷款难问题的有效途径。此外，2016 年《中共中央 国务院关于落实发展新理念加快农业现代化实现全面小康目标的若干意见》明确鼓励探索对农业保险保单的质押贷款。保单能作为贷款质押物是以其在特定条件下具有现金价值为基础的。除具有传统意义上的防范风险、增强偿付能力的作用外，农业保险保单自身的潜在价值在农业融资中起到抵押物的替代作用，是完善农村金融体系的一个非常重要的融资产品。相较于"担保+信贷""农业保证保险+信贷"等模式，此类保单质押贷款模式仅通过将农业保险前置，借助其风控增信功能，在不把贷款风险直接引至保险人的情况下，就可将信贷资金直接引至农业生产环节。[2] 作为借款人的参保农户或农业企业将自己拥有

① 苏岚岚、赵雪梅、彭艳玲：《农地抵押融资缓解农户收入不平等了吗？——兼议农业保险和农业补贴的协同作用》，《经济与管理》2023 年第 3 期，第 26 页。
② 包正：《河南省农业保险保单质押贷款的发展模式研究》，《河南农业》2022 年第 1 期，第 7 页。

的保单作为质物，可解决其担保物短缺的难题，而保单在办理质押贷款后原先的保障功能仍然存在，出险后可向保险公司索赔。在实践中，某些地区推行的"农业保险+涉农信贷"贷款模式就是利用保单进行质押获得贷款的。农业生产经营者在农业生产项目申请贷款时，购买以农业生产项目为保险标的的农业保险，将保单质押给银行并签订协议，协议规定信贷机构为农业保险的第一受益方。当其因农业保险所覆盖的自然灾害发生而无法偿付贷款本息时，保险公司根据农业保险的承保额优先偿付给银行贷款本息，承保额要求超过贷款本息，农村信贷机构对购买农业保险的借款人的信用评价进行调整，并给予其利率优惠。① 而在此过程中，借款人不需要提供保证和收入证明，这就使保单质押贷款的手续变得非常便捷。此外，除一些基本信息（如家庭住址、联系方式等）投保人可变更外，其余事项（如保单挂失、补发等）保险人一般不会受理。这就降低了借款人通过变更保单实质内容逃避偿还借款责任的风险。

第七节　农业保险补贴制度的构建

根据农业保险的正外部性理论，由农业保险导致的农产品产量增加使生产者与消费者受益，而且通过乘数效应对非农产业的收入与就业产生影响。加之其保险标的的特殊性，在无财政补贴的情形下，农业保险的商业化供求规模会小于社会最佳规模，最终导致农业保险市场的失灵。② 农业保险补贴则可将消费者剩余返还给农业保险人和农业生产经营者，从而实现社会最佳供求量和社会福利的最大化。故《农业保险条例》第 7 条和第 9 条第 1 款分别对农业保险的保费补贴和税收优惠作出规定。从该规定实施效果看，财政补贴制度对促进农业保险发展确实起到了不可替代的重要作用。③ 不过，该两条规定在内容上还是过于简单，对农业保险补贴的一些重

---

① 杨桂云：《"农业保险+涉农信贷"贷款定价研究》，《财经理论与实践》2011 年第 5 期，第 34 页。

② B. D. Wright & J. A. Hewitt, "All Risk Crop Insurance: Lessons from Theory and Experience," in D. L. Hueth & W. H. Furtan, *Economics of Agricultural Crop Insurance: Theory and Evidence* (Boston: Kluwer Academic Publisher, 1994).

③ 吕开宇、张驰、李春肖：《"以奖代补"政策应用于政策性农业保险领域的思考》，《经济纵横》2016 年第 4 期，第 106 页。

要因素未作出明确规定，如对税收优惠的力度未作出硬性规定，从而影响了此类制度的可操作性。此外，财政部、农业农村部、银保监会、林草局于 2019 年 10 月联合发布了《关于加快农业保险高质量发展的指导意见》，提出到 2030 年要实现农业保险的多赢格局，其中之一就是"补贴有效率"。2022 年版《中央财政农业保险保费补贴管理办法》则首次系统性地提出了农业保险保费补贴工作应遵循的六项原则，即"财政支持、分级负责、预算约束、政策协同、绩效导向、惠及农户"，并鼓励各省、自治区、直辖市、计划单列市结合本地实际和财力状况，对符合农业产业政策、适应当地"三农"发展要求的农业保险给予一定的保费补贴等政策支持。相关学术研究也在快速推进。比如，有学者研究指出，补贴有效率主要体现为财政补贴资金的放大效应和杠杆作用要够强、政府对农业保险的保费补贴要够多，以及地方财政支持农业保险的力度要够大。[1] 可见，合理制定农业保险补贴制度，是促进政府之间、政府同投保人和保险人之间以及投保人和保险人之间的农业保险利益均衡的迫切需要。

一 农业保险补贴权义主体的科学界定

为促进农业保险利益均衡，我国农业保险补贴受领权人应被严格限定在农业风险的直接承受者这一范围之内。

一方面，农业风险发生的高概率性与高损失性使农业原保险费率远高出一般的财产保险费率。面对高额保费，投保人往往望而却步。为了提高投保人的参保积极性，有必要给予其一定比例的保费补贴。但事实上，不同投保人对农业保险的需求是有差别的。以经营规模的不同为例，小型家庭农场是生产与生活融为一体的经济组织，虽然农作物风险损失及农产品价格下降会引起家庭农场收入减少，但可通过压缩生产和生活开支，使其得以维持。易言之，家庭农场收入减少的影响因其收入的结构而被掩盖了。但资本化的大型农场则大相径庭，工资作为可变项目被提前开支，且所投入的生产成本与生产规模成正比，一旦生产受损，农场主的收入水平就会显著下降。此类农场的农业保险需求比家庭农场要强烈得多，因而对保费

---

[1] 李嘉良、王威、王嘉启、朱铭：《我国农业保险高质量发展水平评价模型与实证研究》，《灾害学》2024 年第 4 期，第 55 页。

补贴的需求相应地也就大得多。正是基于这一考量，西班牙法律规定对全职农民的保费补贴标准要比兼职农民高出 5%～14%。[①] 在此，建议我国在立法时考虑不同类型农业生产经营者对农业保险的不同需求，制定保费的差异化补贴制度。这对于协调农业保险利益失衡颇有好处。比如，我国立法可借鉴一些国家的经验，为鼓励农业生产经营者集体投保而在保费补贴率上给予其相对于个体投保者更大的优惠，这有利于充分发挥村民自治组织和农村集体经济组织在农业原保险合同订立中的作用，从而大幅降低农民组织化程度低和信息不对称等所带来的额外交易成本。

另一方面，由系统性风险、农业生产经营者居住分散、信息不对称等引起的高赔付率与高额经营成本，极易造成保险人的农业保险经营长期处于亏损状态，从而使其减少甚至完全放弃该领域的经营。此外，为了稳定经营，农业原保险人往往将超过自身风险承受能力的一部分风险责任通过分保的方式转嫁给农业再保险人。但面对波及面极广的农业大灾风险，农业原保险人仍需承担较高风险成本。农业再保险人也面临着农业原保险人的道德风险，并因系统性风险的存在而难以满足保险所需的大数法则条件。可见，不管是农业原保险人还是农业再保险人，均为农业保险补贴的实际需求者，应一同成为农业保险相关补贴资金的受领权人，只不过所实行的补贴方式有所不同而已。其中，在选择农业原保险或再保险保费补贴权利人时，应实行谁投保（包括直接投保和代理投保）谁受领原则，让广大一线农业生产经营者或农业原保险人一并享受到相应保费补贴的好处，以充分体现出农业保险补贴政策的公平性特别是共同富裕效应，并在此基础上合理借鉴美国的相关经验，尽快建立以农业财政预算为中心的农业原保险和再保险等方面的补贴资金长效投入机制。[②]

对比其他 WTO 成员国，特别是西方发达国家，它们大多以立法形式明确了各级政府在农业保险中的角色分工。以农业保险保费补贴为例，加拿大、西班牙等多数发达国家立法将中央（或联邦）政府和地方政府列为农业保险保费补贴的分担主体，并细化各级政府的保费补贴分担比例，以保

---

① 刘丽萍：《借鉴国际经验完善我国政策性农业保险》，《农场经济管理》2008 年第 4 期，第 69 页。

② 陈运来、舒伟斌：《我国农险共保模式的创新经验及其制度启示——以浙江和海南两省为例》，《北京联合大学学报》（人文社会科学版）2020 年第 2 期，第 113 页。

证补贴主体的多元化。即便如美国这样的国家虽未直接规定州政府的保费补贴义务，但也以法律形式鼓励各州政府根据自身的财力状况向农作物保险提供财力支持。[1] 为促进农业保险利益均衡，我国农业保险补贴给付义务人应被严格限定在农业生产经营者和农业保险人以外的其他农业保险利益相关者范围内。其实，加入 WTO 之后，我国加快了农业保险立法进程，以期将《农业协定》中的"绿箱政策"规定转化为国内法律条款，而《农业保险条例》中关于政府补贴职责的规定正是直接体现之一。

具体而言，首先是政府。市场经济中政府的主要职责是满足市场机制不能提供或提供不好的公共需要。而财政具有资源配置、收入分配以及经济稳定与增长三大职责，是政府履行职责的有效手段。[2] 农业保险市场失灵的矫治有赖于政府运用财政支出手段将部分消费者剩余转化为生产者剩余，以实现农业保险资源的优化配置。在现行分级财政、预算约束的条件下，为保证财政对农业保险的投入得到落实，我国已多次尝试在中央财政和地方财政之间建立一定的分工关系。最为典型的是，2022 年版《中央财政农业保险保费补贴管理办法》直接一并规定了中央财政与省级财政的保费补贴分担比例，但这一比例并不完全合理，并且对省级以下财政只笼统地规定了"省以下地方财政部门按照属地原则各负其责"，显得灵活性有余而可操作性不足。鉴于此，为切实妥善解决容易引发农业保险利益失衡的联动补贴和同比例补贴问题，[3] 农业保险立法应明确中央财政和地方财政在农业保险补贴中各自的供给责任特别是分担比例，尤其是应规定中央财政对一级政策性农业保险至少承担 50% 的保费补贴供给责任。考虑到区域经济发展不平衡的状况，中央财政所占比例可在不同地区之间作出适当调整。东部地区以农补工阶段从农村获取过多利益，又在现阶段通过初次分配的差

---

① 中国赴美农业保险考察团：《美国农业保险考察报告》，《中国农村经济》2002 年第 1 期，第 70 页。

② R. A. Musgrave, *The Theory of Public Finance* (Third Edition) (New York: McGraw-Hill Book Company Inc., 1959), pp. 3–27.

③ 敦促政府提高补贴资金的运作效率是农业保险立法坚持效率价值的一个重要方面。目前我国政策性农业保险采取"财政部、省级财政部门、农户以及有关各方共同负担农业保险保费"的联动补贴形式。只有当县级财政提供了配套保费补贴后，才能向省级财政申请补贴资金。若县级保费补贴不到位，则省级、中央的保费补贴便难以及时拨付。显然，联动补贴形式缺乏明确法律依据且效率偏低，不仅与 WTO 规则要求的行政透明化、效率化不符，而且不利于农业保险补贴政策目标的实现。

价继续从农村获利，造成其人均 GDP 与人均财政收入均远高于中西部地区；但其农业比重较低，贫困人口较少。而中西部地区的农业比重较高，经济发展水平较低，地方财政较困难。故对于东部地区，中央财政可适度减少对农业保险保费的补贴，而对于中西部地区，中央财政应承担更多农业保险保费补贴责任。同时，立法应修改现行政策实践中的联动补贴方式，对各级财政履行补贴义务的期限作出具体规定，甚至针对中西部一些欠发达地区可考虑直接取消此方式，以避免因地方财政补贴困难而导致中央财政补贴资金落空。

其次是农业产业化龙头企业。在农业产业化条件下，农业一旦受灾，不仅农业生产经营者因农作物减产或绝收而无法获得稳定收入，而且龙头企业也会因原料获取渠道不畅而难以维持稳定的经营收益。鉴于农业保险具有及时补偿受灾农业生产经营者且稳定农业生产的功能，其直接受益者并不限于农业生产经营者，还包括作为农产品加工销售者的农业产业化龙头企业。因此，由农业产业化龙头企业承担作为其客户的农业生产经营者购买农业原保险的部分费用具有正当性。这既能有效缓解地方财政的补贴压力，又能较好地解决农业生产经营者投保能力不足的问题，从而使农业保险的潜在需求转化为有效需求。基于上述分析，建议将农业产业化龙头企业的农业保险保费补贴供给义务人的身份，以法律形式正式予以确认，以便在全国范围内推广已在少数地区试点的类似经验。

最后是贷款机构。将银行列为农业原保险保费补贴供给义务人是菲律宾农业保险立法的一大创举。我国农业保险立法不仅可直接移植这一制度，而且可进一步将相关非银行信贷机构纳入农业原保险保费补贴供给义务人范围。究其原因，除了具有利益相关者理论这一重要理论依据，还有一个原因是此做法有利于银行等信贷机构贷款的回收。在有农业保险保障的情况下，农业生产经营者遭受灾损时，由农业保险人为其提供损失补偿，可减轻贷款机构新增贷款的压力，且赔款可经过银行等金融机构支付，有利于贷款收回，减少收取贷款的费用支出及呆账贷款的损失。

二　农业保险补贴险种的合理选择

农业保险补贴险种的选择直接涉及各级政府的财政利益和政治利益以及投保人的经济利益，也直接或间接影响农业保险人的农险产品供给意愿，故受到世界各政策性农业保险举办国或地区的政策或立法的高度重视。从域外情况来看，美国和日本等发达国家享有补贴的农险产品种类繁多。如，依《农业灾害补偿法》规定，日本政府不仅对所有农险产品都给予经营管理费补贴和税收优惠，而且在对强制性农险产品实行高额保费补贴的同时，也对自愿性农险产品给予一定比例的保费补贴。发展中国家或地区受政府财力所限，享有农业保险补贴的险种范围相对较小。如，菲律宾政府最初根据《农作物保险法》的规定对所有农险产品都给予补贴，但为节省财政开支目前仅补贴水稻和玉米方面的保险。上述经验值得我国借鉴。

在我国，随着政策性农业保险试点工作的推进，享有农业保险补贴的险种范围越来越广。以海南省为例，农业保险财政补贴险种已由2007年开始试点的6个增至2020年的18个。但我国在农业保险补贴险种的选择上所存在的补贴险种总体有限的问题仍然很突出，并且面临地区间发展不平衡的问题。针对这些问题，我国农业保险立法在农业保险补贴险种的选择上，宜遵循分级补贴的思路。有学者从我国财政资源总体有限的视角出发，将政策性农业保险分为一级和二级两类，即将事关国计民生的重要农作物与畜禽保险列为一级，其他两业保险归为二级，并对这两级政策性农业保险进行有利于促进公平与提高效率的差异化补贴。[1] 笔者认为该观点颇为新颖，但仍有较大局限性，因而在此基础上提出了"四级政策性农业保险说"（也可称之为"四级政策性农业保险品种说"）。即，将事关国计民生的重要农作物与畜禽保险（如水稻保险和能繁母猪保险）列为一级，由中央财政进行重点补贴，这最有利于保障国家经济安全特别是粮食安全，促进社会效益最大化；将一级政策性农业保险以外的其他享有中央财政补贴的农业保险（如公益林保险、苹果保险和渔业养殖保险）列为二级，这既有利于充分发挥中央财政在推进农业保险发展中的示范效应和标杆效应，也有利于保障更广范围内重要农业保险品种的健康发展；将一、二级政策性农业保险以外的其他享有省级财政补贴的农业保险列为三级，这有利于充分调动省级财政根据该地区的实际需要扶持农业保险发展的主观能动性；将一、二、三级政策性农业保险以外的其他只享有地市级或县级财政补贴的农业保险列

---

[1] 冯文丽：《中国农业保险制度变迁研究》，中国金融出版社，2004，第240~241页。

为四级，这有利于激发经济较发达地区的地市级和县级财政扶持特色农业保险发展的动力。① 可见，四级政策性农业保险制度的构建最有利于促进全国性和区域性农业保险利益均衡。当然，考虑到各级财政特别是地方财政的增加有一个不断积累的过程，为避免给各级财政增加过重负担，当前和今后一个时期内的农业保险财政补贴的覆盖面不宜过广。随着国力的增强和试点经验的积累，可再对相关法律作出适时修改，以适度增加农业保险补贴险种。

三　农业保险补贴方式的优化

在 WTO《农业协定》框架下，美国、加拿大、法国、日本等域外国家的政府很重视对农业保险进行方式不一的财税补贴。② 而我国的农业保险补贴方式比较单一，这制约了农业保险利益均衡。鉴于财政在政府宏观调控中会产生明显杠杆效应，③ 我国应从实际国情出发，吸收和借鉴域外相关经验，通过立法不断完善我国农业保险补贴方式。

一是应重点规定农业原保险的保费补贴。保费补贴能减轻农业生产经营者的保费负担，有利于提高其参与农业原保险的积极性，故以法律或政策形式明确规定给予投保人一定的保费补贴是绝大多数农业保险举办国或地区的通行做法。如，依加拿大《联邦农作物保险法》规定，农业生产经营者每年只需负担应交保费的一半，另一半由联邦政府和省政府共同负担。在我国，给予保费补贴是政府介入农业原保险的主要经济手段。1996 年起，上海率先实施保费补贴制度。2004 年，中央一号文件正式对农业保险保费补贴作出倡导性规定。2007 年以来，在中央财政的直接干预下，这一补贴方式目前已在政策性农业保险试点地区普遍推行。但因缺乏法律保障，各级地方财政保费补贴资金的投入通常极不稳定，这主要是受地方政府考核机制的影响。因此，在 WTO《农业协定》框架及美日欧 WTO 补贴规则改革方案压力下，我国应坚持合理性优先于合规性原则，将保费补贴作为最主要的农业保险补贴方式并以法律的形式制度化，显得尤为必要。④ 但此类制

---

① 陈运来：《农业保险法原论》，中国检察出版社，2015，第 391~392 页。
② 王艳：《论入世对我国农业保险立法的影响》，硕士学位论文，湖南大学，第 37 页。
③ 董玉明、樊雪茳编著《中国税法教程》，中国法制出版社，2022，第 14 页。
④ 何小伟、李青武、王克、邢璐瑶、杜秋月：《WTO 规则与我国农业保险补贴政策的合规风险评估》，《保险研究》2022 年第 9 期，第 63~64 页。

度设计应有利于克服保费补贴的以下两个方面的局限性：一是保费补贴对参保率的提升作用有限；二是大量的保费补贴可能会进一步诱发道德风险，使参保的农业生产经营者疏于防灾减损以期获得更多赔偿。为有效克服保费补贴对参保率提升的局限性，许多国家通过立法将参加农业保险和享受其他惠农政策联系起来。我国可借鉴此域外经验，在立法中通过将农业保险与其他惠农政策挂钩等方式确立附限制条件的自愿保险（有学者称之为实质上的强制保险）制度。为有效防治保费补贴可能诱发的道德风险，立法有必要科学设计有关保费的信息披露及监管机制。此外，为减少交易费用并解决保费收取难问题，立法还应明确规定保费补贴资金的接受者为保险人而非投保人。

二是应合理规定农业保险经营管理费补贴。经营管理费补贴能使农业保险人特别是农业原保险人所产生的高额农业保险经营成本得到全部或部分弥补，有利于调动保险机构经营农业保险业务的积极性，因而成为许多国家在经济上支持农业保险的法定方式之一。如，日本农业共济组合的部分费用和农业共济组合联合会的全部经费由政府负担，尤其是承担在共济机构里任职的公务员的工资福利支出。[1] 但迄今为止，此项补贴只是在我国极少数经济发达的试点地区（如北京）实行，并未在全国范围内实行。由于农业保险保险标的的特殊性和定损理赔的复杂性，目前国内财产保险公司的经营成本大多高达 20%~30%。可见，为调动与增强农业保险人的经营积极性和业务合规性，我国有必要通过立法将此项补贴作为一种法定补贴方式予以明确。[2]

但这是否意味着我国政府应对所有类型的农业保险人提供此项补贴？笔者主张应本着财政公平的原则，具体问题具体分析。即，在现阶段及今后相当长的一段时期内我国财政实力总体有限的情况下，只宜规定中央财政、地方财政对政策性农业保险人提供一定比例的此项补贴，同时鉴于区域经济发展的不平衡性，应允许发达地区的政府自主决定是否对非政策性农业保险人提供此项补贴；待我国经济发展到较高阶段、各级财政实力都相当强大后，再通过修改法律允许政府对各类农业保险人提供此项补贴。

---

① 李佳蔚、张煜炜：《日本政策性农业保险中的政府作用及对我国的启示》，《党政干部学刊》2016 年第 6 期，第 46 页。

② 陈运来：《农业保险法原论》，中国检察出版社，2015，第 386 页；梁春茂：《美、日、印三国农业保险组织运行体系的经验与启示》，《理论月刊》2016 年第 6 期，第 181 页。

当然，还应考虑到此项补贴可能成为商业保险公司的额外收入来源，使其仅追求业务数量却不考虑风险项目的可行性。农业保险人往往为获取尽量多的费用补贴，无论经营是否亏损，都乐于销售保费收入较高的险种。国外就发生过这类案件。在 1999 年发生于美国的硬壳小麦收入保险合同纠纷案中，因保险价格计算不准，该保险业务实际上是一项使保险公司亏损的业务，但高额的经营管理费补贴使保险公司趋之若鹜。[①] 又由于硬壳小麦价格明显高于市场价格预期，农场主为购买保险，不惜更改原定的种植计划。这些因素最终导致此项补贴和保险赔款的支出激增。鉴于此，此项补贴的数额不能仅依农业保险人经营农业保险的业绩来确定，还应适当参考天气因素、同行业经营农业保险的平均业绩、保险公司非农业保险的经营业绩、农业保险产品和经营技术的创新等其他可测因素。[②] 只有在相关立法中综合考量上述诸因素，合理考评农业保险人经营农业保险的努力和创新程度，并由此决定经营管理费补贴数额，才有助于防治农业保险人的道德风险。此外，在我国试点中还存在另一种经营管理费补贴方式，即以保险公司实际发生的费用为基础进行补偿。由于存在信息不对称，这种方式仍容易引发农业保险人的道德风险，故立法有必要科学设计有关经营管理费的信息披露机制。

三是应明确规定农业再保险补贴。[③] 再保险补贴可大幅提高农业原保险人参与农业再保险的积极性，因而受到一些发达国家的高度重视。例如，美国《联邦农作物保险法》就规定农作物再保险由联邦农作物保险公司直接经营，对参与农作物保险计划的各种保险公司只要其办理再保险，均可从联邦农作物保险公司获得参保农民所缴纳保费的 30% 的再保险补贴。[④] 基于我国各地政府财政实力的区域性差距明显、农业保险的性质定位及政策

① 伍中信、张娅：《政策性农业保险中的内生最优财政补贴规模研究》，《中南财经政法大学学报》2008 年第 2 期，第 76 页。

② 比如，基于对保险公司相对于政府具有更高保险成本甄别效率等因素的考量，有学者主张启动新型农产品保险经营管理费补贴，激励保险机构开展新型农产品保险创新，以修正农业保险风险覆盖和农业生产经营者风险配置需求间的偏离。参见张卓《中国政策性农业保险市场的弱态均衡——成因与破解路径》，博士学位论文，东北财经大学，第 109 页。

③ 程国强、朱满德：《中国工业化中期阶段的农业补贴制度与政策选择》，《管理世界》2012 年第 1 期，第 20 页。

④ Mario Miranda & Dmitry Vedenov, "Innovations in Agricultural and Natural Disaster Insurance," *American Journal of Economics* 8 (2001): 68.

性程度不一、农业再保险市场机制发育不成熟等现实，我国在借鉴发达国家的这一制度经验时，应坚持循序渐进、有缓有急的原则。据此，具体的立法构想是：首先，在政府财政实力总体有限的情况下，可先将农业再保险补贴的方式明确规定为农业原保险人投保农业再保险的保费补贴，然后根据经济发展情况逐步将其扩大到农业再保险人向其他再保险人进行进一步分保的保费补贴上；其次，规定对一级政策性农业保险可先行启动此项补贴；最后，鼓励财政实力雄厚的发达地区的地方政府为一级政策性农业保险以外的其他农业再保险险种提供此项补贴。

四是应明确规定农业大灾保险基金亏空补贴。为减少农业大灾给农业造成的损害，大灾保险体系比较完善的国家大多建立了农业大灾保险基金或类似基金，如法国国家农业风险管理基金、葡萄牙农业风险巨灾基金、日本农业风险基金，还有美国佛罗里达飓风巨灾基金、夏威夷飓风减灾基金、挪威自然灾害基金、土耳其巨灾保险基金等。当农业发生严重的自然灾害导致农业保险人无力承保时，农业大灾保险基金便是分散风险的有效手段之一。但若因农业大灾导致基金亏空而不予以必要弥补，则恐难以保障投保人和保险人的利益，从而制约农业的发展。鉴于此，法律应明确规定政府对亏空的农业大灾保险基金负有必要的财政补贴义务。

五是应明确规定农业保险优惠贷款利率补贴。如前所述，作为一种典型的政策性涉农贷款，农业保险优惠贷款的最重要特征是利率的优惠性。这就涉及利率补贴问题。[1] 笔者认为，应区分以下两种情况对待：对于一级至四级政策性农业保险的优惠贷款利率，应参照相应保费补贴办法，主要由中央财政和地方财政分担或主要由地方财政分担补贴责任；对于商业性农业保险优惠贷款利率，则由地方财政与贷款银行协商确定分担补贴责任。

六是应重点规定税收优惠。一般来说，税收优惠的制度安排用于对市场失灵的矫治、对混合公共物品私人供给的激励以及对经济增长的推动。[2] 作为经济性主要支农手段之一，税收优惠相对于依赖资金可持续性的财政

---

[1] 詹花秀：《我国农业保险发展现状及模式选择》，《湖南行政学院学报》2007 年第 1 期，第 82 页。

[2] 阙善栋、刘海峰：《税收优惠制度安排的理论依据探讨》，《当代财经》2007 年第 6 期，第 36~39 页。

直接补贴而言，以间接补贴方式增加了农业保险人的经营利润，提升了保险资金储备和风险应对能力，能有效缓解政府财政资金和转移支付的压力，在健全市场机制的同时保障农业保险产品的有效供给。①

　　鉴于此，为保障农业保险计划的顺利实施，许多国家非常重视税收优惠制度的运用。如，菲律宾《农作物保险法》第 16 条规定，为保证该法的实施效果，国家政策许可范围内的所有具有效力的全国性、省、市、镇的税收与税收评估对菲律宾农作物保险公司全免。我国农业保险所涉税种包括企业所得税、营业税、印花税等，但我国现行法律对农业保险提供的税收优惠力度十分有限。依《营业税暂行条例》第 6 条和《国家税务局关于对保险公司征收印花税有关问题的通知》的规定，我国现行农业保险税制是只对营业税实行免征，对印花税暂免。此外，将营业税的税额作为计征根据的城市维建税与教育费附加亦随营业税的免征而得以免征。与许多国家免征一切农业保险赋税的通行做法相比，我国绝大多数试点地区对农业保险实行优惠的税种显然较少。此外，在实践中，农业保险人实际享有的税收优惠与法律规定也有所不同。如，黑龙江阳光农业相互保险公司享有减免营业税和企业所得税的优惠，但未享有减免印花税等的优惠；上海从1991 年开始开展农业保险试点工作，市财政部门对纳入农业保险经营范围的险种免征一切税赋。鉴于此，就曾有学者建议对农业保险人计提的利润准备金实施税收返还，并对农业保险知识的技术培训业务免征所得税。② 另有学者认为，乡村振兴战略强调发展现代农业，要求推动农、林、牧、渔转型升级，实现产业兴旺，故应将林业、渔业等纳入税收优惠的范围中，为各项农业和保险业务提供稳定、全面的风险保障与税收优惠；农业保险人所涉房产税、城镇土地使用税等其他税种优惠也应尽快列入。③ 综上，笔者建议，在工业大规模反哺农业的条件已经成熟以及全面推进乡村振兴战略的时代背景下，为充分发挥税收优惠政策对农业保险的促进作用，应在立法中明确规定对各类农业保险人减免一切赋税，并将税收优惠的范围逐

①　邵亚楠、宋结焱、魏彬、刘觐荣：《农业保险税收优惠政策的重新审视与优化调整》，《甘肃金融》2021 年第 5 期，第 48 页。

②　苏晓鹏、冯文丽：《论农业保险的税收优惠政策》，《税务研究》2014 年第 4 期，第 93~94 页。

③　邵亚楠、宋结焱、魏彬、刘觐荣：《农业保险税收优惠政策的重新审视与优化调整》，《甘肃金融》2021 年第 5 期，第 49 页。

步扩展到种养业以外的其他涉农险种。

四　农业保险补贴规模的总体控制

农业保险补贴规模实际上就是明确政府到底需要提供多少资金的问题。从美国的情况看，单是政府对农业保险的保费补贴额这一项就年均高达农业增加值的 1%，且最近 10 余年有进一步增加的趋势。这一做法与 WTO 农业补贴的规定有关。根据 WTO《农业协议》的规定，农业补贴有两类：一类是出口补贴，另一类是国内支持。出口补贴是各国都必须承诺削减的，而国内支持视情况而定。其中"绿箱"支持措施是免于削减的，"黄箱"支持中微量支持和发展箱支持也是免于削减的，除此以外的则属于受削减的国内支持。微量支持对发达国家成员来说不能超过其农业生产总值的 5%，对发展中国家成员来说则不能超过其农业生产总值的 10%。发展箱支持仅仅是对发展中国家成员采取优惠措施。受削减的"黄箱"支持的衡量标准为综合支持总量，它是以基期（1986~1988 年）的综合支持总量为基准实施的。发达国家成员应在 6 年的实施期内以每年均等削减的方式将综合支持总量削减 20%，发展中国家成员应在 10 年的实施期内以每年均等削减的方式将综合支持总量削减 13.3%。也就是说，对美国这样的发达国家来说，发展箱支持是不可用的，而微量支持和受削减的"黄箱"支持的限制标准都比发展中国家严格，故充分利用农业保险补贴这一"绿箱"措施是明智的选择。[①]

有学者提出，我国对农业保险的补贴最终也不应低于农业增加值总额的 1%。对此，笔者予以认同。我国加入 WTO 时，在农业补贴方面作出了巨大让步：不仅承诺放弃出口补贴，而且在国内支持方面放弃了发展箱支持，同时将微量支持的水平降低为农业增加值的 8.5%。就目前情况来看，我国农业补贴总量尚未达到触犯 WTO 规则的程度。因为我国当前的"黄箱"补贴不是多了，而是少了，远低于我国加入 WTO 承诺中 8.5% 的上限。但从长远利益来看，我国应加大"绿箱"补贴力度，将农业保险补贴的下限设为农业增加总值的 1% 是必要的。可见，尽管我国农业保险保费补贴比

---

① 冯文丽：《政策性农业保险补贴规模可以有多大?》,《中国保险报》2012 年 2 月 9 日，第 7 版。

例已达全球最高水平，但农业保险补贴的"现实规模"仍未达到"理想规模"，还有较大提升空间。从效果上看，"黄箱"补贴比"绿箱"补贴更为直接有效，更加有利于我国农业的高效发展和农民待遇的提高。当前农业补贴总量暂时不能得到大幅提升，国家充分利用"黄箱"补贴也是合理的。因此，对农业保险补贴的投入力度只能视国家财力而定。这也是我国在进行农业保险补贴立法时应确立的基本原则之一。由于国家财政承受能力提升以及新的农业保险体系成熟需要一个过程，我国可在未来若干年内，逐步把农业保险补贴中的保费补贴提高到1%，以后再通过修改法律适时进行调整。此外，为适度节省保费补贴支出并大幅提高保费补贴的使用效率，真正做到奖优罚劣，我国应继续对特色农业保险品种采取以地方财政为主"以奖代补"的支持模式。[①] 但需注意的是，在地市级和区县级财政收入普遍有限而对相应特色农业保险品种的支持能力较弱的情况下，不应刻意将其发展情况纳入对基层政府的绩效考核指标体系中。[②]

五　农业保险补贴资金来源的多渠道保证

一是从增加的财政支农投入中划拨。我国从1982年开始撤销人民公社，到1999年全国共建县乡两级政府近3万个，乡镇数量达到44741个。其中，有些乡镇的规模非常小，不超过2万人，但政府机构和人员编制并未减少，从而导致地方财政支出结构中行政费用增加。其中，在乡级财政支出结构中，教育事业费用、行政管理费用以及离退休人员经费三项所占支出比重过高。虽然近年来我国财政对农业投入的绝对额有所增加，但占财政总投入的比重有逐年下降的趋势。这种投入力度对于增强农业基础地位、提升农业的国际竞争力，显然是不够的。为了建设现代农业、促进农民持续增收以及构建和谐社会，在财政收入和支出不断增加的同时，需要重新调整公共财政资源的分配格局，继续加大对农业的投入力度。农业保险补贴属

---

① "以奖代补"是指把专项经费集中起来重点使用，对政府要求的某个项目完成得比较好的地区、单位或个体以奖励的方式给予补助的资金分配管理办法。参见信桂新、李妍均《以奖代补：实施农村土地整治的新利器——以奖代补政策实践及对重庆市农村土地整治的启示》，《中国土地》2012年第8期，第21~22页。

② 谭莉、丁少群：《多主体如何协同推进农业保险高质量发展？——基于市场运作视角的案例研究》，《保险研究》2023年第9期，第56页。

于财政支农的一部分，加大财政支农投入力度势必使用于农业保险补贴的资金量有所增加。比如，国内早就有学者建议，将原来由农户承担的农业保险保费部分调整为中央财政新增农业补贴资金（如农资综合直补）代为缴纳。[①] 其实，在这方面，美国的经验值得我国适当借鉴。固定直接补贴、反周期补贴、营贷款差额补贴等农业补贴类型属于 WTO 规定的"黄箱"政策，若力度过大或金额过高，就会违背 WTO《农业协定》，容易引发农业贸易争端。其实，美国从 2002 年就开始扩大了农业补贴的适用范围、增加了农业补贴的种类，远超国会批准的农业预算，给联邦政府造成了较大的财政压力。于是，奥巴马于 2014 年 2 月签署了影响美国农业发展史的重要农业法案——2014 年农业法案。该法案相对于 2008 年农业法案，有了明显的重要变化，即突出农业保险在农业支持政策中的主导地位，从而有利于充分发挥农业保险补贴的杠杆带动效应。[②] 不过，在我国，基于对中央政府财权高度集中而地方政府事权相对集中的现实考量，建议牢牢抓住正在启动的新一轮财税体制改革的绝佳时机，开源引活水，切实增强地方政府的自主财力，提升其事权与财权的匹配度，[③] 并最终惠及地方财政支农增量资金对农业保险补贴项目的优先使用。

二是从财政支农结构的调整中转化。目前政府支农资金的支出结构并不合理。据统计，财政支农中用于人员供养及行政开支部分大体占支农支出的 70% 左右。[④] 在这种情况下，实际上能真正用于支持农业发展的财政资金非常有限。然而，就在这极为有限的资金中，用于农业综合开发和水利林业建设的支出一直占较高比例。水利、林业、生态建设等社会效益显著，受益对象不仅局限于农业，其投入长期以来一直被统计在农业投入中，这在一定程度上夸大了政府农业投入的规模。农业保险对农业风险损失的经济补偿功能是其他政府投入无法完全替代的，需要足够的投入保障，这不仅要求国家给予充分重视和政策倾斜，而且要求国家提高支农资金的利用

① 程国强、朱满德：《中国工业化中期阶段的农业补贴制度与政策选择》，《管理世界》2012年第1期，第20页。

② 徐轶博：《美国农业支持政策：发展历程与未来趋势》，《世界农业》2017年第8期，第114页。

③ 王军：《关于财税体制改革部署的初步体会》，《人民政协报》2024年7月29日，第1版。

④ 陈运来：《农业保险法原论》，中国检察出版社，2015，第393页。

效率，缩减行政经费，改变财政救灾、支农的一些传统方式，从国家和地方政府已设立的农业风险基金中列支一部分，或从民政和水利部门每年安排的防洪、救灾费用中划归一部分来扶持政策性农业保险，扩大农业保险补贴资金的来源。

三是从社会上筹资。如前所述，农业产业化龙头企业和银行等信贷机构作为农业保险补贴的供给方具有正当性。这样就可从它们的自有资金中提取一部分作为农业保险补贴资金，由地方财政统一上收，并将其与财政补贴资金一同支付给农业保险人。农业产业化龙头企业在发展农业产业、提高当地居民生活品质、解决剩余劳动力就业问题、增加农民收入方面发挥着重要作用。因此，目前国家对其实行多项税收优惠政策，主要包括以下方面：首先，经全国农业产业联席会议审查认定的重点龙头企业，从事种植业、养殖业和农林产品初加工的，暂免征企业所得税；其次，企业研究开发新产品、新技术、新工艺所发生的各项费用，在按规定实行100%扣除的基础上，允许再按当年实际发生额的50%在企业所得税税前加计扣除；再次，符合国家产业政策的技术改造项目享受国产设备投资所得税抵免优惠；最后，对被列入国家高新技术产品目录和国家有关部门批准引进项目名单的农产品加工设备，免征进口关税和进口环节增值税。笔者认为，农业产业化龙头企业可从上述减免税收中提取一部分作为农业保险的保费补贴资金。另外，农业保险赔款经由银行支付，使银行可直接从中扣除其为投保农户提供的贷款及利息，从而减少其收取贷款的费用支出和呆账贷款的损失。故银行可将这部分资金用于农业保险保费的支出。

第九章　农业保险强制性干预机制的构建

如前所述，强制性干预机制通过国家权力以行政管理、刑事制裁等强制性手段对农业保险中各方的利益进行调整，主要包括行政监管机制与公力救济机制。它是包括行政法、刑法和诉讼法等在内的传统公法的典型功能性表现。这一机制对利益关系的调整具有秩序价值特征，在农业保险利益失衡法律协调机制体系中起着不可替代的重要作用。此处的秩序即强调用法律来维护或塑造一种以特定社会主体的权义为基本内容的，具有确定性、一致性和连续性以及特殊强制力的社会状态。[①] 我国农业保险强制性干预机制存在明显缺陷，导致人们在农业保险活动中的合法利益往往难以获得国家强制力的有力保障，而不当利益因违法违规成本低而较易获取，从而加剧农业保险利益失衡。可见，为促进利益均衡，有必要通过立法对此类机制进行完善。

第一节　农业保险监管制度的构建

新公共利益理论认为，政府监管应在尊重与利用市场规律的基础上，通过引导其发挥积极作用、限制其消极作用的范围、控制其消极影响的程度、纠正其产生的消极后果等途径，克服市场失灵，以维护整体安全、效率和公平。[②] 基于此理念，农业保险监管的根本任务应是促使农业保险成为政府的理想政策工具，以实现稳定农业生产经营者收入、保障农村经济社会健康发展的政策目标。这就要求农业保险监管制度的构建应能有效平衡

[①] 周旺生：《论法律的秩序价值》，《法学家》2003 年第 5 期，第 34 页。
[②] 方宇菲：《新公共利益理论的逻辑——市场失灵、公共利益与政府监管的关系阐述》，《经济论坛》2023 年第 11 期，第 44 页。

错综复杂的农业保险利益关系，特别是应有利于预防和应对农业保险利益冲突的发生。

一　农业保险监管机构的合理选择

农业保险的政策性强、影响面广。政策性农业保险的组织与运作是否规范，既关系到政府惠农政策能否得到真正落实，也关系到投保农户权益能否得到有力保障及农业保险风险能否得到有效防范。为此，美国、西班牙、日本等多数国家的农业保险立法一般对农业保险监管体制作出明确规定，以强化政府在农业保险监管中的主体地位。[①] 同样，公私合作模式（Public-Private Parternerhips，PPP）被公认为是提高我国农业保险体系的公平性、效率性和可持续性的首选模式。[②] 在此模式下，政府应主要承担农业保险监管者的职责。[③] 我国现行农业保险行政监管体制主要存在多头监管和商业性监管两个方面的弊端。一方面，对政策性农业保险实行多头监管。依《农业保险条例》第 4 条第 1 款规定，保监会对农业保险业务实施监督管理，财政部、农业部、林业部、发改委、税务总局、民政部等有关部门根据各自职责，负责农业保险的有关推进、管理工作。显然，这种政出多头的监管模式不但浪费了监管资源，增加了监管成本，还留下了很多监管真空或漏洞。如，对中国渔业互保协会、浙江和福建等省的渔业互保协会等一些本来归民政部门管理的合作组织和社团法人，民政部门实际上无力实施有效监管。另一方面，对农业保险主要实行商业性监管。长期以来，我国农业保险业务主要是由保监会或银保监会来推动和监管的。其历史渊源在于，农业保险的三轮试验基本上都是在商业保险的框架下经营农业保险业务的，而保监会或银保监会正是商业保险的主要监管部门，由其推动、监督和管理农业保险自然是情理之中的事。近年来，银保监会要求地方银保监局在推进落实政策性农业保险各项政策的同时，加强对政策性农业保

---

① 陈运来：《域外农业保险立法及其启示》，《法商研究》2010 年第 3 期，第 134 页。

② 世界银行：《中国农业保险的创新》，2007 年 6 月；朱俊生、庹国柱：《中国农业保险制度模式运行评价——基于公私合作的理论视角》，《中国农村经济》2009 年第 3 期，第 18～19 页；张宝辉、肖卫东、贺畅、杜志雄：《中国公私合作的政策性农业保险制度模式——运行绩效及政策建议》，《中国井冈山干部学院学报》2013 年第 4 期，第 131 页。

③ 高涛、李锁平、邢鹏：《政策性农业保险巨灾风险分担机制模拟——以北京市政策性农业保险为例》，《中国农村经济》2009 年第 3 期，第 28 页。

险业务的监管工作。但农业保险与商业保险在性质上有很大差异，由同一部门监管两类不同性质的业务，将极可能引发政策性农业保险监管和商业性农业保险监管之间的矛盾。何况，同一般商业性农业保险相比，政策性农业保险更为复杂，这对其监管提出了更高的要求。政策性农业保险的监管工作难度较大，监管范围较广，涉及金融、财政、税务、投资、气象等领域，这就需要农业保险监管机构及时与其他各个相关部门进行沟通和合作。鉴于此，为克服上述两个方面的弊端，建立独立且专门的农业保险行政监管机构是强化农业保险监管的重中之重，这将直接提高农业保险监管的质量。

我国可借鉴美国的经验，组建农业风险管理局，以统筹推进全国农业保险发展。[①] 有不少人认为，既然我国国家层面的商业保险行政监管机构的名称曾为"中国保险监督管理委员会、中国银行保险监督管理委员会"，那么国家层面的农业保险行政监管机构的名称显然可以相应地称为"中国农业保险监督管理委员会"。这个说法乍看比较合理，其实不然。专门的农业保险行政监管机构仅仅承担有关农业保险的监管职责，从监管事项的范围来看，明显要小于原保监会和原银保监会。后者的监管范围包含了除农业保险以外的其他各类保险业务。如果一个监管事项范围相对较窄的专业性保险监管机构的名称按照监管事项繁多的综合性保险监管机构的命名规则来冠名的话，就难以在名称上显示两者在行政级别上的应有区别，不符合国务院机构设置的习惯做法。当然，将国家层面的农业保险行政监管机构称为"农业保险监督管理局"也未尝不可，但以"农业风险管理局"命名则可给这一机构职能的进一步拓展留下足够空间，因而更为可取。总之，我国中央一级的农业保险行政监管机构可被称为"国家农业风险管理局"，省一级的可被称为"××省（自治区或直辖市）农业风险管理分局"，地市一级的可被称为"××市（地区）农业风险管理支局"。

前文已提及，政策性农业保险较商业性农业保险更为复杂，它要求的主要是跨部门的沟通和协作能力，那么作为专门的农业保险行政监管机构，

---

① 林源、高聪、屠骞阳：《农业保险欺诈治理：美国实践与启示》，《保险理论与实践》2024年第3期，第18页。

"农业风险管理局"应隶属于哪个部门、应处于什么样的行政地位就很值得商讨。一项跨多个部门的决策如果想真正得到落实，最主要的就是协调好各相关部门之间的关系。这看似简单，实则复杂。原因在于，部门利益的差异导致多部门间沟通协调的成本非常高，而且不同部门间的制度、做事方式、习惯等有很多不同之处，这就难免会产生摩擦。可见，理想的农业保险监管机构应是能很好地平衡各部门利益的相对独立的行政机构。在此需强调指出的是，在对我国农业保险监管机构的地位定位上，我们没必要照搬美国和日本这两个世界上农业保险搞得较成功的国家将农业保险监管机构定位于中央农林部门的内设机构的做法，而应从部门利益特别复杂这一我国特有国情出发进行相关制度设计。脱离我国这一国情的相关制度设计很可能事与愿违。

笔者赞成国务院部属机构说。在大部制改革的背景下，国务院机构的设置既要关注如何提高行政效率，又要考虑到利益集团的因素、如何防止出现管制俘获以及部门利益绑架社会福利等现象。[①] 鉴于此，"农业风险管理局"也应同商业保险行政监管机构——银保监会或其替代机构一样，隶属于新设的国家金融监管总局。应由"农业风险管理局"及其分支机构依国务院最新机构改革方案、《保险法》与未来"农业保险法"等规定的职责，对各类农业保险实施专门监管与政策性监管，并赋权其跨部门指导财政、农业、发改委、税务等同级部门，对保费补贴资金、保险金方面的违法违规行为等实施监管。这样，一方面更为独立，能够较好地处理和协调各部门间的利益。有学者曾分析指出，在我国设立高度独立的部属农业风险管理局会最大限度地减少保监会同时监管商业性农业保险和政策性农业保险可能出现的利益冲突。[②] 另一方面，两个监管理念、监管对象和监管内容不同的保险行政监管机构照例也应由一个共同的上级——国家金融监管总局管辖。此外，国务院部属机构定位的好处还在于，能确保国家金融监管总局统一行使农业保险方面的部门规章制定权，以提高农业保险部门规章的质量，保证实施效果。虽然银保监会或其替代机构的职责范围大于

---

① 周彬：《部门利益、管制俘获和大部制改革——政府机构改革的背景、约束和逻辑》，《河南大学学报》（社会科学版）2018 年第 6 期，第 69 页。
② 何文强：《论我国政策性农业保险的法律监管》，《法学评论》2008 年第 3 期，第 41 页。

"农业风险管理局"，但两者在行政级别上以同级为宜，均定为副部级，这样在权力安排上更有利于促进农业保险利益平衡。

当然，农业保险监管难靠行政监管机构独立完成，而需吸纳多方主体合作共治。[1] 故建议构建以行政监管为主导、以行业监管和自我监督为必要补充、以第三方监管为可选补充的三维混合监管体制。应由农业保险业协会及农业保险人内设监督机构等依法对农业保险业实施自律性监管，尤其要强化产品设计内部监督机制。同时，为提高监管的时效性，可借鉴美国农业风险管理局与州农场服务机构委员会开展合作的做法，[2] 并推广浙江等地有关经验，委托保险经纪公司等社会声誉良好的第三方机构负责农业保险的数据审核、理赔监督、技术咨询等。

二 农业保险监管对象的重点选择

一是政府。政策性农业保险的风险较大，受客观条件的制约比较严重，一般情况下经济效益并不明显，所以理性的政府更愿意把资金投向那些最容易在短期内获利的行业而不是政策性农业保险上。真正意义上的政策扶持取决于政府给予农业保险的优惠政策能否得到实施和如何得到实施，这就需要对政府行为实行监管。农业保险优惠政策的实施是一个自上而下的过程，也就是从中央到地方的过程。因此，对政府行为的监管实质上是对从中央政府到地方政府的行为的监管。中央政府对农业保险应给予财政补贴、税收减免、信贷支持及提供再保险和大灾保险基金支持等几个方面的政策优惠与资金支持；同时，地方政府也应积极响应中央的号召，大力扶持本区域农业保险发展。农业保险监管机构应在制度框架内（如设立补贴资金监管处）对中央政府和地方政府的政策扶持行为进行有效监管，旨在促使各级政府对农业保险的政策支持常态化，以避免随意性波动，即便在相关政府官员更换时也不至于影响农业保险扶持政策的前后连贯性。尤其应加强对地方政府的监管，而现行《农业保险条例》并未界定地方政府在农业保险中的权力边界，亦未专门规定对其农业保险活动的监管，出现了

① 周文娟、徐黎明：《我国农业保险监管中的利益冲突与平衡》，《中州学刊》2016 年第 5 期，第 90 页。

② 张团圆、高超、郭洪渊：《美国农业保险的机构监管及启示》，《生产力研究》2012 年第 9 期，第 155 页。

明显监管真空，故建议在以后的农业保险立法中补足。[①] 另外，农业保险监管机构本身、相关政府工作人员也应被列为监管对象，以促使他（它）们在农业保险发展中依法行政，不敢滥用职权。

二是农业保险人。作为农业保险产品的供给者，农业保险人是农业保险监管的重点对象。此类监管的主要目的是激发其开展农业保险业务的主观能动性，并预防和制裁其违法违规行为。有的农业保险人利用"阴阳保单、阴阳发票"方式给予非法回扣或支付高额手续费，还有的将已收取的保费不入账，利用虚挂应收保费或截留保费的方式取得账外资金，用于高额返还。农业保险监管机构对这些非法现象依法进行打击，分类制裁农业保险人在农业保险市场上的不规范行为。其中，对经营政策性农业保险的农业原保险人和农业再保险人的监管是农业保险监管的重中之重。如果对政策性农业保险人的监管措施不当或不得力，就会增加政策性农业保险人违法违规操作的可能性，造成对参保农业生产经营者利益的损害，使其丧失对政策性农业保险的信心，从而影响整个政策性农业保险的长远发展。

三是参保农业生产经营者。作为农业原保险合同的投保人或被保险人，参保农业生产经营者是最基础的农业保险法律关系主体之一。这种同农业原保险人一样重要的地位决定了其必然成为农业保险监管的重要对象之一。当然，对参保农业生产经营者的监管主要是为了减少农业保险运作中信息不对称现象的发生。农业保险受地区差异、季节差异和保险标的自身状况的影响很大，而农业保险人很难详细了解这些信息，这就容易导致逆选择行为和道德风险的产生。农业保险监管机构对这些问题的监管，可能会在一定程度上矫治这些现象，从而促进农业保险市场的健康平稳发展。

四是农业保险中介人。农业保险中介人在保险市场上占据独特的地位。农业保险中介人包括农业保险代理人、农业保险经纪人和农业保险公估人。农业保险中介人的出现有利于形成保险供给者和保险消费者之间的平等独立关系，但如果不对农业保险中介人的行为实施有效监管，农业保险中介

---

① 许梦博、李新光、王明赫：《国内农业保险市场的政府定位：守夜人还是主导者?》，《农村经济》2016 年第 3 期，第 78~82 页。

人就有可能出于自身利益的考量或因执业中的过错而损害保险当事人的利益，这样农业保险当事人的合法权益就不能得到有效保障。因此，为了保证农业保险中介服务的规范性，维护农业保险当事人的利益，发挥农业保险中介人在农业保险市场中的独特作用，农业保险监管部门必须对农业保险中介人的经营行为实施有效监管。

三 农业保险监管内容的科学界定

一是对政府的监管内容。对政府的监管应聚焦各种农业保险政策扶持行为尤其是专项资金的筹集、管理、使用等方面，将部门干预的合理度、违规问题的发生率等纳为考评指标，[①] 以促使政府制定有关农业保险发展的长期政策目标。比如，为响应国家粮食安全战略，粮食作物保险被纳入各级政府的行政考核指标体系中，各级政府不得不高度重视粮食作物保险的发展，在参保率上维持较理想的结果。[②] 毋庸置疑，此类监管必然涉及政府单独或以政府为主提供的各项资金的筹集、管理、使用等方面，使政府的经济支持成为政策扶持的核心并真正得到贯彻，尤其是要重点做好对农业保险中地方政府行为的监管。[③] 对地方政府在农户的保费缴纳、市场准入和退出、招投标与市场竞争、影响保险公司具体经营等方面的行为列出负面清单，为地方政府的行为划出政策和法律红线，防止地方政府过度和不当干预农险市场。[④]

二是对农业保险人的监管内容。相较于对政府的监管，对农业保险人的监管更具专业性。此类监管包括农业保险人在设立和运营中的各个环节。首先，各类农业保险人及其分支机构的设立必须经过农业保险监管机构的审批，依法取得农业保险业务经营许可。但在政府简政放权的背景下，未来财产保险公司经营农业保险业务或将不再需要先通过行政审批，其进入

① 魏超、陈盛伟、牛浩、李政：《中国农业保险市场韧性测度及影响因素分析：基于地方政府"话语权"视角》，《保险研究》2023 年第 4 期，第 43 页。
② 谭莉、丁少群：《多主体如何协同推进农业保险高质量发展？——基于市场运作视角的案例研究》，《保险研究》2023 年第 9 期，第 56 页。
③ 庹国柱：《农险中的政府行为存在监管真空》，《上海证券报》2013 年 9 月 27 日，第 A1 版。
④ 何小伟、王京虹、朱俊生：《农业保险市场违法违规行为的特征及其治理——基于法院判决及监管处罚案例的分析》，《保险研究》2022 年第 2 期，第 44 页。

农业保险领域的门槛或进一步降低。① 其次，在农业保险人运营过程中，农业保险监管机构有权对其董事、监事、高级管理人员在职务行为与非职务行为中违反注意义务而实质性妨碍公司农业保险业务正常开展的行为进行监管，保证 ESG 理念下公司进行科学决策;② 对其执行法律和协议的情况以及偿付能力等进行监管。特别是可适当借鉴美国、英国和日本等发达国家的保险监管理念，把对农业保险监管的重心放在对保险人偿付能力的监管上。③ 由此，农业保险监管机构的主要职责之一就是建立偿付能力预警指标体系，从而对农业保险公司的偿付能力状态和变化趋势进行动态监测。为此，有学者建议，将具有不同属性和特点的诸类农业保险人的差异化表现纳入分类监管考量，以推动其在偿付能力监管规则的框架内，合理承担与其自身可用资源相匹配的适当风险，实现有效监管。④ 再次，农业保险监管机构应认真核实各农业保险人的政策性农业保险业务数据，确保其真实性。复次，对农业保险人所草拟或使用的农业保险合同进行监管。为了维护投保人的利益，应建立健全对农业保险合同的监管机制，强化对合同条款的监督检查，使保险条款更趋合理化和通俗化，特别是防止农业保险人随意扩大免责范围。最后，农业保险监管机构应为农业保险人的稳定发展营造良好的外部环境。

三是对参保农业生产经营者的监管内容。此类监管主要集中在对农业生产经营者的逆选择和道德风险的监管上。对逆选择的监管措施有：增加低风险客户的数量，通过强制保险的方法，规定某些险种必须投保，或推出各种优惠政策，促进低风险客户投保率的提高；积极对保单进行审查，建立风险分类和测算机制，对不同风险的客户区进行分类管理，避免逆选

---

① 《农业险行政审批或取消 贪污贿赂影响农险发展》，《证券日报》2014 年 6 月 5 日；《农险调查：农业险行政审批或取消》，https://xuexi. huize. com/study/detal - 106924. html，最后访问日期：2025 年 2 月 19 日。

② 吴金水：《公司高管非职务行为中言行谨慎义务的认定》，《东方法学》2020 年第 3 期，第 45 页；蒋大兴：《ESG 对董事义务的改造：从商业判断到社会判断的进化》，《中国法学》2024 年第 4 期，第 108~109 页。

③ 郑军、朱京：《农业保险监管效率对乡村振兴战略的影响》，《西南林业大学学报》（社会科学）2020 年第 4 期，第 38 页；René See Schnieper, "Defining Principles of a Robust Insurance Solvency Regime," *European Actuarial Journal* 1 (2018): 169-196。

④ 朱铭、宋建国：《公司层面大灾准备金对农业保险承保风险的影响研究》，《保险研究》2024 年第 6 期，第 89 页。

择。对道德风险的监管可分为问题预防、问题检测和问题解决三个层次。首先，可通过合理设计保单条款，限制客户投保后的不道德行为，激励其道德行为，以期达到预防道德风险发生的目的；其次，应建立科学合理的测评体系，及时检测可能出现的道德风险问题；最后，对于已出现的道德风险问题，需根据保险条款，用法律手段来制裁客户的道德风险行为。

四是对农业保险中介人的监管内容。对农业保险中介人的监管主要包括两个方面的内容。首先是对保险中介机构的市场准入与退出的监管。监管机构应认真研究各地的农业经济发展状况、农民收入和保险需求状况，合理设置保险中介机构的准入和退出门槛。其次是对保险中介机构业务经营活动的监管，主要包括对经营区域的监管、业务范围的监管、营业保证金的监管、执业行为的监管、财务稽核的监管。

四　农业保险监管方式的深刻变革

在农业保险监管中，应将传统监管手段与高新监管技术相结合。众所周知，我国开展农业保险业务的区域多为多山县域农业带，农险业务面广量大，并在政策性农业保险业务中存在重复投保和虚假投保、虚假承保和虚假理赔、惜赔和拒赔、恶意套取财政保费补贴资金等突出问题，[①] 监管难度较大。况且，21世纪以来我国新型农业保险关系主体纷纷涌现，对农业保险监管所形成的挑战也不容小觑。

而数字技术与平台应用的智能化发展正日益深刻地改变着社会关系，[②] 或可为中国式农业保险法治现代化另辟蹊径。[③] 现代农业保险监管机制中的风险预警、费率厘定、查勘定损与监控离不开遥感和数字化等技术的支撑。[④] 故建议在坚持那些行之有效的传统监管手段的同时，充分利用最新人

---

① 何小伟、王京虹、朱俊生：《农业保险市场违法违规行为的特征及其治理——基于法院判决及监管处罚案例的分析》，《保险研究》2022年第2期，第33页。

② 郭哲：《反思算法权力》，《法学评论》2020年第6期，第33页；王利明：《迈进数字时代的民法》，《比较法研究》2022年第4期，第17页；金梦：《数字时代科学立法的法理研究》，《中国法学》2024年第4期，第54~58页。

③ 季卫东：《中国式现代化与法律秩序重构》，《中外法学》2023年第5期，第1143页。

④ 武建伟、丁富强：《一种利用遥感技术开展农业保险大数据监管的研究与实现》，《信息系统工程》2022年第6期，第19~22页；魏茂盛、马洪坤、高磊、程飞雁：《遥感赋能农业种植险服务监管》，《卫星应用》2023年第9期，第32~36页。

工智能技术与"互联网+"技术尤其是第五代移动通信技术来提升对农业保险全要素的监管效能，这不仅可以有效提升监管的透明度和公正性，而且可以极大地提升其时效性和精准性。[①] 比如，可落实农业保险监管沙盒模式，实现有效监管与行业创新双赢。[②] 此类监管沙盒需要在农业保险监管部门的牵头和推动下，在保险产业基础与制度配套相对成形的地区开展试点，鼓励农业保险人、科研院所、科技企业等相关机构推荐"物联网 + 农业保险"项目"入盒"运营，为物联网赋能农业保险创新提供一个适宜的监管环境，也为物联网赋能农业保险监管探索能实现事前风险管控的有效方式。[③] 此外，欧美发达国家在这方面的一些合理且成熟的做法，也是值得我国借鉴的。比如，美国于 2000 年颁布的《农业风险保障法案》就率先提出运用数据挖掘技术提升农业保险的规范性与表现水平，并据此开展了"抽查表"等基于大数据技术的反农险欺诈检测项目，以及早发现和检测行为异常农户，遏制其骗保、骗赔、套补等欺诈行为的发生。[④]

五　农业保险监管程序的周密安排

农业保险目标的特殊性、监管内容的广泛性以及机构设置的独特性决定了农业保险监管需要设置相应的程序。建立相应的农业保险监管程序，可以使农业保险监管按照一定的步骤有序进行，进而更好地维护保险人与被保险人的利益，促进农业保险市场的稳定和良性发展。农业保险监管程序主要包括制定监管方案或操作规则、全程监控或抽查、实施奖惩以及建立监管档案。

一是制定监管方案或操作规则。制定的农业保险监管规则要具有合理性、公平性、安全性，并且要用平实的、易懂的和专业的语言。制定监管

---

① 陈运来：《农业保险共保体模式的法律选择与制度展开》，《法商研究》2023 年第 6 期，第 154 页；范欣、刘伟：《全要素生产率再审视——基于政治经济学视角》，《中国社会科学》2023 年第 6 期，第 4 页。

② 徐国冲、黄丽妹：《理解监管沙盒：理论界说、实施原则与运用策略》，《理论与改革》2024 年第 4 期，第 159~162 页。

③ 唐金成、黎宝鑫：《物联网赋能我国农业保险创新发展研究》，《南方金融》2023 年第 9 期，第 26 页。

④ 贺娟、肖小勇、谭偲凤、陶建平：《大数据背景下的农险反欺诈检测：国际经验与技术选择》，《保险研究》2019 年第 7 期，第 54 页。

方案时，应分别针对不同的监管对象制订相应的监管方案。对于各类农业保险经营机构和中介机构，监管的内容包括：由农业保险监管机构审查，确认其市场主体资格；对农业保险机构的资本金、偿付能力、资金运用、财务状况等进行评估，保障其正常运营；监管农业保险机构的业务状况；农业保险机构应当按照规定及时向监管机构报送营业报告、精算报告、财务会计报告、偿付能力报告和有关监管报表。对于投保农户，需要建立科学合理的评估指标体系。以检测农户是否存在不良行为，为农业保险经营机构提供协助，帮助其调查投保农户。对政府的监管包括规定政府部门要将农业保险相关行为信息向广大投保农户和农业保险经营机构及中介机构公布。

二是全程监控或抽查。对监管对象进行全程监控或抽查是最基础也是最行之有效的监督手段。通过全程监控或抽查，农业保险监督机构可以了解监管对象的状况，观察监管对象是否存在违法行为，同时也可以为今后总结工作和制订下一步计划打下基础。针对不同的保险对象，监管机构可以采用不同的监控或抽查手段。对于农业保险人和农业保险中介人，监管机构可以对农业保险公司实行现场检查，农业保险公司应予以配合，监管机构也可以实施非现场检查，采取现代化的信息技术手段，运用网络对农业保险人的经营状况尤其是财务状况进行监管；对于参保农业生产经营者，监管机构可以不定期对一定区域内的投保农户进行抽查，监督其是否存在不诚信的情形；对于政府，监管机构也可以采用抽查的方式，向广大农户和农业保险人及中介机构提供政府部门的农业保险相关行为信息，发动投保农户和农业保险人及中介机构对政府部门进行社会监督。

三是实施奖惩。监管机构可制定相应的奖惩制度，对表现好的监管对象给予适当的奖励，促进农业保险市场的良性发展，而对违反有关法律法规的监管对象要依法惩处，达到"杀一儆百"的效果。建立合理的奖惩机制能有效增进监管对象与监管机构之间目标和利益的一致性，提高监管对象公共服务的积极性，减少其道德风险行为。可实行薪酬契约设计制度，把监管对象单位领导和员工的薪酬、升职机会、福利政策与单位公共服务效果紧密联系起来。另外，监管对象存在违背监管机构意志和损害监管机构利益的行为，在很大程度上与其获得额外收益的同时难以被监管机构发现从而能逃脱惩罚有关，因此只有当监管对象谋取私利的道德风险成本足够高时，违规行为才能得到显著抑制。① 不过，值得指出的是，实施农业保险奖惩制度时要注意其公正性，要成立专门的考核小组，根据监管对象性质的不同制定不同的考核标准，考核标准的制定应科学化、细致化，并广泛吸取各方意见，考核的结果应该在监管机构的官方网站上公示。

四是建立监管档案。在公司治理的层面上，一个充分的信息披露和共享机制可帮助委托人了解代理人的能力，促使代理人自觉提供更好的服务。政府也应建立一个当地农业保险的数据库来反映保险公司业绩，从而约束和引导保险公司的行为。地方政府特别是基层政府应发挥在农业保险宣传、查勘等环节的配合作用，在这个过程中记录费率、补贴额、赔付率、政策性与非政策性保险业务的经营情况等，并对这些数据进行及时的分析和全国范围的共享。② 农业保险监管机构建立监管档案，可以准确、及时地了解监管对象的发展情况，为以后科学地进行农业保险监管提供有效依据。

具体而言，建立监管档案需要满足以下几点要求。首先，实用性。建立监管档案系统只有针对农业保险监管特色开发才会取得最好效果，看似很先进但不实用的系统非好系统。其次，可靠与安全性。监管档案真实记录了监管对象的各种信息，是监管机构的核心软件库。监管档案管理系统在保证信息共享、运行稳定的同时，也要考虑电子文件信息的保护与隔离，防止非授权用户侵入和信息泄露。最后，先进性。在注重实用性的基础上，系统开发应尽量立足高起点，采用先进成熟的开发思想、工具和技术，支持监管档案系统开发技术的后续发展，使其具有发展潜力，便于更新换代。监管档案的建立和管理并不是一件简单的事情，需要专门的科学技术人员，因此工作人员在进行监管档案的管理和使用之前，必须经过一段时间的培训。同时，监管档案需要尽可能全地记录监管对象的相关信息，尤其要记录好监管对象的姓名、家庭住址、保险金额、参保时间、奖惩记录等，记录并由监督对象确认无误后，要将这些数据封存，方便下一次调取。

---

① 赵金楼、韩玉珍、齐英：《信息不对称下政府行政部门的监管行为失效分析》，《管理科学》2007年第6期，第87~92页。
② 张越昕：《从激励约束角度看农业保险和谐发展的明天》，《中国保险报》2010年10月13日，第2版。

第二节　对抗式农业保险纠纷解决机制的构建

除了自行性调节机制中的协商性纠纷解决机制，还有一种农业保险纠纷解决的模式是对抗式农业保险纠纷解决机制，它包括诉讼和仲裁，属于强制性干预机制的范畴。对抗式农业保险纠纷解决方式由第三方作出裁断，强调绝对的利益归属，具有特殊的法律强制性。在"狭义权利-狭义义务"的救济权关系中，法律强制性可保证农业保险纠纷解决结果的确定性和执行力。① 但实践中我国此类机制不完善，特别是仲裁缺位现象普遍，因而亟须立法的规范与促进。

一　农业保险诉讼机制的构建

诉讼是最典型的公力救济方式。2021 年修正的《民事诉讼法》已构建较完善的民事诉讼机制，平等主体之间的农业保险民事纠纷当然可以适用民事诉讼程序加以解决。在管辖问题上，《民事诉讼法》第 25 条所作"因保险合同纠纷提起的诉讼，由被告住所地或者保险标的物所在地人民法院管辖"的规定，就为农业保险合同纠纷的诉讼管辖提供了法律依据。按此规定，公平、效率价值能得到较好实现，也能兼顾农业生产经营者这类弱势群体的利益。但对于那些不涉及金钱或虽涉及金钱但争议金额不大的农业保险合同纠纷而言，复杂的诉讼程序和较高的诉讼成本会让农业生产经营者望而却步，审判程序的公开性也会使负债经营的农业原保险人的社会声誉受损。对此，《民事诉讼法》也为一般农业保险纠纷提供了解决办法。依该法第 165 条，基层法院及其派出法庭审理符合本法第 160 条第 1 款规定的简单金钱给付民事案件，标的额为各省、自治区、直辖市上年度就业人员年平均工资 50% 以下的，适用小额诉讼程序审理，实行一审终审。这种以争议标的额大小为配置民诉第一审程序逻辑起点的诉讼理念，具有较强的现实意义。② 很明显，大部分农业保险纠纷标的额为各省、自治区、直辖

---

① 余军、朱新力：《法律责任概念的形式构造》，《法学研究》2010 年第 4 期，第 166~167 页。

② 占善刚：《科学配置民事诉讼第一审程序的逻辑起点》，《法学评论》2022 年第 2 期，第 132~133 页。

市上年度就业人员年平均工资 50% 以下，独审和一审终审也有利于保险人
和农业生产经营者及时摆脱诉累，尽快恢复生产生活，因此在对抗式农业
保险纠纷解决机制的法律构建中，小额诉讼将是极其重要的一环。笔者结
合实际情况，对完善小额诉讼制度提出若干设想，为农业保险纠纷解决提
供更经济、便捷的途径。为凸显农业保险小额诉讼制度的特殊性，除了延
续简易程序中独审、口头起诉和小额诉讼程序中较短审限等规定，还可进
一步简化程序。如，灵活安排案件审理时间和地点；鼓励本人诉讼，限制律
师参与；采用视频等方式询问证人；等等。于此，小额诉讼对农业保险诉讼
来说将变得尤为可取，因为它既能保障农业保险纠纷当事人的诉权，又不至
于使其陷入生硬的裁判方式，还能彰显农业保险诉讼的安定性和终局性。[1]

二　农业保险仲裁机制的构建

根据《仲裁法》第 2 条的规定，仲裁当然适用于农业保险中发生于平
等主体之间的纠纷的解决。但现实中由于农业保险争议当事人双方仲裁意
识不强，农业保险仲裁协议易被作无效认定，农业保险仲裁裁决的执行存
在较大困难。由于仲裁协议、仲裁程序及仲裁员的选择等对法律知识有较
高要求等，农业保险纠纷发生后，人们更倾向于选择和解、调解与诉讼的
方式，选择仲裁的较少。为了实现仲裁制度在解决此类纠纷中所具有的效
率、公平、交易维持和商誉维护等价值，应从立法层面完善仲裁在此类纠
纷解决机制中的运用。

（一）建立和完善仲裁员类型与资格及仲裁庭成员构成法律制度

其一，建立和完善仲裁员类型与资格法律制度。《仲裁法》第 13 条第 2
款对仲裁员专业资格所作规定，不仅使相当一部分有意愿参加仲裁活动的
农业保险企业家没有机会担任仲裁员，而且将广大农民群众担任仲裁员的
希望化为泡影。这对农业保险仲裁意识的培育极为不利，因为只有让农业
保险企业家和农村精英有机会担任仲裁员，他们才会切身感受到仲裁作为
解纷手段的优越性。而他们往往是对农业经济的发展、农业保险计划的执

---

[1]　顾培东：《人民法院内部审判运行机制的构建》，《法学研究》2011 年第 4 期，第 19 页。

行乃至农业保险纠纷解决方式的选择有决策力或较大影响力的人群。鉴于此，建议修改现行《仲裁法》有关仲裁员的条款。在短期内还不可能像世界上多数国家那样只设定仲裁员的一般资格条件（规定任何普通人都可能成为仲裁员）的情况下，我国可通过立法将仲裁员划分为专家仲裁员和群众仲裁员（亦可称社会仲裁员），并规定不同的任职资格。专家仲裁员道德资格从现行仲裁员道德资格的规定，其专业资格从现行仲裁员专业资格规定中的第（1）（2）（4）项，删除可能引发司法腐败的第（3）项规定，并将第（5）项规定"具有法律知识、从事经济贸易等专业工作并具有高级职称或者具有同等专业水平的"修改为"具有本科以上文化程度、从事经济等专业工作并具有高级职称或者具有同等专业水平或者现任所在单位的法定代表人或者曾任所在单位的法定代表人至少满一届的"；群众仲裁员的道德资格从现行仲裁员道德资格的规定，对其专业资格的规定则可适当放宽，如规定"具有高中以上文化程度，且能力较强、人生经验较丰富的具有完全民事行为能力的自然人，可以受聘为群众仲裁员"。这一修改将能较好适应农业保险临时仲裁对仲裁员基本素质的客观要求。①

其二，完善仲裁庭成员构成法律制度。在将仲裁员进行专家仲裁员和群众仲裁员划分的基础上，可将《仲裁法》第 30 条所作"仲裁庭可以由三名仲裁员或者一名仲裁员组成。由三名仲裁员组成的，设首席仲裁员"的规定修改为"仲裁庭可以由三名专家仲裁员组成，或者由两名专家仲裁员和一名群众仲裁员组成，或者由一名专家仲裁员组成。由三名仲裁员组成的，设首席仲裁员，群众仲裁员不得担任首席仲裁员。群众仲裁员在执行仲裁职务时，与专家仲裁员有同等的权利义务""对海事、证券、期货、国际农产品贸易、农业保险等特殊领域的仲裁，仲裁庭成员中至少有一名仲裁员具有相应行业的从业背景"。只有通过上述两方面的立法完善，仲裁机构聘请农业保险企业家担任专家仲裁员或群众仲裁员，聘请"农村文化英雄"② 担

---

① 徐钱燕飞：《论临时仲裁制度构建中的仲裁员选任——以自贸区仲裁制度改革为前瞻》，《北京仲裁》2021 年第 4 期，第 78~95 页。

② 费孝通曾指出，在社会变迁时期，农村需要一些能提得出办法、有能力组织新的试验、能获得人们信任的人。这种人可支配跟从他的群众，人们称之为"文化英雄"，将其间发生的权力称为"时势权力"。他进一步指出，在一个落后国家走向现代化的过程中，这种权力表现得最清楚。近年来，有学者称费孝通所指的"农村文化英雄"为"农村强势成员"。参见焦少飞《农村强势成员与农村公共产品供给》，《财经科学》2006 年第 6 期，第 100 页。

任群众仲裁员，以及推行农业保险仲裁的专业化，才具有正式的法律依据。

（二）完善仲裁协议效力要件法律制度

一方面，完善仲裁协议形式要件法律制度。我国加入的《承认及执行外国仲裁裁决公约》所指书面形式仅指书信和电报两种形式，这显然是不够的。随着现代通信技术的迅猛发展，电子商务诞生了，这反映在合同缔结方式上就是完全突破传统纸质媒介，通过网络通信以 E-mail 或 EDI 等传输方式完成合同订立过程。可见，如何对公约进行扩大解释以弥合滞后的立法与现实之间的差距，有赖于国内立法对此作出明确规定。在这方面，《最高人民法院关于适用〈中华人民共和国仲裁法〉若干问题的解释》（以下简称《仲裁法解释》）先行一步，将《仲裁法》第16条第1款规定的"其他书面方式"的范围扩展为合同书、信件和数据电文（包括电报、电传、传真、电子数据交换和电子邮件）等，但这些规定仍不足以弥补《仲裁法》对仲裁协议形式要件所作规定的不足，从而使农业保险仲裁协议效力认定所面临的一些困难仍难以得到有效克服。因为农业保险实践中存在这样的情形，即当事人之间无明确的仲裁协议，但都不明确反对以仲裁方式解决纠纷；也可能是，虽然当事人订有仲裁协议，但因疏忽大意或意外原因而丢失或灭失。鉴于农业保险仲裁协议因形式瑕疵而影响其效力认定的现象在其他类型仲裁协议中也不同程度地存在，有学者主张对默示仲裁作出立法规定，在仲裁程序中对争议作出实体答辩或讨论即可弥补仲裁协议形式上的任何缺陷。①

另一方面，完善仲裁协议实体要件法律制度。仲裁协议的效力判断与仲裁的契约性、私力救济性紧密相关。② 鉴于《仲裁法》对仲裁协议实体要件的规定因过于严格而显得不合时宜，《仲裁法解释》第2~7条分别对仲裁事项的概括约定、约定的仲裁机构名称不准确、仅约定纠纷适用的仲裁规则、约定两个以上仲裁机构、只约定某地的仲裁机构、既约定仲裁又约定诉讼等情况下仲裁协议的效力问题进行了补充规定。但上述补充规定仍存

---

① 宋连斌、黄进：《中华人民共和国仲裁法》（建议修改稿），《法学评论》2003年第4期，第93页。

② 姚宇：《对仲裁协议独立性的反思——以司法支持仲裁为视角》，《河北法学》2024年第4期，第180页。

在一定疏漏，如，对已表明了请求仲裁的意思表示且约定了仲裁事项但没有选定的仲裁机构和其他可据以确定仲裁机构的书面意思表示的仲裁协议是否有效未作规定，这必然导致法院以此类仲裁协议缺乏"选定的仲裁委员会"这一实体要件而认定其无效，这与多数国家认定此类仲裁协议有效的做法截然相反。因此，有学者认为，完善仲裁协议实体要件法律制度的根本之道是，将"选定的仲裁委员会"作为仲裁协议有效要件之一的不合理规定在《仲裁法》中予以删除，只要当事人有仲裁的意思并且仲裁事项合法，仲裁协议就应被认定为有效。① 也有学者认为，在仲裁协议中，应关注的不是仲裁机构，而是仲裁地点，因而主张将仲裁协议的实体要件"选定的仲裁委员会"修改为"指定的仲裁地点"。② 笔者认为，上述两种观点都有可取之处，代表了我国仲裁协议实体要件法律制度改革的基本方向，但第二种观点较第一种观点更具现实可行性。特别是，第二种观点充分考虑到像农业原保险仲裁协议之类的涉农仲裁协议的主体性特点。众所周知，农业原保险仲裁协议的一方当事人——农民，属我国当代社会阶层中最典型的弱势群体。诚然，让其去签订符合现行仲裁协议实体要件的农业保险仲裁协议存在不少困难，因为他们中的绝大多数人根本不知道仲裁机构的情况。但若如第一种观点所主张的那样让其去签订只有当事人仲裁意愿和仲裁事项的农业原保险仲裁协议，是否具有可行性？答案显然是否定的。因为这种做法虽方便了农业原保险仲裁协议的签订，但极易导致仲裁机构间的管辖权纠纷和仲裁地纠纷，不利于仲裁协议的履行特别是对农民仲裁权益的维护。第二种观点则在考虑我国国情和汲取国际立法经验的基础上有了较大理论创新。依此观点，在仲裁协议中确定仲裁地点，既可据以确定仲裁机构等仲裁程序上的关键问题，使仲裁协议具有可执行性，也符合"有利于仲裁协议有效性"原则，因为在仲裁协议中约定仲裁地点的要求，民商事主体能轻松达到。可见，将仲裁协议的实体要件"选定的仲裁委员会"修改为"指定的仲裁地点"，特别有利于有效解决农业保险仲裁协议的效力认定问题。

---

① 常英、吕豪：《论仲裁协议效力的确定与扩张》，《仲裁研究》2005年第1期，第16~24页。
② 徐妤：《我国〈仲裁法〉中仲裁协议相关规定修改完善的建议》，《仲裁研究》2006年第2期，第30~40页。

（三）完善仲裁裁决司法监督法律制度

为了充分满足仲裁服务使用者的需要，有必要将仲裁视为商业活动的辅助活动而不是法院诉讼的翻版。[1] 鉴于我国现行仲裁裁决司法监督法律制度"实际上是一种权利保护失衡的设计"，[2] 显著增加了包括农业保险仲裁在内的各类仲裁的成本，最高人民法院遂通过司法解释予以弥补。《仲裁法解释》第 26 条规定："当事人向人民法院申请撤销仲裁裁决被驳回后，又在执行程序中以相同理由提出不予执行抗辩的，人民法院不予支持。"这一规定无疑解决了当事人在申请撤销仲裁裁决被驳回后又申请不予执行的不当行为，但回避了当事人在先申请不予执行被驳回后能否再申请撤销的问题，因而尚不能彻底解决司法对仲裁裁决双重监督的弊端；而且，对仲裁裁决的司法实体审查制度未有触动。为此，应从以下几方面改革现行仲裁裁决司法监督法律制度。一是把裁定不予执行制度改造成执行许可制度。在当事人申请承认和执行裁决时，由法院对裁决存在与否、是否显然违反公共政策等作形式上的初步审查，并根据审查情况，分别作出准予执行或不予执行的初步裁定。这种裁定仅具有程序上的意义，裁决效力的最终认定应由撤销程序来决定。[3] 法院裁定不予执行而当事人协议排除撤销程序的，当事人可选择重新达成仲裁协议再行申请仲裁，也可选择向法院起诉。二是保留仲裁裁决撤销制度，但对当事人申请撤销仲裁裁决的权利加以必要限制，创设仲裁裁决撤销的协议排除制度，大幅缩短仲裁裁决撤销程序的期限，并改现行国际商事仲裁裁决撤销的内部报告制度为上诉制度。三是建立"以程序审查为主、有条件的实体审查为辅"的内外统一的仲裁裁决司法监督模式。即对仲裁裁决，除保留公共秩序和强制性规则审查手段

---

[1]　Alan W. Shilston, "The Evolution of Modern Commercial Arbitration," *Journal of International Arbitration* 2 (1987): 47.

[2]　马占军：《论我国仲裁裁决的撤销与不予执行制度的修改与完善——兼评〈最高人民法院关于适用《中华人民共和国仲裁法》若干问题的解释〉的相关规定》，《法学杂志》2007年第 2 期，第 108~111 页。

[3]　尹忠显：《从司法与仲裁关系的发展趋势看我国仲裁法的改革》，《政法论丛》2006 年第 1 期，第 86~89 页。

外，对于其他一般性实体问题不再审查，而是统一实行程序审查。① 上述对仲裁裁决司法审查"双轨制"和"实体审查制"的改革，必将大大精简司法审查的环节和内容，节约司法审查的成本，增加仲裁的权威性，为包括普通农业保险仲裁裁决和涉外农业保险仲裁裁决（特别是涉外农业再保险仲裁裁决）在内的国内各类农业保险仲裁裁决的执行打开方便之门。其中，借鉴英国、比利时等国的立法经验，创设仲裁裁决撤销的协议排除制度的做法对农业保险仲裁来说尤为可取，因为它既能较好体现农业保险争议当事人的自由意志，又能彰显农业保险仲裁的终局性和效率性。②

第三节　农业保险法律责任的认定

农业保险活动的开展必然涉及包括投保人（被保险人）、农业保险机构以及政府部门等在内的多方利益主体，这些主体为了实现自身利益或公共利益等同其他主体建立某种农业保险法律关系。在自身利益驱使下，叠加其他主客观因素的影响，其可能会铤而走险，实施违法行为，从而干扰农业保险市场的正常秩序，妨碍农业保险功能的充分发挥，使我国农业保险整体实力仍处于大而不强状态。其中，欺诈行为是农业保险中最常见的违法行为，危害性也最大。广义上的保险欺诈泛指各类保险关系主体出于主观故意而假借保险名义或利用保险合同来谋取非法、不当利益的行为，包括非法经营，故意违反如实告知或提示说明义务，假借保险名义或利用保险合同骗取保费、保险金、佣金或财政补贴资金等行为。狭义上的保险欺诈仅指保险诈骗，主要包括假借保险名义或利用保险合同骗取保险金或财政补贴资金等行为。

众所周知，法律责任是因违反法定义务和侵犯法定权利而引起的由专门国家机关认定并归结于法律关系的有责主体、带有直接强制性的义务，即由于违反第一性法定义务而招致的第二性义务。③ 法律责任主要产生于违

① 熊世忠、侯芳、龙威锹：《英国商事仲裁制度之考察——以中国商事仲裁制度为对照》，载刘健勤主编《商事仲裁》（第三集），法律出版社，2008，第101页。
② 陈运来：《我国农业保险仲裁的现实缺位及立法对策》，《中央财经大学学报》2010年第2期，第85页。
③ 张文显：《法学基本范畴研究》，中国政法大学出版，1993，第187页。

法行为，包括一切违反法律义务或法律规定的行为事实。[①] 在现代农业保险法治生态下，任何人都应为己方违法行为承担法律责任。法律责任制度创设的最终目的是通过对违法行为的追责维护或促成某种利益均衡，这种特定利益源于违法者与受损者之间的某种特殊法律关系。在农业保险中，投保方、保险方与政府方这三大主体的违法行为在类型上表现各异，在法律责任的认定上也大相径庭。《农业保险条例》第 4 章（第 26~31 条）专章规定了"法律责任"，主要涉及经营农业保险的组织和个人之部分违法行为的法律责任（第 26~29 条），以及骗取保费补贴行为的法律责任（第 30 条）。为进一步加强对农业保险违法行为的治理，中央全面深化改革委员会于 2019 年通过的《关于加快农业保险高质量发展的指导意见》第 10 条明确要求，"清理规范农业保险市场……对骗取财政补贴资金的保险机构，依法予以处理，……加大对保险机构……虚假承保、虚假理赔等处罚力度……坚决依法清退出农业保险市场"。但此条也仅对农业保险人的部分违法行为及其行政责任作了简单规定，并未涉及农业保险投保人的违法行为及其法律责任。可见，对农业保险违法行为及其法律责任的规制有待加强。

一　农业保险三大主体违法行为的类型化考察

（一）投保人（被保险人）的违法行为

农业保险的投保人主要指由农户与农业企业构成的农业生产经营者，也包括实行统保下的村民自治组织和农业产业化龙头企业等。[②] 由于改革开放以来我国农村长期实行以家庭联产承包为主要内容的小农式土地承包经营制度，加之农民务农收入较低，农业保险意识不强，保险人监督缺位，这类农业保险主体通常会有意或无意地实施一些农业保险违法行为，从而损害农业保险人或政府财政的利益。

---

① 周永坤：《法理学——全球视野》（第 4 版），法律出版社，2016，第 229 页；余军、朱新力：《法律责任概念的形式构造》，《法学研究》2010 年第 4 期，第 168 页。
② 我国农业保险主要由农业生产经营者自行投保。由村委会等组织农民投保的统保方式只是一种补充性投保方式。鉴于此，本节所称投保人专指自行投保的农业生产经营者。在这一方式下，投保人与被保险人实为同一人。

1. 保险欺诈

凡投保人一方违背诚信原则，故意隐瞒有关保险标的的真实情况，诱使保险人承保，或者利用保险合同内容，故意制造或捏造保险事故造成保险公司损害，以谋取保险赔付金的，均属投保方欺诈。具体而言，农业保险投保人的保险欺诈主要涉及以下两种情形。

（1）故意违反如实告知义务

农业保险标的常处于被保险人控制之下，因而深受被保险人行为影响。农业保险合同上的最大诚信，在缔约阶段主要体现为投保人对其如实告知义务的履行。对此，《保险法》第16条第1款明确规定，"订立保险合同，保险人就保险标的或者被保险人的有关情况提出询问的，投保人应当如实告知"。再结合《农业保险条例》第16条所作本条例未对农业保险合同加以规定的参照适用《保险法》中有关保险合同规定的规定可知，在农业保险中，投保人在遭受保险人询问时，应将参保农作物或饲养的畜禽鱼产品的基本、敏感状况或自身的基本、敏感情况，以口头或书面形式直接如实告知保险人，或通过保险代理人予以确认和转告。[①] 但在实践中，由于农业数字化基础设施建设已严重滞后于农业强国建设对数字经济发展的时代要求等，[②] 投保人在具有较大信息优势的情况下，为了获取对自身更有力的保障，很可能对农业保险人故意隐瞒或篡改保险标的或本人的重要、敏感信息进行投保，实施保险欺诈活动。比如，稻苗本身没有培育好，没有办法成熟收获，但投保人隐瞒真实情况为其投保水稻歉收险。又如，在牲畜险中投保人利用保险人专业知识缺乏，将死亡率较高的奶牛说成死亡率较低的奶牛，以期用较低的保费进行投保等。投保人种种隐瞒保险标的的重要真实信息而可能影响农业保险人承保决策或保险费率的行为，均违反了《保险法》第16条第1款规定的如实告知义务。

（2）骗取保险金

保险金是投保人与保险人利益关注的焦点之一，也是农业保险市场交易行为的最终落脚点。鉴于此，《农业保险条例》第15条第122款明确规

[①] 陈运来：《农业保险法原论》，中国检察出版社，2015，第271页。

[②] 文丰安：《数字经济赋能农业强国建设的路径》，《吉首大学学报》（社会科学版）2024年第2期，第89页。

定，农业保险人应按农业保险合同约定，依核定的保险标的损失程度足额
支付应赔保险金；任何单位与个人不得非法干预农业保险人履行此项义务，
不得限制被保险人取得保险金的权利。但在实践中，保险金已成为农业保
险投承主体利益冲突的焦点。此类保险欺诈行为在农业保险实践中极为常
见，危害性甚大，不仅在交易层面直接侵犯了其合同相对方——农业保险
人的单方财产权益，而且在体制机制层面最终损害了同一农业保险人名下
全体投保人的集合财产利益。此外，有关研究表明，在北方农业大省中，
农业保险的投保人骗保案件发生得相对较多。[①]

　　投保人为了骗取保险金，通常会采取以下四种方式。①虚假投保。包括
以虚假的投保人名称或姓名与虚假资格进行投保，以及以故意虚构的农业
保险标的与农业生产规模等进行投保。这是发生在农业保险合同订立环节
的欺诈行为，意在为日后利用此类合同骗取保险金创造前提条件。其中，
以虚构农业保险标的最为常见，主要涵盖空头投保的虚构保险标的、超额
投保的虚构保险标的与部分虚构的虚构保险标的三种情形。[②] ②对已发生的
农业保险事故编造虚假原因或夸大损失程度。这是发生在农业保险理赔环
节的欺诈行为之一。编造虚假的保险事故原因意在掩盖真实原因，规避近
因原则的限制，以把除外责任转化成保险责任从而骗取保险金；夸大保险
事故的损失程度旨在获取超过实际损失额的保险金赔付。③编造未曾发生的
农业保险事故。这是发生在农业保险理赔环节的欺诈行为之一，意在规避损
失补偿原则等的限制，无中生有地骗取保险金。④故意制造农业保险事故。
这是发生在农业保险理赔环节中主观恶意最深、危害性最大的一类欺诈行
为。实施此类行为的投保人完全无视最大诚信原则等的限制，以自害、自
毁等物理上的显著危险手段骗取保险金。

　　2. 拖欠保费

　　农业保险虽然通常有国家政策性支持，但从本质上来说仍应遵循市
场经济的基本规律——等价交换原则。投保人与保险人进行的交易是关
于保险价值的交换。完成这种交换，农业保险的投保人就必须向保险人

---

① 浙江省宁波市海曙区人民法院课题组：《保险诈骗罪案件专题分析报告》，《法律适用》（司
　法案例）2018 年第 2 期，第 95~96 页。
② 张利兆：《保险诈骗罪研究》，中国检察出版社，2007，第 78 页。

缴纳一定的保费，这样才能使保险这一机制得以运行并达到分散风险的目的。进言之，保费的及时缴纳关系到保险目的的实现，投保人若不及时交纳，农业保险就不能发挥其积极的社会效应，资金短缺也必定会影响农业保险人的承保能力，并最终影响广大农业生产经营者的利益。因此，交付保费是《保险法》第 14 条规定的投保人应尽的法定义务，亦是保险人享有的法定权利。实践中，虽然政府已给予农业保险 50% 以上的财政补贴，投保人的保险费用负担有所减轻，但投保农户收入较低，保险意识淡薄，加之居住分散致使保险人的保费收取成本很高，故拖欠保费仍为常态。农业保险责任一般从收到保费时开始生效，即投保人交纳保费是保险合同生效的要件。可见，拖欠保费违反了双方当事人的约定，是一种典型违约行为。

  3. 违反防灾减损义务

  无论是保险事故发生前还是保险事故发生后，保险标的自始至终都处于投保人（被保险人）的实际控制之下，投保人（被保险人）能及时掌握保险标的的各种情况，而保险人和保险标的的分离使得保险标的发生保险事故时，保险人很难及时采取有效措施防止或减少损失的发生。为了平衡双方当事人的利益，减少不必要的灾损，防止社会资源的浪费，《保险法》第 51 条第 1 款和第 57 条第 1 款规定了被保险人负有防灾减损义务。许多农业保险的被保险人由于缺乏对此项义务的深切认知，误认为保险人必须为保险事故造成的所有损失负责，致使其在保险事故发生后一味放任损失的扩大。这种情况在农业保险实务中较为常见，但尚未引起保险人的足够重视。[①]

（二）农业保险人及其工作人员的违法行为

  农业保险人包括商业性农业保险人（如吉林省安华农业保险股份有限公司）、政策性农业保险人（如浙江省政策性农业保险共保体）与合作性农业保险人（如黑龙江阳光农业相互保险公司）。由于对地方政府有关部门的行政权约束不力以及农业保险人自身内控不严，这类农业保险主体的违法

[①] 庚国柱：《要重视农业保险的防灾防损》，载庚国柱主编《中国农业保险研究 2018》，中国农业出版社，2018，第 145 页。

违规问题也相当严重，[①] 损害了投保人（被保险人）或政府财政的利益。

1. 保险欺诈

农业保险人及其工作人员的保险欺诈行为涉及以下三类情形。

（1）非法经营

根据《中华人民共和国行政许可法》（以下简称《行政许可法》）第12条关于6种可设行政许可事项的规定，保险属于该条第（2）项"直接关系公共利益的特定行业的市场准入等，需要赋予特定权利的事项"以及第（5）项"企业或者其他组织的设立等，需要确定主体资格的事项"。而农业保险直接关系粮食生产安全等重大公共利益，相对于其他保险业务更应被纳入行政许可业务范围。《农业保险条例》第17条首次规定了保险机构经营农业保险业务应当符合的6个条件，并规定除保险机构外，其他任何单位和个人不得经营此类业务。2020年6月，中国银保监会发布了《关于进一步明确农业保险业务经营条件的通知》；12月，财政部、农业农村部发布了《关于加强政策性农业保险承保机构遴选管理工作的通知》。这两个文件进一步规范、完善了农业保险人的有关组织制度，明确了综合偿付能力充足率和专业人员具体配备数量等量化指标。据此，因不符合上述法律和政策规定的农业保险业务经营条件而未经许可的任何单位与个人，均不得擅自涉足此类业务的经营。否则，就构成非法经营行为。从严格意义上讲，农业保险的非法经营不但指经营农业保险的组织在资格取得上不符合农业保险市场准入方面的强制性法律和政策规定，而且指农业保险人所经营的业务涉嫌违反相关强制性法律和政策规定。比如，我国不止一家专业性农业保险公司的非农业保险业务收入早已逼近甚至超过40%的政策上限，从而陷入十分尴尬的境地。[②]

（2）通过虚假理赔方式骗取保险金

虚假理赔系农业保险人内部的工作人员单独或伙同他人编造未曾发生的保险事故或虚构/夸大灾损程度等，进而骗取农业保险人保险金的行为。[③]

---

① 《农业保险成违规经营重灾区亟待建立普惠性农险体系》，《21世纪经济报道》2018年8月28日。

② 朱俊生、庹国柱：《创新是中国农险业的生命》，《中国农村金融》2011年第6期，第28页。

③ 何小伟、王京虹、朱俊生：《农业保险市场违法违规行为的特征及其治理——基于法院判决及监管处罚案例的分析》，《保险研究》2022年第2期，第36~37页。

它是农业保险市场中最普遍和最典型的欺诈行为之一，涉案主体众多，社会影响恶劣。实践中，虚假理赔行为具有相当隐蔽性，它与虚假承保之间往往存在因果关系。① 农业保险人工作人员可能单独或联合投保人/政府工作人员作案，骗取保险金。例如，某财产保险公司支公司负责人王某利用职务之便，单独或伙同他人假冒某大蒜种植专业合作社等名义，以空头投保与虚假理赔相结合的方式，虚报大蒜目标价格保险 2.14 万亩，骗取保险赔偿金 264.94 万元，在行业内造成了极恶劣的影响。② 另据《北京商报》记者统计，在 2021 年前 5 个月与农业保险有关的约 60 张罚单中，虚假理赔不在少数，甚至出现了将他人种植的番茄改为能办理政策性农业保险的棉花予以理赔的"偷梁换柱"之事。究其原因，农业保险标的多为活体生物，单个价值通常不大，又多处生长期，故标的"实名制"与损失计量存在较大难度。其中，养殖业难于种植业和林业，扇贝等水产品养殖难于畜禽养殖。③

（3）恶意套取财政补贴资金

保费补贴是政策性农业保险制度的关键要素，亦为农业保险业务发展的重要驱动力。④ 政策性农业保险工作开展十多年来，央地财政一直为农业保险投保人源源不断地提供多级联动式保费补贴。一些经济较发达地区的财政也开始尝试对农业保险人的经营管理费进行补贴。这两类补贴是政府给予农业保险合同当事人双方的特殊优惠，旨在激励其踊跃投保承保，最终促进政策性农业保险的可持续发展。但在实践中，一些农业保险人及其工作人员见利忘义，想方设法套取各类农业保险补贴资金。通常此类恶意套补行为具有一定的隐蔽性，可能单独或联合投保人/政府部门工作人员弄虚作假。如，提供虚假土地承包合同、伪造农户签字制作虚假投保单证、有偿代垫保费虚假承保、谎报自然灾害虚假理赔、提供虚假身份信息承保、

---

① 虚假承保乃指农业保险人以虚假信息为基础同投保方订立保险合同，承诺在保险事故发生后予以赔付的行为。此处的虚假信息不但涵盖投保人或被保险人的姓名、资格，而且涉及农业生产标的与农业生产规模等。

② 《银保监会通报农险骗赔案》，《农家致富》2020 年第 7 期，第 1 页。

③ 陈婷婷、周菡怡：《农业保险承保理赔管理办法发布 剑指销售误导、虚假承保理赔等乱象》，《北京商报》2021 年 6 月 3 日。

④ 何小伟、庹国柱、谢远涛：《农业保险保费补贴的央地责任分担：基于区域公平的视角》，《保险研究》2019 年第 4 期，第 3 页。

虚报承保数量等，抑或通过出具虚假的会计账目、公司年度报告等方式，骗取各级农业保险财政保费补贴等资金。农业保险人的上述恶意套补行为明显违反了国家相关行政管理规定，损害了政府的财政利益。例如，某财产保险公司分公司于 2011～2013 年，以月息 2 分的好处组织数名员工垫资 300 余万元，虚假承保小麦、玉米 90 余万亩，套取中央、省、市、县四级财政农业保险保费补贴资金共 1200 余万元；该公司另一分公司在 2012 年以双倍返还的回报让公司业务员和村干部代垫保费，虚假承保玉米 90 余万亩，套取四级财政农业保险保费补贴资金共 1000 余万元。[①]

2. 无故拒赔或惜赔

农业保险投保人参保的目的是防范农业风险，即在保险事故发生后可依约定获得保险赔偿，从而保障自身经济利益。无论农业保险人是否有过错，只要出现了农业保险合同中约定的保险事故并造成了实际损害，除了法定或约定免责情形，它们都应积极进行赔付。但在实务中，许多农业保险人通常会利用投保农户对相关法律法规的无知，以各种"冠冕堂皇"的理由拒赔或惜赔。这种利用自身经济和信息的优势强压弱者的行为明显违反了法律的公平正义，具有较大的社会危害性。比如，某农业保险人于 2018 年承保了某合作社近万亩小麦，小麦在苗期遭遇大旱，枯萎的麦苗遂被参保农户铲除，因此引发理赔争议：农户要求按合同约定的保险金额每亩 200 元全赔，但该农业保险人只愿按每亩 38 元的标准赔付。于是灾农集体上访维权，因而被社会广泛关注。[②]

3. 违法违规使用保险资金

保险资金是防范农业风险的最根本保障，直接影响到农业保险人的偿付能力，亦为投保人（被保险人）与农业保险人之间相互信任的经济纽带。违反《农业保险条例》第 24 条与 2018 年新颁布的《保险资金运用管理办法》规定的保险资金违法违规使用方式多种多样，包括保险资金的挪用、截留、非法侵占、贪污，以及违反保险偿付能力监管规定的不合理使用等。

---

① 葛立新、翁凤敏、申卫华：《保险公司套取农业保险保费补贴资金现象解读》，《财政监督》2015 年第 19 期，第 48 页。

② 庹国柱、韩志花：《农险经营中值得重视的几个问题——一个农险赔案引发的思考》，《中国保险》2019 年第 7 期，第 31 页。

（三） 政府部门及其工作人员的违法行为

与一般保险明显不同的是，在政策性农业保险中，政府部门作为第三方主体，以引导者、补贴者、协助者和监管者等多重身份出现。这一方又可分为中央级、省级、地市级、县区级和乡级。由于对各级政府有关部门的行政权约束不够以及审批补贴监管权责界定不清，这类农业保险主体及其工作人员的违法违规行为屡见不鲜，在不同程度上损害了农业保险市场主体或政府财政的利益。

第一，违规批准不符合条件的保险人经营农业保险业务等。农业保险行政监管机构根据相关法律规定的职责，对农业保险人的主体资格进行审批。从行政法上看，这一职责是农业保险行政监管机关必须履行的作为义务，而违规批准不符合条件的保险人经营农业保险业务就明显违反了此项义务。此前，保监会与财政部在四省展开的农业保险联合调查中发现，农业保险行政许可环节往往是贿赂犯罪的多发区。[①]

第二，非法侵占、挪用或迟延支付农业保险财政补贴资金。农业保险财政补贴资金关系到农业保险业的正常运转，故各级财政部门都应及时足额发放。但财政补贴资金的一些发放单位或其工作人员在不当利益诱惑下，很有可能侵占、挪用或迟延支付补贴资金，从而不仅违反了相关政策，而且极有可能触犯相关法律法规、规章，理应受到相应处罚。

第三，骗取农业保险财政补贴资金。结合《农业保险条例》第7条和第23条规定可推知，农业保险保费补贴资金从国库支取并由财政部门负责制定相关管理、取得和使用办法。农业保险补贴资金的发放单位为各级财政部门，虽然有严格的审批和申请程序，但实践中，此类违法违规行为仍时有发生。其中，各级财政部门的工作人员监守自盗现象也屡见不鲜，其惯常做法就是利用职务之便与投保人（被保险人）或保险人串通骗取农业保险保费补贴资金。在性质上，政府工作人员与投保人（被保险人）或保险人恶意串通骗取农业保险补贴资金属于保险欺诈行为。相较于其他主体之间的欺诈，政府工作人员知法犯法行为的手段更具隐蔽性，社会危害性往往也更大。

---

① 《农业险行政审批或取消 贪污贿赂影响农险发展》，《证券日报》2014年6月5日。

二　投保人（被保险人）违法行为的法律责任

农业保险的投保人（被保险人）实施违法违规行为一旦超过了一定限度且实质性地损害了农业保险人或政府财政的合法、正当利益，并严重扰乱了农业保险市场的正常秩序，就应承担相应的民事责任、行政责任（"行政法律责任"的简称，下同）甚至刑事责任。

（一）故意违反如实告知义务的法律责任

如实告知是投保方的法定义务，即使在保险合同中没有这方面的约定，投保方也应依法履行如实告知义务。否则，就会产生相应的民事责任。[①] 投保人应依《保险法》关于违约行为责任的规定承担违约责任，以使双方利益重新达至均衡。

1. 保险合同的解除

投保人故意违反此项义务足以影响农险机构决定是否同意承保或提高费率的，依《保险法》第 16 条第 2 款，农险机构有权解除合同。又依该条第 4 款，农险机构对解约前已出保险事故不负保险金赔付责任，且不退还保费。可见，投保人故意违反如实告知义务的，就要面临即使履行了主合同债务（交了保费）也不能享有主合同债权（在保险事故发生后不能获赔保险金）的严重法律后果。这种有义务无权利的保险合同法定解除制度设计，能最大限度地挤压甚至彻底堵塞失信投保人的获利空间，起到类似于投保人向保险人支付定金的独特作用，从而对意图和已经实施此类欺诈行为的投保人形成有力震慑。[②] 这从与投保人因重大过失未履行此项义务的比较中更显而易见。至于投保人因重大过失未履行此项义务的，鉴于现代保险法理念多倾向于承认重大过失行为的可保性，可借鉴域外法经验，规定被保险人对农险机构的保险金比例赔付请求权。[③] 但若严重影响保险事故发生的，则依该条第 5 款，农业原保险人对解约前已出保险事故不负保险金赔付

---

① 袁碧华、袁继尚：《投保方保险欺诈民事责任制度研究》，《广东金融学院学报》2012 年第 2 期，第 81 页。

② 徐凯桥：《保险法投保人如实告知义务规则研究》，博士学位论文，复旦大学，第 121 页。

③ 蔡大顺：《论重大过失行为之法律责任体系于保险法上的重构》，《政治与法律》2016 年第 3 期，第 116 页。

责任，但应退还保费。可见，与美国农作物保险的虚假陈述规则相比，我国《保险法》的上述规定显得更直截了当。①

2. 保险合同的可撤销

在保险法不可抗辩条款之外是否允许适用民法上的撤销权制度，是一个颇具争议且值得进一步探讨的现实问题。② 依《保险法》第 16 条第 3 款规定的精神，上述严厉惩罚措施要受到不可抗辩条款的限制，即农业保险人的上述合同解除权须在其知晓解除事由之日起的 30 日内行使，超过此期限则合同解除权消灭；上述合同解除权在合同成立之日起超过 2 年的，亦归于消灭。而依《民法典》第 148 条，欺诈行为属于可撤销民事法律行为。故有学者认为，鉴于投保人存在欺诈意图，在解除合同外亦应允许保险人行使撤销权。③ 而另有学者持相反观点，认为在超过法定抗辩期间后，不可抗辩条款在法理上颇具正当性且被普遍法定化，不宜允许保险人行使撤销权而将其空置化。④

笔者在农业保险人能否行使撤销权上持折中的观点，认为应结合农业保险的特点，区分为以下两种情形对待。（1）投保人故意违反如实告知义务而对保险事故的发生有严重影响，农业保险人在合同订立时尚不知情的，可行使撤销权。在撤销权和恶意串通发生冲突时，应优先保护行使撤销权的农业保险人的利益。⑤ 新制度经济学认为，制度安排之价值合理性取决于对交易成本的有效控制。显然，在传统小农户占投保人绝对多数、种养业地域和场所点多面广以及保险标的具有高度分散性的我国农业保险中，交易成本的有效控制主要取决于对投保人道德风险的防治，而对其故意违反如实告知义务行为的惩处首先得到实施。依据《民法典》第 155 条规定的精神，农业保险合同一旦被撤销，将自始丧失法律约束力。故明确赋予并

---

① 龚伟、周明帅：《农业保险欺诈及其法律治理——美国经验和启示》，《求索》2016 年第 5 期，第 64 页。

② 马宁：《保险法解除权与民法撤销权制度竞合的体系规整》，《法学》2024 年第 2 期，第 102 页。

③ 马宁：《保险法如实告知义务的制度重构》，《政治与法律》2014 年第 1 期，第 58 页。

④ 于海纯：《保险人撤销权：保险法中的一个制度选择及其合理性追问》，《中国法学》2020 年第 4 期，第 301~302 页。

⑤ 王利明：《体系化视角下的恶意串通规则》，《法律科学》（西北政法大学学报）2024 年第 1 期，第 3 页。

切实保障农业保险人的撤销请求权，可弥补其法定合同解除权的不足。但考虑到农业保险人也可能滥用合同撤销请求权，主张将投保人故意违反如实告知义务而对保险事故的发生有严重影响与农业保险人在合同订立时尚不知情作为该权利行使的两项附加条件。如此周密的制度设计不但将更有利于降低农业保险交易成本，有力促进农业保险投承主体之间的利益均衡，而且将更有利于打击投保欺诈行为，维护农业保险合同关系的稳定性。（2）投保人故意违反如实告知义务而对保险事故的发生未有严重影响的，农业保险人在合同订立时无论是否知情，都不得行使撤销权。原因主要在于，若允许农业保险人不加限制地行使撤销权，则不可抗辩条款势必将被空置化，进而否定其立法目的和背后之价值判断以及此制度于农业保险的规范意义。两相比较，不可抗辩条款在总体上具有更高的法律秩序价值，表现出更强的确定性、一致性、连续性。① 可见，不可抗辩条款理应成为我国农业保险法上的长期坚守与司法适用上的理性优选。

（二）骗取保险金的法律责任

农业保险的投保人（被保险人）骗保行为的发生源于行为人诚信的缺失，原因在于农业保险合同属于射幸合同，其对合同当事人的诚信要求高于一般合同。故在发生保险金欺诈行为后，适当的民事责任追究也是十分必要的。为此，建议在立法上建立以补偿性民事责任为主体、以法定责任与惩罚性民事责任等为补充的投保人骗取保险金行为民事责任体系。一是当投保人骗取保险金行为并未造成农业保险人实际经济损失因而违约责任与侵权责任均难以准确认定时，应承担法定责任，即民事主体故意违反当事人之间的法定义务所应承担的于己不利的法律后果。在立法技术上，宜设计为"明确性+兜底性"民事责任条款形式，以求限缩性与扩张性的统一。二是当投保人骗取保险金行为只造成农业保险人一般程度经济损失时，应承担补偿性民事责任，包括违约责任与一般侵权责任，此为多数情形。从《民法典》第179条的规定来看，我国经济性民事责任方式带有明显的补偿性特征。笔者认为，现行此种制度设计与推动农业保险中投保人骗保问题解决的需要是基本相适应的。众所周知，小规模家庭经营是我国农业

---

① 周旺生：《论法律的秩序价值》，《法学家》2003年第5期，第33页。

的本源性制度，从而决定了农业保险的投保人和被保险人仍为传统小农。于此情形，无论投保人采取何种方式骗取保险金，不但其违法所得金额和对方损失金额通常均较小，而且其自身偿债能力也十分有限。而补偿性民事责任制度恰好符合弥补农业保险人相应损失、实现对受损经济权益的填补性救济的基本要求，[①] 对投保人的偿债能力亦无特殊要求。三是当投保人骗取保险金行为造成农业保险人较大数额经济损失时，应承担惩罚性民事责任。相较于补偿性民事责任，惩罚性民事责任更有利于通过对民事权益的保护来维护社会公共利益。[②] 这与农村金融不断深化背景下，农业保险在总体上乃介于私人产品与公共产品之间的准公共产品，因而涉及广泛的社会公共利益相契合。[③] 而且投保人骗取较大数额保险金的情况，多发生在新型农业经营主体同农业保险人的内部工作人员或保险中介人相互勾结之时。鉴于此，惩罚性民事责任的承担更有利于增强法律制裁的威慑效果，从而促进现代农业保险的高质量发展。

在行政责任方面，《保险法》第 174 条规定，对为骗取保险金而故意虚构保险标的、编造未发生的保险事故或虚假事故原因或夸大事故损失程度、故意制造保险事故的行为，应给予行政处罚。在农业保险中，投保人骗取保险金的行为显然严重扰乱了农业保险行政管理秩序，属于违反《中华人民共和国行政处罚法》（以下简称《行政处罚法》）第 2 条和第 4 条所规定的行政管理秩序的行为，理应承担警告、通报批评、罚款与行政拘留等行政处罚。其中，警告与通报批评是精神性行政处罚，只要保险监管部门与公安机关在行政执法中运用得当，就可对相关投保人起到良好教育作用；罚款是一种最常见的财产型行政处罚方式，往往比其他财产型行政处罚的惩戒效果更好，可在综合考量投保人的作案情节轻重与经济实力强弱的基础上合理酌定；行政拘留能较好地将行政处罚的处罚功能与教育功能结合起来，故可在危害性极大的此类骗保行为的行政处罚中应用。至于行政没收是否应广泛适用于此类骗保行为的财产型行政处罚中，考虑到此类骗保

① 杨立新：《民法典对我国民事权利保护方法的成功改造》，《国家检察官学院学报》2022 年第 4 期，第 133 页。

② 张晓飞、潘怀平：《社会公共利益视域下的民事责任形式拓展问题探究》，《新疆师范大学学报》（哲学社会科学版）2014 年第 5 期，第 82 页。

③ 陈运来：《域外农业保险立法及其启示》，《法商研究》2010 年第 3 期，第 133~134 页。

行为只与金钱有关且不以非法占有为前提，可直接排除没收非法财物方式的适用；而没收违法所得的适用应具体问题具体分析。一般而言，实施骗保行为的投保人在充分承担了民事赔偿责任、足额交付了罚款后，已无不当得利的可能，也就丧失了再处以没收违法所得的法理基础。只有在其支付了民事赔款与行政罚款后尚有违法收入的，才可处以没收违法所得以消除不当得利。由于没收违法所得兼具行政处罚与保安处分的双重属性，[①] 该处罚方式的补充适用对于维护农业保险交易秩序仍显必要。

　　构成犯罪的，则应依法追究刑事责任。农业保险的投保人骗取保险金达到数额较大及以上的，应依《中华人民共和国刑法》（以下简称《刑法》）第 198 条规定的保险诈骗罪，分一般情节、严重情节与特别严重情节追究其刑事责任。值得反思的是，我国刑法迄今尚未解决政策保险诈骗犯罪与商业保险诈骗犯罪之间的量刑区分问题，而是不合理地将两者混为一谈，从而给政策性农业保险的投保人等实施保险诈骗犯罪之量刑带来一定困扰。众所周知，政策保险是国家为实现一定的宏观社会经济目标或推行特定的产业政策，对于商业保险公司难以经营的险种给予一定的财政补贴和其他政策支持而以合同方式实施的不以营利为目的的保险，以农业保险最为典型；商业保险则是保险人以营利为目的，与投保人在自愿基础上（法律规定强制的除外），以合同方式实施的保险，包括商业性人身保险与财产保险。两相比较，两者均涉及公共利益，但前者因通常依赖行政推动并享有财政补贴支持等而更全面、更深入地涉及国家利益尤其是政府财政利益，相应地，其保险诈骗犯罪所侵害的法益应归为不可还原型秩序法益，[②] 总体危害性也更大。综上，为加大对农业保险的投保人等骗取保险金犯罪的打击力度，在刑法等业已加重保险诈骗罪相对于普通诈骗罪的刑罚的基础上，进一步加重政策保险中保险诈骗犯罪相对于商业保险中保险诈骗犯罪的刑罚也势在必行。基本思路是，对后者中保险诈骗犯罪的处罚可完全适用《刑法》第 198 条的既有规定，但对前者中保险诈骗犯罪的处罚则应比对该条予以等量、从重或加重规定。

① 熊樟林：《立法上如何安排行政没收？》，《政法论坛》2022 年第 4 期，第 29 页。
② 刘天宏：《经济秩序法益的应然类型与刑法保护》，《政治与法律》2024 年第 2 期，第 68~69 页。

（三） 拖欠保费的法律责任

尽管法无明文规定，且学界对此也存在较大争议，但在实务中，保险责任一般从保险机构收到保费时开始生效。[①] 可见，拖欠保费是一种典型的违法兼违约行为，直接影响农业保险合同目的的实现，应依法承担违约责任。对投保人法律责任的追究应依《民法典》第 577 条等对违约行为的相关责任规定，即农业保险人可要求拖欠保费的投保人继续履行缴费义务等。当投保人与被保险人不是同一人时，农业保险人也可请求享有保险金请求权的被保险人代理履行继续缴费义务。由于农业保险在总体上属于财产保险范畴，在特殊情况下也可为非寿险类人身保险，农业保险人在向投保人行使保费支付请求权时，不受《保险法》第 38 条规定的不得用诉讼方式催收的限制。

（四） 违反防灾减损义务行为的法律责任

农业保险的目的是弥补被保险人在发生保险事故时所遭受的损失，但这并不意味着农业保险人应就保险事故造成的所有损失承担责任。对于被保险人未尽到《保险法》第 57 条第 1 款所规定善良管理人义务的，当然应承担违约责任。但《民法典》第 591 条第 1 款之违约责任条款不宜适用于此类情形，而《保险法》和《农业保险条例》均未有相关法律责任之明确规定，故基于公平原则并为深入贯彻我国防灾减灾救灾体制机制改革中"坚持以防为主、防抗救相结合，坚持常态减灾和非常态救灾相统一"的总要求，[②] 建议先行修改《农业保险条例》补充规定，并在未来"农业保险法"中明确规定：保险事故发生后，被保险人未按农业保险人的及时且明确要求采取适当措施致使损失扩大的，不得就扩大的损失向农业保险人请求赔偿。

三　农业保险人及其工作人员违法行为的法律责任

农业保险人及其工作人员实施违法行为一旦超过了一定限度且实质性

[①]　陈禹彦、林德修：《"支付保险费"作为保险合同生效条件妥适性之研究——以〈九民纪要〉第 97 条为核心》，《上海保险》2020 年第 1 期，第 36 页。

[②]　《中共中央 国务院关于推进防灾减灾救灾体制机制改革的意见》，https://news.cctv.com/2017/01/11/ARTIiiq6Ugrq8pTRR1uotbCj170111.shtml，最后访问日期：2025 年 2 月 1 日。

地损害了投保人（被保险人）或农业保险人自身或政府财政的合法、正当利益，并严重扰乱了农业保险市场的正常秩序，就应承担相应的民事责任、行政责任甚至刑事责任。

（一）关于非法经营的法律责任

非法经营行为的本质特征乃未经行政许可而擅自从事某种经营活动。[①]如前所述，农业保险业务属于《行政许可法》第 12 条规定的可设行政许可事项范畴，并因具有准公共产品属性而被设定为强制性行政许可事项。为此，《保险法》《保险公司管理规定》和《农业保险条例》以及有关政策性文件对包括农业保险业务在内的所有保险业务的经营，概括式规定了严格的市场准入条件与行政审批程序。农业保险的任何经营者只要因违反了有关强制性法律和政策规定而构成非法经营行为的，就应承担相应的民事责任、行政责任甚至刑事责任。

民事责任的承担具体可区分以下三种情形。（1）损失赔偿。依《保险法》第 175 条所作损害民事责任规定与《消费者权益保护法》第 55 条关于惩罚性赔偿规定的精神，当农业保险经营者的非法经营行为造成保险消费者（包括投保人、被保险人与受益人）保费以外的其他实际经济损失时，无论损失大小，均应根据后者的要求承担补偿性或惩罚性民事赔偿责任。（2）保险合同无效。当农业保险经营者的非法经营行为违反了法律、行政法规的强制性规定，如《保险法》第 68 条关于保险公司设立条件的规定、《保险法》第 95 条关于保险公司业务范围的规定、《农业保险条例》第 17 条关于保险机构经营农业保险业务条件的规定等时，则视情况会直接导致或基于法官的自由裁量权可能最终会导致《民法典》第 153 条中民事法律行为无效的后果。在农业保险合同被法院或仲裁机构裁定无效后，农业保险经营者应向投保人返还已收取的保费及其所产生的利息。（3）保险合同可撤销。当农业保险经营者的非法经营行为使投保人违背了真实意思时，可能最终会导致《民法典》第 148 条中民事法律行为被撤销的后果。与无效农业保险合同一样，被撤销的农业保险合同自始无法律约束力，农业保

[①]　陈兴良：《非法经营罪范围的扩张及其限制——以行政许可为视角的考察》，《法学家》2021 年第 2 期，第 57~58 页。

险经营者应向投保人返还已收取的保费及其所产生的利息。

在行政责任的承担上，《农业保险条例》第 26 条规定，保险人非法经营农业保险业务的，由保险监管机构责令限期改正，停止接受新业务；逾期不改正或造成严重后果的，处一定罚款，可责令停业整顿或吊销经营保险业务许可证；保险人以外的其他组织或个人非法经营农业保险业务的，由监管机构予以取缔，没收违法所得，并处一定罚款。显然，该规定是《保险法》第 159 条和 161 条对保险违法经营者所作罚款或没收违法所得规定的细化与延伸。它将保险人非法经营农业保险业务的情形与其他组织或个人非法经营农业保险业务的情形作了明显区分，相当切合各自特点，具有充分的合理性。值得进一步思考的是，行政责任的设定权在性质上属于国家公权力范畴的立法权，[①] 但其执行权则由行政机关及其授权机构来行使，以行政自由裁量权的方式体现出一定的行政意志，具有较强的主观能动性，对地方营商环境建设影响甚大。由于此类非法经营行为多数发生于互助合作性和商业性农业保险领域，上述行政责任的合理承担势必会极大地优化地方特色农业保险的营商环境。鉴于此，建议在《行政许可法》中，将营业主业这类足以决定交易决策并制约交易安全或市场秩序的核心营业事项和相关信息列入法定登记范围或事项。[②] 此外，可创设提示申请行政许可程序制度，为那些已取得一般保险业务经营资格的保险人试办农业保险业务营造更宽容的营商环境；但已造成严重后果、影响恶劣的不但不能适用该程序，而且可由农业保险行政监管机构责令禁止其从事农业保险业务的经营。

关于刑事责任的承担，根据行为人身份的不同，亦可区分为以下两种情形。（1）保险人非法经营农业保险业务的刑事责任。已取得一般保险业务经营资格的保险人非法经营农业保险业务的，只要符合《刑法》第 225 条第（3）项规定的非法经营罪的构成要件，就应承担非法经营罪的刑事责任。在具体考察此类非法经营行为的犯罪构成时，应重点把握两点。一是在客体上，找准非法经营罪所侵害的法益。该罪是典型的法定犯，是对

[①] 宋晓玲：《行政责任设定权探析》，《西部法学评论》2022 年第 5 期，第 47 页。

[②] 肖海军：《论商事登记事项的立法确定——兼评〈商事主体登记管理条例（草案）〉》，《法学论坛》2021 年第 4 期，第 65、69 页。

《刑法》第 96 条中国家规定，全国人大及其常委会制定的保险（含农业保险）法律和决定，以及国务院制定的农业保险行政法规、规定的行政措施、发布的决定与命令等的违反。其所侵害的法益是农业保险市场秩序。二是在客观方面，该罪是典型的行政犯，其对农业保险市场秩序的侵害应达到"严重扰乱"的程度。由于同时触犯了有关行政与刑事方面法律法规和政策，在刑罚适用上应以行政处罚为前提。[①] 可见，由作为法律监督机关的检察机关出面做好行刑衔接工作显得尤为必要。（2）其他组织或个人非法经营农业保险业务的刑事责任。在法律性质上，包括农业保险业务在内的经营性保险业务的行政许可属于特别许可范畴。不同于对一般许可事项的违反仅具有行政可罚性，对特别许可事项的违反还具有刑事可罚性，而不问行为人身份如何。[②] 因此，尚未取得一般保险业务经营资格的保险人以外的其他组织或个人非法经营农业保险业务的，亦应依《刑法》第 225 条的规定承担非法经营罪的刑事责任。但与前种情形有所不同，当行为人未经保险监管机构批准，擅自设立保险公司经营农业保险业务的，则应结合《刑法》第 174 条与第 225 条分别关于擅自设立金融机构罪、非法经营罪的规定，予以数罪并罚。

（二）虚假理赔行为的法律责任

农业保险人的内部工作人员利用职务之便，故意编造未曾发生的保险事故作虚假理赔而骗取保险金据为己有的，是一种性质严重、应予严厉打击的违法犯罪活动。原因在于：一是"家贼难防"，在面广户多量大的农业保险中，保险公司内部工作人员以所任职务作掩护搞虚假理赔来骗取保险金时，作案手段通常十分隐秘，不易被及时发现与制止；二是虚假理赔不仅直接损害了所在单位的财产利益，还间接损害了其他农业保险合同关系主体的财产利益，后果严重，影响恶劣。可见，严厉追究相关行为人以刑为主的法律责任，是有效预防与有力打击此类保险欺诈行为的不二选择。

在民事责任上，虚假理赔直接侵害了行为人所在单位的财产利益，构

---

① 唐承佑、宋教德：《非法经营罪法律适用问题及思考》，《中国检察官》2023 年第 19 期，第 29 页。

② 郑伟、葛立刚：《刑行交叉视野下非法经营法律责任厘定》，《法律适用》2017 年第 3 期，第 72 页。

成了财产性侵权行为。因而依《民法典》第 1165 条第 1 款所作关于过错侵权责任的规定，应由行为人向所在单位赔偿后者所遭受的保险金及其利息等损失。

行政责任的承担，则较为复杂。鉴于虚假理赔是农业保险人内部工作人员故意作案，首先应依《农业保险条例》第 29 条等规定，对所在单位直接负责的主管人员与其他直接责任人员，予以警告、罚款、撤销任职资格、禁止进入保险业等。然后，再来思考所在单位的行政责任问题。从现行立法看，依《农业保险条例》第 27 条第（1）项与《保险法》第 170 条第（1）项的规定，保险机构在农业保险业务经营中编制或提供虚假的报告、报表、文件、资料的，由保险行政监管机构责令改正，处以罚款；情节严重的，可限制其业务范围，责令停止接受农业保险新业务。例如，国家金融监管总局石河子分局于 2024 年 3 月 28 日作出行政处罚决定，对编制虚假材料进行虚假承保理赔的中华联合财产保险股份有限公司之石河子分公司与 141 团支公司合计罚款 100 万元，并责令 141 团支公司停止接受农业保险新业务 1 年。① 但笔者进一步分析发现，上述现行行政责任规定较适用于对虚假承保中行为人所在单位的追责，而不宜主要适用于对虚假理赔中行为人所在单位的追责。众所周知，农业保险人在法律地位上是虚假理赔中遭受直接财产损失的受害方，若让此受害方来承担行政责任，则明显有违经济法倾向于保护受害方的公平正义理念。② 只有当虚假理赔反复多次出现在某一农业保险人中时，方可推定该单位存在对员工管理和教育不力的主观过错，从而给予相应行政处罚。

在刑事责任上，私营保险公司的工作人员进行虚假理赔构成犯罪的，依《刑法》第 183 条关于虚假保险理赔的规定，应按第 271 条以职务侵占罪追究刑事责任。国有保险公司工作人员实施虚假理赔犯罪的，由于侵犯的"保险金"是国有公共财产，应按《刑法》第 382~383 条以贪污罪定罪处刑；国有保险公司委派到非国有保险公司从事公务的人员实施虚假理赔行为构成犯罪的，亦因主体身份的特殊性而以贪污罪对

---

① 《编制虚假材料进行虚假承保理赔，中华财险被罚 100 万元》，https://k.sina.com.cn/article5055342581_12d5267f50200185em.html，最后访问日期：2025 年 2 月 1 日。

② 史际春、李青山：《论经济法的理念》，《华东政法学院学报》2003 年第 2 期，第 45、51 页。

待。二人以上共同实施此类犯罪的，则行为人构成贪污罪共犯。此外，行为人在实施虚假承保理赔行为时因收受贿赂而构成犯罪的，还应依《刑法》第 163 条规定的非国家工作人员受贿罪或第 385～386 条规定的受贿罪追究其刑事责任。

在此，笔者基于进一步增强农业保险人及其工作人员虚假承保理赔行为防治实效的视角，提出完善《刑法》第 183 条的三点建议。一是以专款形式将虚假承保纳入其调整范围，增补虚假承保行为法律责任的规定。二是鉴于尚未将保险机构工作人员在虚假理赔中的编造保险事故以外的其他众多情形包括进去，从而严重制约了刑法对此类犯罪的打击效果，建议适时修改刑法，将所有虚假理赔情形均纳入此条规定的适用范围。三是以专款形式将农业保险代理人、农业保险经纪人和农业保险公估人纳入其调整范围，增补这些农业保险中介人在虚假承保和虚假理赔中法律责任的规定。唯其如此，违反《农业保险承保理赔管理办法》且极其猖獗的农业保险虚假理赔行为，才有望得到根本遏制。

（三）恶意套取财政补贴资金行为的法律责任

财政资源分配构成了当前乡村治理的主要任务与重大挑战，[①] 而且套取农业补贴是农业领域经济犯罪高发区。[②] 其中，农业保险人及其工作人员恶意套取财政补贴资金行为不仅侵害了国家财产，破坏了农业保险正常经营秩序，还损害了广大投保人等的利益，[③] 理应受到法律的严惩。其一，构成侵权的，依法承担侵权民事责任。在国际上，政策性农业保险补贴包括对农业生产经营者的保费补贴、对农业保险人的经营管理费补贴、农业大灾保险基金亏空补贴等。而在我国，目前此类补贴主要是指对农业生产经营者的保费补贴，是国家向投保的广大初级农产品生产者发放的普惠性惠农资金。因此，如果农业保险人及其工作人员冒用其所承保的具体投保人的名义恶意套取保费补贴，就直接侵犯了该投保人的财产权。该投保人可通过侵权民事诉讼渠道追回自己因农业保险人及其工作人员的恶意套补行为

---

① 李婷：《资源分配中的乡村治理现代化差异》，《求索》2023 年第 6 期，第 166 页。
② 《农业农村部反腐，四个领域是重点》，《农民日报》2024 年 7 月 23 日。
③ 江生忠、邵全权、贾士彬、史育良：《农业保险财政补贴理论及经验研究》，南开大学出版社，2017，第 125～126 页。

而遭受的经济损失，包括补贴资金及其利息、诉讼费用等。其二，鉴于农业保险人与发放农业保险补贴资金的行政机关之间存在直接行政管理关系，农业保险人及其工作人员恶意套补应依法承担行政责任。即由财政部门依《财政违法行为处罚处分条例》第 14 条第（1）项的规定予以处理。包括责令改正，调整有关会计账目，追回被骗取的财政补贴资金，给予警告，没收违法所得，并处罚款；对直接负责的主管人员和其他直接责任人员处以罚款。此外，依某些地方性现行政策规定，可视情况需要暂停农业保险人的保费补贴资金收取资格。① 这一政策经验值得未来中央农业保险立法加以吸收改造，将暂停收取资格所适用的财政资金范围扩大至现行保费补贴资金以外的未来经营管理费补贴资金、再保险补贴等。笔者认为，对于情节较为严重、社会影响较为恶劣的恶意套补行为，还应赋权农业保险行政监管机构撤销涉案农业保险人的农业保险业务经营资格等，吊销其直接负责的主管人员和其他直接责任人员的保险从业者资格证，如此才能在政策性农业保险反腐中取得较好的震慑效果。其三，构成犯罪的，依法承担相应刑事责任。其中，私营农业保险人及其工作人员恶意套补数额较大及以上的，侵犯了公共财物的所有权，应依《刑法》第 266 条追究其诈骗罪的刑事责任。国有农业保险人及其工作人员以及国有保险公司委派到私营农业保险人中从事公务的人员，利用职务之便恶意套补的，同时侵犯了国家工作人员职务行为的廉洁性与公共财产的所有权，应依《刑法》第 382~383 条以贪污罪定罪量刑。但仅在单位工作人员的犯罪行为体现了单位意思时，方可追究单位刑事责任。② 至于在立法论上，有学者以贪污罪只是对财产的犯罪为由，主张将该罪与受贿罪作技术性分离，即将该罪排除出渎职罪行列而归入侵犯财产罪中，③ 笔者不敢苟同。原因在于，国家工作人员职务行为的廉洁性是公正性（不可交换性）的前提和基础，而该罪的法益之一就是职务行为的廉洁性。具体到农业保险领域，将该罪作为渎职罪予以惩治，不设"数额较大"标准，显然更有利于严厉打击国有农业保险人及其工作人员和国有保险公司委派到私营农业保险人中从事公务的人员的恶意套补

---

① 《江苏省省级财政农业保险保费补贴管理办法》（2022 年修订版）第 43 条。
② 黎宏：《组织体刑事责任论及其应用》，《法学研究》2020 年第 2 期，第 71 页。
③ 张明楷：《贪污贿赂罪的司法与立法发展方向》，《政法论坛》2017 年第 1 期，第 18 页。

行为，从而在政策性农业保险反腐中取得正本清源的良好效果。

（四）无故拒赔或惜赔的法律责任

农业保险合同属于射幸合同，保险人赔与不赔、赔多赔少就看保险事故是否发生和投保人的投保比例。在法理上，农业保险人及时足额赔付是其与投保人订立农业保险合同的根本目的，故不得以任何非正当理由拒赔或惜赔。保险人无故拒赔或惜赔的行为属于合同法上的根本违约，应依法承担违约责任。即，依《民法典》第577条规定，农业保险人的无故拒赔或惜赔行为属于不履行合同义务或履行合同义务不符合约定的行为，应承担继续履行、采取补救措施或赔偿损失等违约责任。民事责任具有一定的补偿性，以双方当事人的利益达至均衡为限。农业保险人无故拒赔，投保人可要求其承担继续履行义务并要求其赔偿相应损失。对于农业保险人的惜赔行为，投保人可要求其补足赔偿差额并赔偿损失。可见，农业保险人无故拒赔或惜赔像农业保险投保人拖欠保费一样应承担违约责任，因为两者均为违约行为并且有着相似的行为表现形式。

（五）违法违规使用农业保险资金的法律责任

保险资金应严格依照法律规定进行保值和增值，农业保险人及其工作人员不可随意用于其他方面。违法使用保险资金构成侵权的，应依《民法典》第1165条等规定承担侵权责任。但尤其值得关注的是，由于此类行为违反了相关行政管理规定，主要应依法承担行政责任，即按《农业保险条例》第30条第2款、《保险法》第164条和《保险资金运用管理办法》第67~73条的规定予以行政处罚，包括由农业保险行政监管机构责令改正、处以罚款、限制其资金运用的形式与比例、监管谈话、调整人事安排、撤销任职资格、内部责任追究等；情节严重的，可开展公司整顿、限制其业务范围、责令停止接受新业务或吊销业务许可证。显然，在行政处罚设计上，2018年公布的《保险资金运用管理办法》相对于2010年发布并于2014年修改的《保险资金运用管理暂行办法》规定更为全面且细致，对违法使用农业保险资金行为的治理也具有更强的针对性和可操作性。

财产乃为个人自由发展服务的工具，蕴含着法益持有者的行动机会，因其相对于人的功能性与工具性而受刑法保护。[①] 保险资金当然也不例外。违法使用保险资金在刑法上可能涉及违法运用资金罪、职务侵占罪和贪污罪等。其一，农业保险公司违反国家规定运用保险资金的，就构成《刑法》第185条之一第2款规定的违法运用资金罪，对其直接负责的主管人员与其他直接责任人员，依照该条第1款的规定处罚。在审判实践中，情节严重为此罪的入罪标准，情节特别严重为此罪的情节加重犯。[②] 不过，需注意的是，在以此罪定罪量刑时，不宜依《刑法》第31条关于单位犯罪的双罚制规定而对该罪的犯罪单位判处罚金，以免导致农业保险人资本不足。[③] 其二，对非国家工作人员主观故意侵占农业保险人的保险资金据为己有达到数额较大程度，就构成《刑法》第271～272条规定的职务侵占罪。其三，至于贪污罪，则是按《刑法》第382～383条规定，对国有保险公司中从事公务的人员和国有保险公司委派到非国有保险公司的人员骗取保险金的行为以此罪论处。许多类型的农业保险具有不同于商业保险的政策性，政府在农业保险人的运作中发挥着不可替代的重要作用。甚至可以说，农业保险业必须以国有保险公司为龙头。根据上述职务侵占罪和贪污罪的规定可知，两者的区别就在于主体身份的差异，贪污罪所涉农业保险公司属国有公司。这样，当国有农业保险公司中工作人员将保险资金据为己有时，即构成此罪。其四，如果国有农业保险公司及其工作人员违反国家有关规定，在保险资金使用中利用职权或职务上的影响为特定关系人牟取数额较大的非法利益的，则可通过在《刑法》中增设利用职权非法牟利罪或利用职权输送利益罪的方式来定罪量刑。[④]

四　政府部门及其工作人员违法行为的法律责任

政府治理是国家治理的核心组成部分，国家治理现代化的首要任务就是政府治理现代化。基于政府治理中责任本位与法治约束相结合的视角，[⑤]

---

① 车浩：《重构财产犯罪的法益与体系》，《中国法律评论》2023年第4期，第60页。
② 陈胜涛、王钰楠：《违法运用资金罪的情节认定——陈某等人违法运用资金案》，《法律适用》2020年第12期，第58页。
③ 魏迎宁：《保险业违法运用资金罪研究》，《保险研究》2010年第12期，第93～94页。
④ 钱小平：《论我国公职刑法罪名的结构性更新》，《东方法学》2023年第1期，第153页。
⑤ 张贤明：《政府治理现代化的价值支撑、双重规范与韧性建构》，《行政论坛》2024年第4期，第66、68～70页。

政府部门在民事法律关系中属于一类特殊主体，只有当政府部门及其工作人员在民事活动中违反了民事义务或侵犯了他人的民事权利时，才依法承担民事责任。在绝大多数情况下，政府部门是最普遍和最典型的行政主体，代表国家履行行政管理职责。在农业保险中，政府部门的主要职责包括批准农业保险人、农业保险中介人等法人机构的设立；对国家或地区的农业保险发展进行宏观调控；发放保费补贴和经营管理费补贴等，提供税收优惠；对农业保险人的各项经营活动进行微观上的监管；等等。由此可见，政府部门是作为行政管理者介入农业保险中的，它们与农业保险市场主体并不处于平等地位，双方权义也不对等。有学者研究指出，政府部门的领导责任类似于公司法上的"督导系统"责任，政府组织的公共性亦要求法律赋予其极广泛免责事由。[①] 因此，政府部门在农业保险行政管理活动中的违法行为通常只需承担行政法上的事后治理法律责任，即行政责任以及延伸的刑事责任。

（一）违规批准或审批的法律责任

农业保险经营运作涉及多个部门，需要各相关部门协同推进，以解决执行性差异问题。[②] 根据《保险法》第 67 条第 1 款规定的精神，设立农业保险公司应经国务院保险监管机构批准，并应符合《农业保险条例》第 17 条第 1 款规定的条件。众所周知，行政许可的基本功能是以政府的公信力来保护公民、法人与其他组织的合法权益，并维护公共利益与社会秩序，即保障公共利益最大化。[③] 而对农业保险中违规批准或审批行为的法律责任的追究，能为相关行政许可失范行为提供最有效的矫治手段。其中，在行政责任上，根据《保险法》第 178 条规定的精神，对于违规批准农业保险机构的设立或违规审批农业保险条款和费率的监管机构内监管工作人员，应依《行政许可法》第 72 条之规定进行处罚，即由上级行政机关或监察机关

① 邓峰：《领导责任的法律分析——基于董事注意义务的视角》，《中国社会科学》2006 年第 3 期，第 136 页。
② 陈运来：《农业保险法基本原则的体系构造及逻辑展开》，《政治与法律》2024 年第 9 期，第 46 页。
③ 何萧鹏：《论行政法的基本目标——1980 年美国"苯污染"案带来的思考》，《行政法学研究》2004 年第 3 期，第 139 页。

责令改正；情节严重的，对直接负责的主管人员和其他直接责任人员依法给予行政处分。

当行为人的违法行为给国家和人民的利益造成严重后果且符合相关犯罪构成要件时，则应依照《刑法》第 397 条规定的滥用职权罪或玩忽职守罪追究刑事责任；如果行为人以权谋私，在违规违法批准时收受贿赂，那么应依《刑法》第 385~386 条规定的受贿罪予以刑事处罚。需要注意的是，作为渎职罪中最常见的两个罪名，滥用职权罪与玩忽职守罪的构成要件具有较大相似性，故应在准确界定两罪所侵犯法益的基础上，从主客观方面予以综合考量。① 此外，若政府部门工作人员违反国家规定，在违法违规批准或审批中利用职权或职务上的影响为特定关系人牟取非法利益数额较大的，则可通过在《刑法》中增设利用职权非法牟利罪的方式来定罪量刑。②

（二）非法侵占、挪用、拖欠、延付或拒付农业保险补贴资金的法律责任

由于农业保险财政补贴资金属于国家财产，财政部门及其工作人员的侵占、挪用行为应依《财政违法行为处罚处分条例》第 6 条第（2）项关于截留、挪用财政资金的规定责令改正等。政府官员的侵占、挪用行为构成犯罪的，可分别参照《刑法》第 382 条贪污罪和第 384 条挪用公款罪予以处罚。

对财政部门及其官员拖欠、延付或拒付此类补贴资金行为如何追责，应具体问题具体分析。鉴于我国立法机关无权配置包括财政资源在内的行政资源，若贸然以法律所设定的行政目标去评价财政部门及其官员的履职情况，就可能丧失行政可问责性的公共伦理基础，不但难以产生正向激励，反而可能扭曲履职行为，③ 故建议不对不具有履行财政补贴职责作为可能性的追责。对具有履行财政补贴职责作为可能性的，一般只需依《财政违法行为处罚处分条例》第 6 条第（3）项关于滞留应下拨财政资金的规定责令

---

① 张悦：《论我国法上"滥用"的判断标准》，《东方法学》2022 年第 1 期，第 185~200 页。
② 钱小平：《论我国公职刑法罪名的结构性更新》，《东方法学》2023 年第 1 期，第 144~155 页。
③ 林鸿潮：《履行行政职责的作为可能性》，《法学研究》2022 年第 6 期，第 54~55 页。

改正即可。只有对构成犯罪的工作人员，才依《刑法》第 397 条以滥用职权或玩忽职守罪论处。

（三）恶意串通骗取农业保险补贴的法律责任

财政部门工作人员利用职务之便与投保人（被保险人）或保险人恶意串通骗取农业保险财政补贴资金行为，属于严重违反公务员纪律和国家法律的权力寻租行为。因此，在不构成犯罪的情况下除追回财政补贴资金、限期退还违法所得外，对主管人员或直接责任人员应依《财政违法行为处罚处分条例》第 6 条第（1）项关于以虚报、冒领手段骗取财政资金的规定追究行政责任，责令改正，调整有关会计账目，对单位给予警告或通报批评，对直接负责的主管人员与其他直接责任人员给予警告、记过或记大过处分；情节严重的，给予降级或撤职处分。

至于刑事责任的追究，财政部门工作人员的恶意串通骗取农业保险补贴行为构成贪污罪的，依《刑法》第 382～383 条追究其刑事责任；与其恶意串通的投保人（被保险人）或农业保险人及其工作人员，则以贪污罪的共犯论处。若财政部门工作人员在恶意串通过程中收受贿赂而构成犯罪的，则还应依《刑法》第 385～386 条规定的受贿罪追究其刑事责任。

此外，在民事责任问题上，建议对财政部门工作人员利用职务之便骗取农业保险补贴而造成财政资金损失的，可通过在《民法典》等中酌情创设一至数倍递进式惩罚性赔偿制度的方式让骗取农业保险补贴者"不敢骗、不能骗、不想骗"。

图书在版编目（CIP）数据

农业保险利益协调的法律路径／陈运来著 .--北京：
社会科学文献出版社，2025.3.--（岳麓文库）.
ISBN 978-7-5228-5113-6

Ⅰ.D922.284.4

中国国家版本馆 CIP 数据核字第 20259MM078 号

岳麓文库·法律系列
农业保险利益协调的法律路径

著　　者／陈运来

出 版 人／冀祥德
责任编辑／孙海龙　胡庆英　孟宁宁
责任印制／岳　阳

出　　版／社会科学文献出版社·群学分社（010）59367002
　　　　　地址：北京市北三环中路甲 29 号院华龙大厦　邮编：100029
　　　　　网址：www.ssap.com.cn
发　　行／社会科学文献出版社（010）59367028
印　　装／唐山玺诚印务有限公司

规　　格／开本：787mm×1092mm　1/16
　　　　　印张：19.25　字数：312 千字
版　　次／2025 年 3 月第 1 版　2025 年 3 月第 1 次印刷
书　　号／ISBN 978-7-5228-5113-6
定　　价／128.00 元

读者服务电话：4008918866